여러 가지 고난과 역경 속에 처할 수밖에 없는 리더들을 위한 지침서다. 고독한 광야에서 방황하는 민족을 약속의 땅으로 인도한 모세의 삶을 깊이 있게 살피면서 리더십의 근본을 다루고 있다. 공동체를 위한 진정한 리더가 되려면 먼저 끊임없이 자기 영혼을 돌보고 하나님을 구하라고 권하는 이 책은 한국 리더들의 필독서다.

김경섭, 한국리더십센터 회장, 한국성과향상센터 회장

리더의 홍수 가운데 참된 리더의 부재로 인한 갈증을 해소하게 해준다. 깊은 고독 속에서도 하나님으로 인한 영혼의 독락(獨樂)을 누린 리더만이 그분과 동락(同樂)하며 가나안을 향한 소명의 여정을 끝까지 걸어갈 수 있음을 보여 준다. 표면적인 활동과 목표의 성취가 아니라 영혼의 높이와 깊이, 넓이와 길이만큼 리더십의 가치가 드러남을 깨닫게 해준다. 영혼은 삶의 모든 영역의 방향을 결정하기에 기업의 리더들에게도 중요한 책으로 일독을 권한다.

배종석, 기독경영연구원 원장, 고려대 경영학과 교수

성경이 가르치는 리더는 우리 주변에서 흔히 만나게 되는 성공주의, 승리주의에 물들어 과업의 성취에만 매진하는 자일 수 없다. 성경이 보여 주는 탁월한 리더는 하나님 앞에 부지런히 서서 영적인 리듬을 바르게 가지고, 사람들을 진심으로 중보하며, 리더의 외로움과 고독함을 하나님 앞에서 해결할 줄 아는 경건의 힘을 가진 자다. 그리고 그 힘으로 다른 사람들을 부리고 명령하는 것이 아니라 낮아지고, 섬기고, 희생하여 주님의 십자가를 드러내고 높이기를 원하는 삶을 산다. 하나님이 찾으시는 참된 리더에 관한 이 책을 한국 교회의 필요를 잘 채워 줄 수 있는 시의적절한 책으로 적극 추천한다.

화종부, 남서울교회 담임목사

정말 중요한 문제의 주변만을 어설프게 건드리는 리더십 관련 도서들이 넘쳐나는 이 시대에 루스 헤일리 바턴은 영적 진실과 건강이라는, 삶을 변화시키는 리더십의 핵심에 이르는 실제적인 안내를 제시한다. 「영혼의 리더십」은 위대한 리더십은 내면으로부터 나온다는 오랜 진리를 털어놓는다. 그리고 참된 리더십이 흘러나오는 우리 내면의 중심에 행하시는 하나님의 변화를 살피고 추구하기 위한 로드맵을 제공한다. 이 책은 나와 우리 단체 리더들의 강력한 자산이다.

게리 하우겐, 국제정의선교회 대표, 「정의를 위한 용기」 저자

세상은 하나님이 빚은 리더들을 애타게 기다렸다. 섬김을 받기보다 섬기고, 권력을 양보하여 영향력을 얻고, 타인들을 위해 생명을 내놓는 리더들을 간절히 원했다. 루스 헤일리 바턴은 거룩하면서도 인간적이었던 하나님의 벗 모세의 삶을 깊이 사색하며, 희생과 구원의 리더십을 그려 내고 거기에 이르는 훈련을 제시한다. 이 책은 혼자서 또는 함께 모임에서 읽을 수 있다. 이 책은 하나님을 더 깊이 구하고, 자신에게 주어진 소명을 깨닫고 구현하고, 공동체 안에서 우리의 고독하고 외로운 여정에 충성하며, 긴 세월 동안 계속 하나님을 사랑할 수 있도록 힘과 용기를 북돋아 준다.
고든 코스비, 워싱턴 D.C. 세이비어 교회 창립 목사

헨리 나우웬이 「탕자의 귀향」을 쓴 것과 같은 취지로, 루스 헤일리 바턴은 모세의 영혼을 포착해 진리와 지혜를 추구하는 연약한 구도자인 우리에게 밝히 보여 주었다.
글랜디온 카니, 기독인 법조회 목사

리더인 우리에게 기술을 가르치는 책은 많지만 우리의 영혼을 파고들어 가는 책은 너무나 적다. 냉혹한 진실을 말해 주고 영혼을 튼튼히 해주는 양약이 되는 책, 우리의 소명이 역경과 외로움과 지독한 권태를 직면할 때 희망과 용기를 주는 책은 거의 없다. 공동체 사역의 미로, 비판의 어두운 그늘, 배신의 비통함 가운데 하나님을 구하고 찾는 법을 가르쳐 주는 책도 별로 없다. 그런데 이 책은 이 모든 것을 하고 있으며, 게다가 아주 잘 해내고 있다. 루스 헤일리 바턴은 하나님이 함께 가시지 않으면 어디를 가더라도 의미가 없다는 깨달음을 얻은 활동적이고 비전 충만한 리더였던 모세를 모범으로 삼고 있다. 루스의 통찰은 분명히 당신의 리더십의 영혼을 단련할 것이며 리더로서의 인생 레이스 완주 여부에도 큰 영향을 미칠 것이다.
마크 뷰캐넌, 「하나님의 안식」 저자, 뉴라이프커뮤니티 교회 목사

영혼의
리더십

IVP(InterVarsity Press)는
캠퍼스와 세상 속의 하나님 나라 운동을 지향하는
IVF(InterVarsity Christian Fellowship)의 출판부로
생각하는 그리스도인을 위한 문서 운동을 실천합니다.

Originally published by InterVarsity Press
as *Strengthening the Soul of Your Leadership* by Ruth Haley Barton
ⓒ 2008 by Ruth Haley Barton
Translated and printed by permission of InterVarsity Press,
P.O. Box 1400, Downers Grove, IL 60515, USA
All rights reserved.

Korean Edition ⓒ 2014 by Korea InterVarsity Press
156-10 Donggyo-ro, Mapo-gu, Seoul 04031, Korea

탁월한 리더를 위한
모세의 광야 훈련법

루스 헤일리 바턴 | 김의식 옮김

● **일러두기**
본문에 나오는 각주는 모두 옮긴이의 주다.

부모님의 결혼 50주년을 기념하여,
아버지 찰스 윌리엄 헤일리 목사와
어머니 조앤 뉴버카 헤일리께 바칩니다.
2008년 6월 7일

당신들은 말과 행동으로,
사역의 혹독한 시련 가운데 하나님 구하기를
결코 멈추지 말라고 저에게 가르치셨습니다.

내가 부르짖었을 때에, 주님께서는 나에게 응답해 주셨고,
나에게 힘을 한껏 북돋우어 주셨습니다.
시편 138:3

차례

서문 11

머리말 15

1 리더가 영혼을 잃을 때 27
2 저 아래에 있는 것 45
3 회심의 자리 61
4 주의를 기울이는 연습 79
5 소명이라는 난제 97
6 영적 여정으로 인도하기 117
7 한계 안에 살기 137
8 리더의 영적 리듬 155
9 중보의 리더십 183
10 리더십의 고독 205
11 고립에서 리더십 공동체로 223
12 하나님의 뜻 함께 구하기 253
13 새롭게 꿈꾸는 약속의 땅 275

감사의 글 293
주 297

서문

루스 헤일리 바턴의 「영혼의 리더십」을 다 읽은 오늘은 아름다운 늦가을 날이다. 이런 날은 사색과 회상을 하며 시간을 보내기에 더없이 좋은 날이기도 하다. 지금 이곳이 사우스캐롤라이나의 록 힐이라는 점 역시 이 책과 무척 잘 어울린다. 내가 리더의 삶과 영혼에 관해 많은 것을 배운 곳이기 때문이다.

나는 여러 해 동안 근처 윈스럽 대학교에서 젊은 남녀들을 위한 리더십 개발 프로그램을 진행하면서 전도와 의사소통, 리더십의 가치 및 실천에 대해 가르쳤다. 하지만 가장 기억에 남는 것은 자라나는 미래의 리더들과 캠퍼스를 걸으며 나눈 이야기들이다. 그들은 무엇보다 그들 마음속에 간직한 꿈과 고민, 즉 리더십의 영혼에 관한 이야기를 나누고 싶어 했다. 이 즈음은 나 스스로도 커다란 성취와 가슴 아픈 절망을 모두 경험하던 시기인데, 이 모든 일을 거치며 마침내 하나님이 나를 하나님 나라의 리더들과의 영적 동반자 관계와 멘토링이라는 새로운 사역으로 부르신다는 것을 깨달았다.

지금 내가 있는 이 공간도 이 글과 잘 어울린다. 피정과 사역을 위한 장소인 록 힐의 '오러토리'는 내가 규칙적으로 나 자신의 영혼에 귀 기울이며

영혼을 새롭게 하는 성스러운 곳이다.

아마도 그래서 오늘 내가 루스의 이 책에 그렇게 감동과 고마움을 느끼는지도 모른다. 비록 만난 적은 없지만 그녀에게서 나와 비슷한 생각을 발견했고, 이 책은 곧 내 동반자가 되었다.

나는 다른 리더들도 이 책을 통해 그러한 경험을 하기를 바란다. 얼마 전 피정의 마지막 시간에 이렇게 고백한 한 젊은 목사같이 말이다. "제가 함께 일하는 사람들을 위해 할 수 있는 최고의 준비는 '내 영혼은 건강하다'라고 말할 수 있는 상태가 되는 것임을 오늘 깨달았습니다."

그 목사와 같은 리더들에게 이 책을 추천하고 싶다. 루스의 문체는 따뜻하고 이해하기 쉽다. 나는 그녀의 통찰이 리더들의 내적 삶에 스며들기 바란다. 나는 시와 기도가 풍성한 이 책을 읽으며 그녀의 시와 기도에 대한 사랑에 탄복하게 된다. 또한 그녀가 설명하고 권하는 유익한 실천에 대해 매우 감사한다. 하지만 무엇보다 마음을 끄는 것은 루스가 리더의 내적 여정을 스스로 상세히 경험한 뒤에 이를 현실적이고 진실하게 글로 옮겼다는 점이다.

모세는 루스가 성경에 나오는 리더 중 모델로 선택한 인물이다. 나는 문득 이런 생각을 해 보았다. '모세가 이 책을 읽는다면 어떻게 반응할까? 고마워할까? 놀랄까? 실망할까?'

왠지 나는 모세가 그의 리더십에 관한 이 이야기를 읽으며 다음과 같이 거듭 반응할 것만 같다. '아 기억난다. 내 얘기인지 알겠네! 내가 저랬지. 저 자가 나를 아주 잘 파악했네.'

하지만 저자는 그 이상이어서, 모세와 저자 자신의 경험을 연결하는 가운데 독자인 나를 제대로 파악하고 있었다. 또한 대다수 독자들에 대해서도 그러할 것이다.

이 책을 읽으며 깨달은 고통스러우면서도 반가웠던 부분들이 있다.

"엄청난 규모의 조직을 이끄는 리더가 되었으면서도 정작 영혼은 잃어버릴 수 있다."

"하나님의 영이 당신의 영과 함께 증언하는 내면의 깊은 자리와의 연결점을 잃어버릴 수 있다."

"다른 사람들이 하나님을 누리도록 돕는 데 지쳤다. 나 자신도 하나님을 누리고 싶다."

"리더십의 맥락에서 하나님을 잃지 않고 발견한다는 것은 어떤 의미일까?"

"고독 속에서 우리는 자신의 절박한 노력을 믿는 일을 멈춰야 한다."

"하나님은 우리를 약속의 땅으로 데려가는 일을 서두르시지 않는다."

"종종 고립감은 성공을 거둠에 따라 더 늘어난다."

이런 부분을 읽으며 내 영혼은 '아!' 혹은 '그거야!' 하고 화답했다.
하지만 나는 무엇보다 '오, 고맙습니다'라고 응답했다. 이 책을 읽어 가며 궁극적으로 이스라엘 사람들을 약속의 땅으로 이끈 이는 모세가 아니라 모세를 부르신 하나님임을 계속 상기했기 때문이다. 하나님은 모세 리더십의 영혼 가운데 계셨고, 루스와 나의 영혼에도 계신다.

오늘 아침 일찍 록 힐에 도착했을 때, 여러 주간 분주하게 보낸 터라 졸음이 쏟아졌다. 고요한 시간을 가지려는데 계속 하품이 나왔다.

그래서 밖으로 나가 조금 걷다가 조약돌이 깔린 미로 같은 기도 산책로의 벤치에 앉아 선선한 공기에 스며드는 따뜻한 햇살을 즐겼다. 거기서 나는 스승에게 무언가를 여쭙는 한 제자의 이야기를 읽었다. 제자는 영적으로 성장하기 위해서 할 수 있는 일이 무엇인지 스승에게 물었다.

스승은 대답했다. "아침에 태양이 뜨는 데 자네가 할 수 있는 것만큼이나 작은 일이네."

당황한 제자는 그렇다면 스승이 그에게 가르쳐 준 영적 훈련은 무슨 소용이 있냐고 물었다.

그러자 스승이 답했다. "태양이 뜨기 시작할 때 잠들어 있지 않도록 해주는 거지."

루스 자신도 이 책에 대해 바로 이 점을 말할 것이라 생각한다. 분명히 그럴 것이다. 이 책을 읽는다고 당신 리더십의 영혼이 굳세어지지는 않을 것이다. 오직 하나님만이 그 일을 하실 수 있다. 하지만 이 책은 분명히 당신 영혼의 힘이자 당신 리더십의 심장인 하나님께 주의를 기울이도록 도울 것이다.

노스캐롤라이나 샬럿에서
레이튼 포드

머리말

사람이 온 세상을 얻고도 제 영혼*을 잃으면, 무슨 이득이 있겠느냐?
또 사람이 제 영혼을 되찾는 대가로 무엇을 내놓겠느냐?
마태복음 16:26

• 저자가 인용하는 NLT 성경은 개역개정판의 '목숨'에 해당하는 이 부분을 '영혼'(soul)으로 번역한다.

이 책은 영혼[1]에 관한 책이다. 즉 당신의 영혼과 나의 영혼, 우리 리더십의 영혼에 관한 책이다. 이 책에서 영혼은 불분명하고 형태가 없고 윤곽이 흐릿한 무엇을 뜻하지 않는다. 영혼이란 당신의 가장 실제적인 부분, 즉 하나님이 당신을 육신의 형태로 빚으시기 전부터 있었고 육신이 흙으로 돌아간 이후에도 존재할 본질적인 부분을 말한다. 이것은 당신이 맡은 역할, 하는 일, 당신을 정의하는 것처럼 보이는 관계, 당신이 얻은 악평이나 성공을 초월해 존재하는 '당신' 그 자체다. 하나님의 임재를 지금보다 더 많이 누리기를 갈망하는 당신의 한 부분이며, 사역에서 부딪히는 도전들 가운데 하나님을 '잃어버렸음'을 의식하는 부분이다.

예수님은 우리가 세상을 다 얻고도 자신의 영혼을 잃어버릴 수 있다고 말씀하신다. 예수님이 오늘날 우리 그리스도인 리더들에게 말씀하신다면, 사역에서 성공을 거두고도 영혼을 잃어버릴 수 있다고 지적하실지 모른다. 또 수많은 시도 끝에 영혼을 찾고 나서도 결국 다시 잃어버릴 수 있다고 주의를 주실지 모른다.

예수님이 오늘날 우리에게 말씀하신다면, 리더들이 영혼을 잃어버릴 때 그들이 섬기는 교회나 조직도 영혼을 잃어버리게 된다고 하실 것이다. 워싱턴 D.C.의 세이비어 교회를 설립한 목사인 고든 코스비(Gordon Cosby)는 이렇게 말했다. "영혼은 교회나 단체에서 쉽게 빠져나간다. 그런 교회나 단체에 가 보면 성령이 떠나고 하나님의 임재(Shekinah)가 사라진 모습을 볼 수 있다.…교회는 영혼을 잃을 때 평범해지기 시작하고 더 이상 생명을 나누어 주지 못한다. 하지만 보통의 사람들은 교회가 영혼을 잃기 시작하는 순간을 깨닫기 힘든데, 이 순간을 포착하기 위해서는 남다른 깊은 지혜가 필요하다. 또 그것을 확인한 경우에도 이를 회복시키기 위해서는 말할 수 없이 비싼 대가를 지불해야 한다."[2]

　영혼을 잃는 것은 신용카드 분실과 비슷하다. 카드는 늘 지갑 안에 있다고 생각하기에, 어느 날 꺼내려다 찾을 수 없는 일이 벌어지기 전까지는 별 생각 없이 지낸다. 카드가 사라진 것을 깨닫는 순간에야 허둥지둥 마지막에 어디에 두었는지, 갖고는 있었는지 기억해 내려고 애쓰며 찾으려 한다. 어떤 일을 하던 중이든 멈추고 카드를 찾으려 할 것이다. 그러지 않는다면 어떤 심각한 피해가 일어날지 모르기 때문이다. 참으로 우리가 영혼을 잃어버린 것을 깨달을 때에도 똑같은 급박함을 가질 수만 있다면!

리더십을 위한 최고의 선물

　나는 평생 리더로 섬겨 왔다. 작은 교회 평신도 리더에서 큰 교회 부교역자까지 해 보았고 지금은 비영리 단체의 공동 창립자이자 대표로 있다. 다른 사람 아래서 일하는 것과 최종 책임자로 하나님이 주신 비전을 실천하는 임무를 맡는 것이 무엇인지 안다. 나 자신의 경험 외에도 상당 기간 피정이나 방문 강연을 통해 리더 개인이나 리더 그룹을 상대로 영성 지도를 해 왔고, 나와 유사한 그들 영혼의 외침을 경청했다. 이 쓰라린 외침들은 다음과 같은 한목소리를 내고 있었다. **리더의 삶에는 현재 경험하는 것 이상의 무엇이 있어야만 한다!**

　나 자신과 타인들의 삶에 이렇게 귀 기울여 오면서, 우리가 찾고 있는 그 이상의 무엇이란 하나님의 임재 안에서 우리 영혼이 변화하는 것임을 확신하게 되었다. 그것은 우리 자신이 원하는 것이며 우리가 이끄는 사람들이 원하는 것이다. 그것이 바로 이 책의 주제로, 누군가의 리더로 섬기는 가운데 존재하는 하나님의 임재에 관한 것이다. 이 책은 고독 속에 갖는 하나님과의 사적인 만남과 공적인 무대의 리더로서 받는 요청의 관계에 대한 탐구인 것이다. 고독과 영적 추구는 리더의 삶에서 실제로 어떤 차이를 만들어 내는가? 이것은 바쁘지 않거나 할 일이 많지 않은 사람들만 가지는 자기만족적 사치인가? 또는 단지 소수의 신비주의자들과 관련된 고독 훈련인가? 아니면 영적 리더십과 관련하여 경쟁적이고 행동지향적인 기질보다도 더 근본적인 무엇인가?

이 책이 이런 이야기를 하긴 하겠지만, 리더십에 관한 정답을 제시하지는 않는다. 솔직히 요즘 나에게는 해답보다 질문이 더 많다. "예전에 아이가 없을 때는 육아에 관한 여섯 가지 이론을 알고 있었지만 아이가 여섯인 지금은 이론이 하나도 없다"는 누군가의 말과 비슷한 상황이다. 다른 사람 밑에서 일할 때에는 내게 많은 이론들이 있었고 솔직히 비판도 많이 했다. 하지만 이제 내가 오랫동안 한 단체의 책임자가 되어 온갖 부담을 떠안다 보니 이론은 얼마 남지 않고 질문이 많아졌으며, 한 비전을 향해 사람들을 이끄는 리더들에 대한 존경심이 커졌다. 아무것도 없는 상태에서 무엇인가를 창조한다는 것이 생각보다 훨씬 힘들다는 점을 깨달았다. 그런 일이 일어나리라고는 상상도 못했던 일이 벌어지곤 한다. 기존에 알던 것보다 세상의 모습은 더 미묘하고, 문제는 더 모호하며, 사람들은 더 이해하기 힘들고, 당신의 약점은 훨씬 심각하고 고질적이며 타인의 눈에 잘 띈다.

하지만 나는 리더십의 난관 가운데서도 영적 여정을 계속 걷고자 하는 리더를 위한 가장 생산적인 질문들을 안다. 밖으로는 리더로 섬기는 동시에 날마다 이 질문을 안고 하나님의 임재 속으로 들어가, 그분이 내 안의 무엇인가를 움직이고 바꾸시기를 기다리는 것이 무엇인지 안다. 우리 안의 모든 것이 하나님의 임재 안에 차분히 있지 못하고 무엇인가를 아니 무엇이든 하고 싶다고 아우성치는 순간에, 우리에게 영적 인도자나 동료가 존재한다는 사실이 얼마나 중요한지도 안다. 나는 예민하고 하나님 안에서 변화 받은 영혼을 리더십의 현장으로 도로 가져가 영혼의 자리에서 리더십을 수행하는 길을 걸어왔고, 이 일이 수반하는 모든 위험에도 불구하고 그렇게 했다.

리더의 영적 변화를 위한 초대

'리더십의 영혼 훈련'은 영적 변화의 과정 속으로 더 깊숙이 들어가 바로 그곳에서 리더십을 수행하라는 초대다. 이는 영혼과 리더십을 서로 분리된 영역으로 경험하기보다 둘의 접점을 찾을 수 있는 기회다.

영적 변화는 하나님의 영광과 삶의 풍요로움과 타인들을 위해 우리 안에 그리스도가 형성되게 하는 과정이다. 이 변화 과정과 관련해 성경은 어머니의 자궁 안에서 일어나는 태아의 형성(갈 4:19)과 애벌레에서 나비로 변태하는 과정(롬 12:2)을 은유로 들어 사용한다. 이 은유는 그것이 단순한 행동상의 미세한 조정을 넘어 깊고 근본적인 변화를 낳는 유기적 과정임을 지적한다. 영적 변화의 과정 속에서 하나님의 영은 공포와 자기 보호에서 유발되는 행동을 우리에게서 제거하고 하나님을 신뢰하고 그분께 자신을 내어 드리는 자리로 우리를 이끄신다. 또한 이기심과 자기 몰두 대신에 진정한 자아가 지닌 재능을 마음껏 발휘하도록, 또 우리 삶의 결과를 통제하

> 도가니: 혹독한 시련, 사람이나 사물을 시험하고 종종 변화시키는 힘 아래에 놓이게 하는 장소나 환경. 혹독한 시련.
> 「엔카르타 세계 영어 사전」

려고 처절하게 노력하는 자아 대신 이 세상에서는 어리석음에 해당하는 하나님의 뜻에 자신을 내어 드리는 능력으로 우리를 나아가게 한다. 이런 종류의 변화는 자신과 주위 사람들을 위해 꼭 필요하지만, 혼자 힘으로는 만들거나 제조해 낼 수 없다.

영적 변화 과정을 미화된 자기 계발이나 더 적극적인 노력을 끌어내기 위한 계기로 이해하려는 유혹을 물리치기 위해서, 영적 변화를 신비로 가득 찬 과정으로 받아들이는 것이 중요하다. 이 과정은 사람이 스스로 성취할 수 있는 영역 밖의 현상으로 오직 신적 개입을 통해서만 이해하고 경험할 수 있다. 하나님은 이 과정을 시작하시고 인도해 가시며 실현시키는 분이다. 영혼이 충만한 리더는 이것을 깨닫고 겸손해지며 자신과 타인을 바꾸겠다는 무거운 부담에서 해방된다. 그리고 그는 자신이 할 수 있는 한 가지에 충성을 다한다. 하나님과의 만남이 가장 필요한 곳에서 그분을 만나기 위해 필요한 조건들을 갖추려고 노력한다. 사역의 혹독한 시련 가운데 아무리 힘들어도 하나님을 계속 구하려고 애쓴다.

영혼의 언어

영성 지도자로서 내가 이 책에서 추구하는 주요 목적은 당신이 리더로 섬기다가 하나님과의 만남을 가장 필요로 하는 곳에서 그분을 만날 수 있도록 당신을 안내하는 것이다. 이런 이유로 책의 각 장 후반부에는 하나님을 경험하도록 인도하는 실습 부분이 있고, 영성 지도 과정이나 피정에서 만난 사람을 안내할 때 도입했을 방식을 이 실습 부분에서 사용하고 있다.

이러한 실습은 무엇보다 당신이 침묵하고(이것은 결코 쉽지 않다!) 호흡에 관심을 기울이도록 격려하여 고독 속으로, 하나님과의 교제 속으로 나아가도록 도울 것이다. 이것은 영혼의 무질서를 진정시키고 성경이 바람, '프뉴마'(pneuma), 하나님의 호흡이라 칭하는 그분의 영에 귀 기울이는 매우 단순한 방법이다.

하나님의 임재 안에서 침묵할 때, 시 형식의 묵상문과 기도문을 통해 기도의 기회, 하나님과의 정직한 소통의 기회가 열린다. 이 묵상문과 기도문은 당신의 영혼을 끌어내기 위하여, 또 당신이 하나님께 해야 할 말을 하고 하나님이 당신의 영혼에 들려주기 원하시는 것에 귀 기울이는 자리에 머무르도록 돕기 위하여 도입된 영혼의 언어다.

리더들 대다수는 영혼의 언어와 그 고요한 방식에 익숙하지 않다. 이 언어가 너무 '부드럽다거나' 행동을 중시하는 리더의 삶과는 근본적으로 다르다는 이유로 배척하는 사람들도 있다. 하지만 실제로는 다수의 사람들이 많은 지식과 방법을 습득하고 많은 것을 성취했지만 무엇인가가 빠져 있다는 것을 안다. 절박한 심정으로 자신의 영혼을 먹이시는 하나님과의 친밀함으로 돌아가는 방법을 찾으려 한다. 대중이 원하는 것을 목표로 삼기보다 중심에 들려오는 하나님의 말씀을 받고 싶어 한다. 영혼의 언어에 친숙해지기 위해서는 훈련이 필요하다. 실습 부분은 당신이 영혼의 언어에 친숙해지는 것, 즉 영혼이 구하는 하나님과의 교제 속으로 들어가는 것을 돕기 위해 마련되었다.

각 장 마지막에 나오는 실습 부분에 이르면, 이 부분을 피정 중에 누리는 한 순간으로 생각하라. 피정에서 가르침을 받은 뒤, 홀로 하나님과 함께 하는 시간을 가지며 자신을 위한 무엇인가를 할 준비가 된 순간으로 생각하라. 우리는 그때 이렇게 말하게 된다. "이것에 대해 단지 말하는 것만으로는 부족하다. 실제 훈련이 필요하고, 그 안으로 들어가는 방법을 찾아야 한다."

이야기 안에서 우리 모습 찾기

나는 이 책에서 주로 모세의 생애라는 창을 통해 리더십의 다양한 측면들을 들여다보았다. 이를 통해 하나님을 구하는 법과 다른 사람들에게 영적 리더십을 베풀기 위해 하나님이 우리를 단련하시게 하는 법을 배울 수 있다. 내가 모세 이야기에 마음이 끌린 이유는 그 이야기가 리더십의 여러 측면을 적절하게 보여 줄 뿐만 아니라 리더에게 닥치는 도전들을 조금도 가감 없이 보여 주기 때문이다. 모세 이야기는 리더십의 영혼을 단련하는 여정이 단지 묵상가적 목회자들이나 신비주의적 저술가들에게만 해당하는 것은 아님을 보여 준다. 이 여정은 사역하는 리더들, 사역지와 섬기는 무리가 있는 리더들에게도 필요하다. 이것은 우리 모두를 위한 여정이다.

더욱 중요한 점은, 내가 사역과 리더직을 그만두려는 상황까지 갔을 때 모세 이야기 안에서 나 자신을 발견하고 이후로 계속 이 이야기를 친숙하게 살펴 왔다는 사실이다. 그 어두운 시기에 모세는 나에게 기도하는 법, 계속 충성을 다하는 법, 기다리는 법, 사람들을 이끄는 법, 때가 되면 내려놓는 법을 가르쳐 주었다. 모세의 이야기가 아니었더라면 나는 지금 여기서 이 일을 하고 있지 못했을 것이다.

하지만 보다 온전한 설명을 위해 모세 이야기 외에 신약의 관점과 그리스도의 삶이 필요한 경우도 있다. 우리의 지식과 능력을 최대한 발휘하여 그리스도를 따르는 것은 사람으로서 또 리더로서 우리 삶의 본질이기 때문이다. 그래서 신약의 가르침과 예를 언급할 필요가 있는 곳에서는 모세와의 대화 흐름이 방해받지 않는 선에서 신약의 가르침과 사례들을 포함시켰다.

나는 이 책에 대해 원하는 것이 한 가지 있다. 당신이 하나님과의 만남을 가장 간절히 원하는 자리에서 리더십의 영혼을 단련할 그분과 만나도록 이 책이 당신을 이끄는 것이다. 리더십을 위한 최고의 선물은 우리 자신의 변화하는 자아다. 바로 이것이 미약하나마 내가 전력을 다해 노력하는 여정이며, 또한 당신이 초대받고 있는 여정이다. 그래서 모든 마음과 영혼, 생각과 힘을 다하여 하나님을 구하는 것이 당신이 갈망하는 여정이라면, 그 가운데 일어나는 일을 통해 자신이 변화되도록 기꺼이 허락한다면, 당신 자신의 변화 여정과 당신의 리더십을 연결하고 싶다면…그렇다면 함께

이 길을 걸으며 하나님이 어디로 이끄시는지 보자.

모든 거짓말을 쓸어버리시는 진리의 하나님
    모든 핑계를 마르게 하시는 은혜의 하나님
이제 오셔서 우리를 찾으소서.
    여러 위장된 모습과
        공허한 말의 소음 안에서
            우리는 자신을 잃어버렸습니다.

당신의 영이 자비롭게 운행하시어
    무질서한 우리 삶으로부터
        우리를 소생시키소서.

우리는 무관심했습니다.
    우리의 날들에
        우리의 사랑에
            우리의 재능에
                우리의 기회에.

오 하나님, 우리의 기도는 변화입니다.
    자아의 절망에서 나오는 변화가 아니라
        당신의 사랑과
            우리가 되기 원하는 자아로 향하는 변화를 원합니다

우리가 모두 소진되기 전에 변화하게 하소서.

당신의 자비가 지금 우리 안에 또 우리를 통해 일하시기를….

아멘.

테드 로더, 「**입 속의 마음**」(*My Heart in My Mouth*)[3]

1. 리더가 영혼을 잃을 때

그는 나의 온 집을 충성스럽게 맡고 있다.
그와는 내가 얼굴을 마주 바라보고 말한다.
명백하게 말하고, 모호하게 말하지 않는다.
그는 나 주의 모습까지 볼 수 있다.
민수기 12:7-8

몇 해 전 유난히 사역이 힘들었을 때의 일이다. 미처 생각을 추스르기도 전에 흘러나온 나의 말 한마디가 나와 친구를 모두 놀라게 했다. "다른 사람들이 하나님을 누리도록 돕는 데 지쳤어. 이제 나도 하나님을 누리고 싶어." 이 발언은 아주 놀랍고 두렵기까지 했는데, 평소 내 영혼의 경험에서 흘러나오던 리더십이 그 순간에는 하나님의 실재와 단절되어 있었음을 뜻하기 때문이었다.

그런 말실수를 깨달은 것이 그때가 처음인 것은 아니었지만, 어쨌든 그때의 실언은 아주 확연히 드러났다. 친구와 나는 가만히 앉아 있었는데 테드 로더(Ted Loder)의 시구가 떠올랐다. 트랜스포밍 센터(Transforming Center)에서 훈련받는 사람들이 하나님과의 정직한 만남을 갖도록 지도할 때 자주 인용하는 시였는데, 대략 다음과 같았다. "거룩하신 하나님, 당신께 드리고 싶던 말이 있지만, 할 일이 많아서요. 공과금도 내야 하고 모임에도 나가야 하고 빨래도 쌓여 있고…그러는 사이에 드리고 싶던 말을 잊어버렸습니다. 막 하려던 말도, 그 말을 하려던 이유도 잊어버렸습니다. 오 하나님, 당신은 저를 잊지 말아 주세요. 예수 그리스도를 위해서 저를 잊지 말아 주세요."

시구를 마음속에서 읊조리자, 내가 하나님께 드리고 싶던 말이 있었지만 너무 바쁘고 나의 영혼과 너무 떨어져 있어서 그러지 못했음을 깨달았다. 내가 하나님께 드리고 싶던 말은 '하나님 그립습니다'였다. 그 자각이 너무나 강렬하여 마치 거센 파도가 나를 밀쳐 넘어뜨리는 것 같았다.

무엇인가 잘못되었다

우리에게는 모두 그런 순간이 있다. 자신의 리더십이 순수한 근원에서 나오는 내면의 깊은 샘에서 흘러나온 것이 아니라 어떤 행사 당일에 옷장에서 '막 꺼내 입은' 옷처럼 느껴지는 순간 말이다. 아마도 각자 자신만의 방식으로 이런 느낌을 경험했을 것이다. 설교나 성경공부를 준비하는 중에 스스로는 지키지도 않는 가치나 행동을 다른 사람에게 촉구하려고 한다는 것을 깨닫고 기분이 가라앉기도 한다. 또 하나님과의 진실된 교제를 경험한 지 너무 오래되어서 예배를 인도할 때 점점 더 자주 감정을 지어내고 있는 자신을 발견할 수도 있다. 또는 누군가가 목회적 돌봄을 필요로 하는데 당신은 별로 **관심이 없음**을 깨닫기도 한다. 어떻게든 흉내를 내보려고 애쓰지만 마음에는 진정한 공감이 일어나지 않음을 알고 있다.

전(前) 성공회 신부이자 설교가로서 수상 경력도 있는 바바라 브라운 테일러(Barbara Brown Taylor)는 저서 『교회를 떠나며』(*Leaving Church*)에서 자신의 영혼이 조금씩 빠져나가는 느낌이 어떠했는지 설명한다.

내 마음속에서 일어나는 일들은 대부분 너무 부끄러워 다른 사람들 앞에서 꺼낼 수조차 없었다. 나는 그레이스-캐벌리 교회에서 일어나는 일들 때문에 앓아누웠고 어떤 일도 긍정적으로 해석할 기운을 잃었다.…일요일 아침의 빛나는 내 이미지와는 달리, 나는 위원회 모임에도 나가고, 정신이 멍해지도록 판에 박힌 일과도 보고, 소중한 시간을 많이 잡아먹는 아주 까다로운 사람들도 만나야 했다. 스스로에 대한 영웅적인 이미지 이면에서, 진저리 나는 완벽

주의와 나만큼 열심히 노력하지 않는 사람들에 대한 분노, 인정받고 싶어 하는 욕망을 보았다. 또한 지난 15년 동안 교인들과 그들의 가족들을 섬기느라 정작 나의 가족과는 휴가 한 번 다녀오지 못했으며 가족에게서는 '다 이해해요'라고 말하는 듯한 표정을 보아야 했다.

무엇보다도 하나님께 가까이 나아가고 싶은 욕구가 역효과를 내고 있었다. 사람들의 상처를 돌보고 싶었지만 계속 동정심을 베풀다가 결국 피로를 느끼게 되었고, 하나님의 종으로서 살고자 했지만 그저 서비스를 제공하는 사람이 되고 말았다. 하나님의 임재 안에서 살고 싶었지만 결국 하나님과 사이가 멀어지고 말았다.…우리 집 창턱에 앉아 유리에 비친 환영을 쪼아 대던 파랑새들처럼 나의 영혼이 간절히 원하던 푸르름에 도달할 수 없었다. 계속 유리를 두드리면 그것이 없어지리라 오랫동안 믿었지만, 이제야 비로소 내가 환영을 열렬히 쫓았던 게 아닌가 하는 생각이 들었다.[1]

무엇인가 잘못되었다는 자각은 때로 이보다 미묘하다. 나에게 영성 지도를 받던 한 젊은 목사가 어느 날 이렇게 말했다. 그는 자신을 예리하게 파악하고 있었다. "[리더십] 컨퍼런스가 한편으로는 무척 감동적이지만 어두운 측면도 있습니다. 컨퍼런스에 참석하고 나면 다른 교회들과 그들의 성취에 대해 경쟁심이 생깁니다. 제 교회의 스태프와 저의 자원, 재능과 능력 등 제 처지에 대해 불만족한 상태로 컨퍼런스를 떠납니다. 내 자아는 잔뜩 기세가 올라 좀더 큰일을 하고 좀더 잘해 보려고 합니다. 그리고 돌아와서는 모두를 달달 볶습니다. 하지만 3개월 정도 지나면 컨퍼런스 필기 노트는 서가 어딘가에 꽂혀 있고 저는 이전 상태로 돌아가 있습니다. 리더로서의 제 능력에 회의가 들어 마음이 불편합니다. 도무지 제가 리더로서 자격

이 있는지 모르겠습니다."

이것은 특정 컨퍼런스에 대한 비판이 아니다. 오히려 이 젊은 목사는 리더십을 수행하던 중에 그의 영혼 안에서 일어났던 일을 하나님의 임재 안에서, 그리고 사람들 앞에서 용기를 내어 고백하고 있었다. 그는 영혼의 자리에서 하나님의 음성을 갈망했다. 그는 영혼이 건강하기 위해서는 내적 역동을 성찰하지 않고 맹목적으로 끌려다니는 삶을 살아서는 안 된다는 점을 알고 있었다.

당신의 영혼은 어떠한가?

일찍이 웨슬리교파의 신자들은 소그룹 모임에서 서로에게 질문을 던졌다. 첫 번째 물음은 "당신의 영혼은 어떠한가?"였다. 예수님의 경고와 우리 내면의 안팎에서 보게 되는 바에 비추어 볼 때 이 질문은 교회의 리더인 우리를 향한 최고의 질문이다. 자, 당신의 영혼은 어떠한가?

우리 중 일부는 자신이 매일 조금씩 영혼을 잃어 간다는 것을 잘 알고 있다. 또 그러다가 어느 순간에 한계를 넘어가지는 않을까 걱정한다. 아직까지 그럭저럭 잘 버티는 리더들도 있지만 얼마나 오래 버틸 수 있을지는 의문이다. 우리 모두는 심장 발작, 심한 실패나 배신을 겪은 목회자 친구 및 동료가 목회를 그만두고 부동산 중개업으로 직업을 바꾼 경우를 본 적이 있다.

어느 정도 사역 경험이 있는 목회자들은 자신도 이 일에 예외가 아님을 잘 안다. 또 요즘에는 젊은 교역자들도 이를 잘 알고 있다. 한 젊은 목회자는 내게 이렇게 고백했다. "하나님은 저에게 설교와 리더십을 통해 좀더 깊은 목회를 하라고 말씀하시는 것 같습니다. 하지만 저는 사역이 교회 스태프와 주요 자원봉사자들 개개인의 영적 삶에 어떤 영향을 미치는지 아주 잘 알고 있습니다. 사역과, 개인의 성장과 온전함을 위한 노력 사이에서 시간을 어떻게 배분해야 할지 잘 모르겠습니다. 이 둘이 서로 배타적인 것은 아닌지 의문이 듭니다."

이 젊은 교역자의 불편한 고백에 관심을 기울이기 위해서는 용기가 필요하다. 그런 정직한 반성이 우리를 어디로 이끌지 모르기 때문이다. 하지만 이 고백에 관심을 기울이면 분주한 그리스도인들의 겉모습 이면에 잠복해 있는 중요한 질문들을 대면할 수 있다. "영적 리더십은 다른 리더십과 어떻게 다른가? 영혼의 차원에서 우리가 어떻게 단련되어야 그런 리더십을 발휘할 수 있을까? 인간적인 지혜, 지나치게 활동 중심적인 성향, 성과 지향적 충동을 따르지 않고, 하나님을 만나는 자리인 영혼에서 나오는 리더십을 수행한다는 것은 무엇을 뜻하는가? 리더십의 맥락에서 하나님을 놓치지 않고 **발견한다**는 것은 어떤 모습일까?"

영적 리더십이라는 도전

영혼이 충만한 리더는 내적 실재와 이 실재가 제기하는 질문에 관심을 기울인다. 그는 내적 실재를 무시하고 계속 가식적으로 살아가지 않는다. 또 단순히 자신을 가혹하게 판단하여 더 깊은 자각의 기회를 놓치지 않는다. 영적 리더십은 자기 영혼과 계속 긴밀한 관계를 유지하려는 적극적인 노력에서 비롯된다. 영혼의 자리에서 하나님의 영은 우리가 하나님과 더욱 깊은 관계를 맺도록 심오한 질문과 깊은 갈망을 불러일으킨다. 영혼과 긴밀한 관계를 유지하는 것은 자아도취에 빠진 명상이 아니다. 오히려 이러한 귀 기울임 덕분에 우리는 하나님 안에서 참된 자아, 즉 하나님의 부르심에 진심으로 순종할 수 있는 자아가 되는 길을 계속 걸어간다.

하지만 영혼과 긴밀한 관계를 맺을 때 우리는 곧 도전에 직면한다. 우선 영혼은 예민한 데다가 리더십의 환경은 위험하기 때문이다. 파커 파머(Parker Palmer)는 말한다. "영혼은 야생 동물과도 같아서 강인함과 회복력, 지략과 요령이 있다. 힘든 환경에서 생존하는 법을 알고 있다. 하지만 동시에 영혼은 수줍어한다. 야생 동물처럼 울창한 덤불에 가만히 숨어 나오지 않는다. 야생 동물이 보고 싶으면 결코 요란스레 숲을 휘젓고 다니며 나오라고 소리를 질러서는 안 된다."

리더가 리더십을 발휘하는 환경은 대개 사람들이 서로 힘들어 하고 숨가쁘게 지나다니며 부딪히는 곳이다. 이런 곳에서 사람들은 표면적 이해와 자아에 머물게 되는데, 그동안 영혼이 충만한 모든 것은 숲 속 깊은 곳으로 달아난다. 뿐만 아니라 리더는 공격도 받고 쫓겨나기도 하는 자리다. 이런 사실을 잘 아는 영혼이 숲에서 나와 모두의 표적이 되려고 하지는 않을 것이다.

영혼을 달래서 그토록 위험한 환경에 모습을 드러내도록 하는 도전 외에도 일단 영혼이 모습을 드러내고 돌아다니기 시작하면 다른 많은 문제들이 생긴다. 우리가 영혼의 눈을 통해 주변에 주의를 기울이면 영적인 삶이 꼭 필요로 하는 것과 현재의 문화적 환경에서 성공하기(또는 적어도 성공한 것으로 보이기) 위하여 필요한 것 사이의 긴장을 볼 수 있다. 일이 잘 풀릴 때에는 이 긴장이 창조적 해법이 발견되는 역설의 자리가 될 수 있지만, 그렇지 않을 때에는 감당하기 힘든 양극단처럼 느껴진다.

요즘에는, 아마도 날마다, 영혼의 건강을 위해 필요한 것과 리더로서의 삶이 장려하고 또 심지어 요구하는 것 사이에 심각한 긴장이 있다. 존재와 행위 사이에, 공동체와 명분 사이에, 진실을 말하는 것과 긍정적으로 말해주는 것 사이에 긴장이 존재한다. 사람들을 사랑하는 데 드는 시간과 신속하게 임시방편을 동원해야 하는 필요 사이에 긴장이 있다. 측정 가능한 목표와 궁극적으로 하나님 외에는 누구도 평가할 수 없는 것 사이에 긴장이 있다.

힘의 역학이 작용하는 조직적 위계에 대한 필요와 부름받은 그리스도인 공동체의 특징인 상호성과 상호의존성 사이에 긴장이 있다. 시스템을 '운영하는' 방법을 아는 것과 서로의 신뢰와 복지를 위하는 관계에 들어가는 것 사이에도 긴장이 있다. 많은 사람들을 효율적으로 이끌 수 있는 수월한 제자훈련 과정에 대한 요구와 인내와 느림, 궁극적 신비를 특징으로 하는 영적 변화 과정 사이에 긴장이 있다. 그리고 서로의 관계가 분열되지 않으면서도 권력 내부에서 생산적인 방식으로 그것에 대해 이야기할 줄 알아야 한다는 도전도 있다.

타협하지 않는 사람들

역설적인 상황 속에서도 창조적이고 영적으로 기능하는 리더십은 타협하는 사람들에게는 어울리지 않는다. 그런 사람들은 두 극단 중 하나로 치우치기 십상이다. 피터 센지(Peter Senge)는 저서 「제5경영」(*The Fifth Discipline*, 세종서적)에서 지적한다. "우리는 언제든지 감정적 긴장에서 벗어날 수 있다. 창조적 긴장의 두 축 가운데 우리가 언제나 통제할 수 있는 축인 비전을 양보하면 우리에게 달갑지 않은 느낌은 사라진다. 그것의 근원이었던 창조적 긴장이 줄어들기 때문이다. 이제 목표는 당장 눈앞의 현실에 가까워진다. 감정적 긴장에서 벗어나기는 쉽다. 우리의 진정한 소원인 비전만 포기하면 된다."[2] 영적 리더는 단순히 감정적 긴장에서 벗어나려 하지 않는다. 그에게는 비전과 눈앞의 현실이라는 두 실재를 모두 존중하는 제3의 길이 열릴 때까지 창조적 긴장의 자리에 머물 수 있는 체력과 지구력이 있다.

임시방편을 마련하기 위해 기독교적 기본 가치들을(사랑, 공동체, 진실을 말하기, 고백과 화해, 분별을 위해 침묵 속에서 하나님께 귀 기울이며 기다리기 같은) 양보하고 싶은 유혹은 언제나 강력하다. 세속적이든 종교적이든 성과를 지향하는 문화 속에서 성과를(성과가 숫자든 새 건물이든 어떤 혁신이든 간에) 내야 한다는 압박에 맞서 깊은 영적 가치들을 고수하는 것은 영적 리더십의 가장 큰 과제 중 하나다.

내가 어렸을 때 목회자였던 아버지의 책무는 어떤 면에서 매우 단순했다. 아버지는 일요일에, 또 때때로 수요일 저녁에 설교를 했다. 아픈 사람들을 방문하고 목회적 돌봄이 필요한 사람들을 만나 조언을 해주었다. 장로들과 함께 회의하며 교회의 사역이나 업무에 관한 결정들을 내렸다. 그게 거의 전부였고 그것으로 족했다.

요즘에는 목회자의 역할이 훨씬 더 복잡해졌다. 이제는 많은 목회자들이 이러한 기본적 책무 말고도, 기업의 최고경영자 같은 역할을 하리라는 기대를 받는다. 사람들은 목회자들이 전략적으로 사고하고 계획할 것을, 또 뛰어난 관리자가 될 것을 기대한다. 문화적으로 적절한 설교를 할 뿐만 아니라 방송 제작 및 프로그램 편성에도 조예가 깊고 획기적인 아이디어를 내놓으리라 기대한다. 모금 운동과 행사에서도 전면에 나서리라 기대한다. 대인 관계에도 능통하고 많은 사람의 관심을 받으리라 기대한다. 역설적으로 이러한 기대들은 그야말로 강인함과 지략, 요령과 회복력을 지닌 영혼에 귀 기울이고 응답해야 하는 상황을 많이 만든다. 영혼은 어떻게 구슬리는 정도로는 꾀어내기 힘들다.

이런 도전들을 대면하는 유일한 방법은 계속 하나님의 임재에 기초를 두게 하는 영적 훈련을 통해 끈기 있게 그분을 구하는 것이다. 특히 고독과 침묵 속에서 우리 내면의 진실한 자리를 경험하고 하나님이 우리를 만나 주시도록 초대할 수 있다. 고독 안에서 우리는 지적 성취와 노고(勞苦)를 통해 목회의 도전들을 해결하려는 끊임없는 인간적 분투에서 벗어나, 극단에 치우치지 않는 바른 길로 인도하시는 성령의 삶을 경험할 수 있다. 침묵 안에서 우리는 무엇을 통제하겠다는 생각을 내려놓고 하나님을 우리 삶의 하나님으로 받아들인다. 그분은 단지 머릿속 생각이나 설교의 예화에 나오는 분이 아니다. 고독과 침묵 안에서 자신이 누구이고 영적인 관점에서 참된 것이 무엇인지 말씀하시는 하나님의 고요하고 세밀한 음성에 귀 기울일

> 핵심 질문은 미래의 리더들이 진정 하나님의 사람들인가 하는 것이다. 그들이 진정 하나님의 임재 안에 거하고 그분의 음성을 듣고 그분의 아름다움을 보고 그분의 성육신한 말씀을 손으로 만지고 그분의 무한한 선하심을 한껏 맛보고 싶은 열의가 있는 사람들인가 하는 것이다.
>
> 헨리 나우웬, 「예수님의 이름으로」(두란노)

때, 우리는 리더로서 받는 삶의 요구와 기대에 덜 사로잡히게 된다.

내가 분명히 아는 것

시중에는 리더십 관련 도서들이 넘쳐나며, 그 가운데는 서로 모순된 내용도 많다. 누가 가장 온전한 시각을 지녔는지는 정말 알기 힘들다. 하지만 내가 분명히 아는 것 하나는, 우리에게서 영의 양식을 받고자 하는 사람들은 우리가 먼저 몸소 영적 구도자가 되어야 한다고 생각한다는 것이다. 우리가 자신의 영혼을 먹이는 삶의 양식을 계속 찾아 다녀야 **그들의** 영혼을 위한 양식이 있는 곳으로도 인도할 수 있다고 생각한다. 그렇게 한다면, 우리는 오래된 묵상집이나 자신에게도 와 닿지 않는 낡은 변증론이나 영적 삶에 대한 다른 사람의 사색을 그들 앞에 내놓지 않고, 우리와 하나님 사이의 친밀함이라는 오븐에서 갓 나온 따뜻한 양식을 준비할 수 있다.

저술과 강연, 피정과 트랜스포밍 센터의 일을 통해 영적 리더십을 나누어 줄 수 있기까지 내가 받았던 '훈련'에 대해 문의하는 이메일과 질문을 받곤 한다. 또 나와 비슷한 길을 가고자 하는 사람들에게 도움이 될 만한 훈련이 무엇인지 묻는 질문도 자주 받는다. 이런 문의를 받으면 언제나 잠시 머뭇거리게 되는데, 지금 하고 있는 일을 위해 나를 준비시킨 것은 정작 내가 받은 훈련과는 관련이 적기 때문이다. 물론 몇몇 수준 높은 훈련을 받는 영예를 누렸지만, 지금 가르치는 리더십을 위해 나를 준비시킨 것은 다름 아닌 내가 **걸어온** 길이다. 그리고 내가 이 길을 따르게 된 계기는 삼십대 초반 젊은 리더 시절부터 시작된 하나님을 향한 간절한 추구였다.

안락한 상황에서 벗어나겠다는 의지와, 하나님과 함께 펼친 모험적 노력들 하나하나가 지금 하는 일을 위한 준비 과정이었다.

내가 그렇게 하나님을 추구할 때 내게는 다른 누군가를 애써 인도할 생각이나 의도가 없었다. 오히려 영적 추구의 결과로 어느 시점에 사역을 내려놓았고, 리더로서의 삶은 이제 끝났다고까지 생각했다. 나는 하나님을 간절히 찾고 있었고 다른 것은 중요하지 않았다. (하나님은 결국 나를 다시 사역으로 부르셨지만) 모든 것이 원활히 움직이기 시작한 것은 그렇게 강력히 영적 추구를 할 때였다. 모든 것이 하나님의 은혜였다. 그 초기 경험들을 돌아볼 때마다 이 점이 떠오른다. 내가 오늘 리더로서 할 수 있는 가장 중요한 일은 나 자신의 영혼 깊은 곳에서 계속 하나님을 구하는 것이다. 그 어떤 대가를 치러야 할지라도 말이다.

영혼의 힘을 지닌 리더

리더로서의 소명감이 더욱 깊어지고 사역의 길도 험해지자, 나는 모세의 이야기에 마음이 끌렸다. 모세는 장기간 리더십을 수행하는 데 필요한 지구력을 하나님과의 개인적인 만남 가운데 어렵게 길러진 영혼의 힘에서 얻었기 때문이다. 모세가 리더십에 관해 **사고하고** 슬기롭게 개념화하는 방법을 알았기 때문에 인생의 종착점까지 줄곧 리더로 섬길 수 있던 것은 아니었다. 리더십 수행 중에 일어나는 도전들이 하나님을 의지하게 하는 **촉매**와 **견인차** 역할을 했기 때문에 모세는 끝까지 섬길 수 있었다. 리더십의 시련 가운데 깊이 경험했던 하나님에 대한 간절한 갈망이 없었더라면 그는

1. 리더가 영혼을 잃을 때

하나님을 의지하려고 애쓰지 않았을지도 모른다. 말 그대로 모세는 하나님 외에는 달리 의지할 데가 없었다.

모세의 전 생애는 하나님과의 은밀한 만남과 이 만남이 그의 영혼을 어떻게 단련시켰는가 하는 렌즈를 통하여 들여다볼 수 있다. 그에게는 고독 속에서 하나님을 구하고 그분이 거기서 보여 주신 대로 실천하는 것을 제외하고는 어떤 리더십 전략도 없었던 것 같다. 모세는 정기적으로 하나님을 구했으며(또는 하나님이 모세를 구했으며), 둘 사이의 만남이 있었고, 그 이후에는 그분이 명하신 대로 했다. 모세에게 리더십은 그토록 단순했다.

오늘날 우리 문화 속 삶의 복잡성과 독특한 도전들을 고려할 때 이 접근 방식이 너무 단순하다고 말할지도 모른다. 나 역시 리더십의 어려움을 많이 경험했기에 복합적인 문제에 대한 단순한 해결책을 맹신하지는 않는다. 하지만 복잡성을 초월하는 단순성이 존재하며, 이 접근 방식은 그런 단순성의 일부라고 생각한다.

고독과 침묵을 향한 리더의 여정

고독은 하나님을 구하는 모든 이에게 필수적인 훈련이다. 고독은 리더의 영혼이 단련되는 주요 장소다. 하지만 리더가 고독과 침묵 속으로 들어가는 여정에는 특별한 저항이 있다. 리더들에게 고독이 힘든 이유 중 하나는 리더십 관련 활동과 경험은 중독성이 강하기 때문이다. 내가 이것이나 저것, 또 다른 것에 대해 무엇인가를 **할 수 있다**는 생각은 우리 안에 탐욕스러운 무엇을 키운다. 이 무엇은 '에고'(*ego*) 즉 잘못된 자아로, 이것은 시간이 지나면서 외적인 성취와 업적, 역할과 직함, 권능과 위신을 통해 자신을 확인하고 키워 나간다. 리더의 역할들은 본성상 에고의 팽창에 원료를 제공한다. 리더가 자기 정체성의 많은 부분을 얻고 있는 영역을 잠시라도 떠나기란, 그것에 동의하는 경우조차 매우 힘들다.

많은 리더들이 고독에 관해서는 쉽게 설교해도 직접 실천하기는 어려워한다. 나는 이것이 문제의 핵심이 아닌가 싶다. 리더들은 너무 분주하다. 고독에 들어가기 위해서는 사역의 요구들로부터 벗어나야 하는데 결코 쉽지 않고 재정적인 부담을 줄 수도 있다. 하지만 고독 속으로 들어가기를 피하는 진짜 이유는 외적으로 우리를 정의해 온 것으로부터 벗어날 때 오는 불안과 더욱 관련이 있다. 보통 우리는 아주 처절한 상황에 놓이지 않는 한 그것을 놓으려고 하지 않는다. 모세 이야기에서 알 수 있듯이, 리더가 고독과 침묵 가운데 단순한 시도의 수준을 넘어 모세가 경험한 것과 같은 하나님과의 만남으로 들어가기 위해서는 상당한 수준의 절박함이 필요하다.

그래서 나는 홀로 하나님과 함께하는 시간에 모세에게 생긴 일과 그 시간으로부터 그의 리더십이 어떻게 출현했는지에 관해 더 많이 알고 싶어졌다. 모세가 소명에 대하여 계속 분명한 태도를 간직하게 한 하나님의 임재를 조금이라도 경험하고 싶은 마음이 간절했다. 상황이 힘들게 돌아갈 때, 포기해 버리거나 포기할 생각을 하기보다 하나님과 힘든 씨름을 벌이는 모세의 끈기를 갈망해왔다. 나는 오랫동안 계속 리더십에 충실할 수 있도록 모세와 같은 용기와 지구력을 하나님께 구했다. 또한 모세처럼 자신의 한계와 불완전함 때문에 좌절하지 않고 이를 안고 살아가는 은혜를 간구했다.

고독 중에 하나님을 만나는 것은 분명 모세에게는 생명줄, 즉 유일한 생존 수단이었다. 삶의 마지막 순간에 모세는 이스라엘에서 가장 위대한 예언자로, 하나님이 친히 얼굴과 얼굴을 대면하여 아시던 자로 칭해졌다. 자신이 꿈꾸던 대로 비전을 성취하지는 못했지만 모세는 하나님을 알았고 하나님은 그를 아셨다. 이것이야말로 가장 큰 성취일 것이다. 요즘은 이것이 내가 원하는 전부다.

실습

누군가 말한 적이 있다. "당신 영혼이 하나님께 드리고 싶은 말을 알게 되면 정말 놀랄 거예요."

    리더들은 영혼이 필요로 하는 만큼 정직해질 수 있도록 조용하고 안전한 장소를 찾기가 쉽지 않다. 종종 자신의 생명나무 밑동 곁에 가만히 앉아 우리가 찾는 그 야생 동물(영혼)이 모습을 드러낼 때까지 기다리지 못한다. 여기, 잠시 조용히 앉게 하는 초대가 있다. 이 초대의 유일한 목적은 당신의 영혼이 하나님께 드려야 할 말을 하게 하는 것이다. 어떤 일이 일어나도록 의도적으로 애쓰지 마라. 그런 시도가 보이면 영혼은 달아난다. 그저 하나님의 임재 안에 조용히 앉아 무엇이 모습을 드러내는지 보라. 이 일은 시간이 걸리겠지만 당신의 영혼이 말하고 싶었던 것을 마침내 말하는 순간 당신은 알게 될 것이다. 또한 충분히 오랫동안 하나님의 임재 안에 앉아 있으면, 놀랍게도 하나님이 당신의 영혼에 하고 싶어 하시는 말을 깨달을 수 있다.

거룩하신 분이여,

당신께 드리고 싶던 말이 있지만

할 일이 많아서요,

 공과금도 내야 하고

  예약도 해야 하고

   모임에도 나가야 하고

    친구들도 접대해야 하고

     빨래도 쌓여 있고…

그러는 사이에 드리고 싶던 말을 잊어버렸습니다,

막 말하려던 참이었는데…

 또 그걸 말하려던 이유도 잊었습니다.

오 하나님,

당신은 저를 잊지 말아 주세요,

예수 그리스도를 위해서 잊지 말아 주세요.

오 하늘에 계신 아버지여,

아마도 당신은 제가 기도드리려던 것을 이미 들으셨겠지요.

제가 구하고 싶던 것은

 저를 용서해 주시고

  치료해 주시고

   용기를 북돋아 주시는 것입니다.

사랑과 신앙을 조금이라도 제 안에 회복시켜 주세요,
　확신을
　　당신이 정말 살아 계시며
　　　내가 영향력을 미칠 수 있고
　　　　모두가 형제요 자매라는
　　　　　그 비전을 제 안에 회복시켜 주세요.

제가 실수하는 가운데서도 간구하고 싶던 것은
　저를 포기하지 마시고
　　저 때문에 너무 슬퍼 마시고
　　　저와 함께 웃으시고
　　　　저와 함께 다시 시작하시고
　　　　　저 역시 당신과 함께하는 것입니다.

테드 로더, 「은혜의 게릴라」(Guerrillas of Grace) [3)]

2. 저 아래에 있는 것

모세가 장성한 후에 한번은 자기 형제들에게 나가서
그들이 고되게 노동하는 것을 보더니 어떤 애굽 사람이 한 히브리 사람
곧 자기 형제를 치는 것을 본지라. 좌우를 살펴 사람이 없음을 보고
그 애굽 사람을 쳐죽여 모래 속에 감추니라.…
바로가 이 일을 듣고 모세를 죽이고자 하여 찾는지라.
모세가 바로의 낯을 피하여 미디안 땅에 머물며 하루는 우물 곁에 앉았더라.

출애굽기 2:11-12, 15

모세는 장차 리더가 될 사람으로 정해져 있었다. 공주의 아들로 길러지는 사람은 훗날 리더가 되도록 교육을 받는다. 리더가 될 만한 재목인지 면밀히 검토되고 평가 받으며, 사람들의 기대도 매우 높다.

　하지만 모세에게는 문제가 있었다. 그는 애굽인의 혈통을 타고 나지 않았고 그를 기르는 공주와도 아무런 혈연관계가 없었다. 바로의 딸은 목욕 중에 근처 갈대밭 사이를 떠가는 바구니를 발견하고 모세를 건져내 아들로 삼았다. 모세를 그곳에 둔 사람은 어머니였는데, 히브리인들에게서 태어난 남아들을 모두 죽이라는 바로의 지시를 피해 모세를 구하기 위한 어쩔 수 없는 시도였다. 모세의 누이가 근처에서 지켜보고 있었는데, 애굽의 공주가 모세를 발견하고는 가엾게 여겼다. 모세의 누이는 숨어 있던 곳에서 나와 아이에게 젖을 먹일 히브리 여인을 찾아 주겠다고 했고, 다음에 이어지는 이야기는 우리도 잘 알고 있다. 놀라운 반전으로 모세는 자기 어머니 젖으로 길러지게 되었다. 모세가 어느 정도 성장하자 어머니는 모세를 바로의 딸에게 다시 보냈고, 바로의 딸은 그를 아들로 키웠다. 바로의 딸은 모세라는 이름을 그에게 붙였는데 그를 물에서 건져냈기 때문이었다.

　이 이야기는 이만하면 해피엔드이고 하나님의 은혜의 증거를 많이 보여 주지만, 오늘날의 심리 치료 관점에서 보면 이런 일련의 사건들로 인해 모세는 혼란스러운 아동기를 보냈음을 알 수 있다. 물론 고대 문서에 지금 시대의 의미를 덮어씌우지 않도록 주의해야 하겠지만, 모세의 유아 시절 경험은 어떤 기준으로 봐도 트라우마가 되었을 것 같다. 모세는 어린아이에게 매우 위험하고 불안정한 환경 가운데 태어났다. 비록 어쩔 수 없는 이유 때문이긴 했지만 어쨌든 어머니로부터 버림받았다. 친가족과 곧 재회했지만 얼마 못 가 다시 입양 가정으로 보내졌다. 이후 모세는 이전의 어린 시절과는 근본적으로 다른 이교도 가정환경에서 성장했다. 새로운 환경에서는 자신이 물려받은 전통에 따라 친가족과 동료 히브리인들과 함께 살거나 예배드릴 수 없었다. 두 세계 사이에서 살았지만 어느 곳에서도 마음이 편안하지 않았다.

어떤 관점에서 보아도 이것은 자라는 아이에게 힘든 환경이었으며 어른이 되어서는 감당하기 더욱 힘들었다. 모세는 아마도 매사에 예민했을 것이다. 언제나 무엇인가를 증명해야 했기 때문이다. 자신이 원래 속했던 히브리 민족과 그를 길러 준 애굽인들 사이에서 어디에도 속하지 못하는 아웃사이더였던 모세는 늘 정체성 문제와 씨름했을 가능성이 높다. 모세는 자신이 자란 환경에 적응하며 앞에 놓인 분명한 길을 따라가야 했을까? 아니면 자신의 민족과 하나가 되어 그들의 규범에 따라 살아야 했을까? 둘 중 어느 것도 그리 좋은 선택은 아니었다. 어떤 결정을 내려도 공허감과 상실을 피하기 힘들었다.

여느 사람들처럼 모세도 자신의 상황적 고통을 다루는 몇몇 대응기제(coping mechanism)*를 마련했을 가능성이 높다. 우리 모두는 인생의 위험이나 어려움이 나타날 때마다 거기에 적응하고 안전을 유지하는 방법을 마련한다. 그렇게 한다는 것을 미처 깨닫기도 전에 이런 패턴을 만들어 내는데, 그 결과 우리는 이것을 매우 자연스럽게 느낀다. 이런 기제는 어렸을 때 무의식적으로 형성되기 때문에, 성인이 되어서도 거의 깨닫지 못한다. 이것이 현재의 인간관계를 교란하고, 하나님이 초대하시는 인생행로를 밟아 가는 데 더 이상 도움이 되지 않을 때에야 비로소 그 정체를 깨닫는다.

모세의 대응기제는 분노를 억누르는 것이었다. 화를 내 봐야 별 수 없

---

* 삶 가운데 힘든 위험이나 도전에 처했을 때 이에 대응하는 반응양식.

었기 때문이다. 오히려 그는 분노를 이용해 대인 관계에서 스스로에게 '기운을 불어넣었으며' 보통 사람은 견디기 힘든 상황을 통제할 수 있었다. 하지만 어느 날 오랫동안 쌓여 온 분노가 그를 압도했고 그동안 참았던 모든 것이 폭발해 버렸다. 성경에 따르면, 이날 모세는 자기 형제들에게 나아갔다고 한다. 이 부분은 참으로 '가슴을 울리는' 구절이다. 자기 민족과 함께 지내는 것이 허락되지 않았기 때문에 모세가 할 수 있는 일이라곤 그저 가끔씩 그들을 방문하는 것이었다. 아마도 어딘가에 온전히 소속되어 정착하고 평안을 맛보고 싶은 갈망이 깊고 간절했을 것이다.

이때가 그의 민족이 어떻게 지내는지 보러 간 첫 방문이었는지는 확실하지 않지만 모세의 예민한 부분을 건드리는 사건이 일어났다. 모세 자신도 그렇게 민감해지리라고 생각하지 못했을 수 있다. 한 애굽인이 히브리인을 학대하는 장면을 목격하자 분노를 억제할 수 없었던 모세는 그 애굽인을 죽여 버렸고, 죄를 숨기려고 시체를 모래 속에 파묻었다. 이러한 반발적인 통제 불능의 반응은 고독을 실천하기 이전의 모세가 보여 주는 리더십의 한 모습이다.

바로 다음 날 모세는 다시 자기 민족을 방문했다. 그는 두 히브리인들 사이에서 벌어진 다툼을 중재하며 돕고자 했다. 하지만 그들은 '돕는답시고' 자행하는 모세의 폭력을 보았기 때문에 그 도움에 매우 냉소적이었다. 그들은 다듬어지지 않고 훈련받지 못한 모세의 리더십을 의심하며 말한다. "누가 너를 우리를 다스리는 자와 재판관으로 삼았느냐? 네가 애굽 사람을 죽인 것처럼 나도 죽이려느냐?"(출 2:14, 새번역) 모세는 두려웠고, 그것은 당연한 일이었다. 자신이 한 일이 발각될까 봐, 또 자신의 정체가 드러날까 봐 두려움이 밀려왔다. 삶의 표면 저 아래에 잠재해 있던 것이 위로 모습을 드러냈으며, 더 이상은 간과할 수 없었다.

> 리더는 자신의 행동이 유익보다 해가 되지 않도록, 자신 안에서 그리고 자신의 의식 안에서 일어나는 일에 각별한 책임감을 가져야 한다.
> 파커 파머, 「삶이 내게 말을 걸어올 때」(한문화)

하던 일 멈추기

최근에 나는 한 주 동안 혼자 플로리다로 여행을 다녀왔다. 그곳에서 쉬면서 매일 해변을 산책하고 물에 들어가 수영도 했다. 물론 혼자 수영하는 것이 위험하다는 것을 알고 있었고, 내가 어느 날 물 밖으로 나오지 못한다면 적어도 하루 이틀 동안은 아무도 모를 것이라는 생각이 들기도 했다. 그럼에도 별로 개의치 않았는데, 어느 날 큰 사고가 실제로 일어날 뻔했다.

그날 나는 물속에서 수영도 하고 잔파도에 몸을 맡기며 떠 있기도 했다. 갑자기 한 낚시꾼이 해변으로 뛰어오며 소리를 질렀다. "밖으로 나와요! 어서요!" 이 말에 나는 급히 물 밖으로 있는 힘껏 헤엄쳐 갔다. 발이 땅에 닿자 밖으로 내달렸다. 달리는 내내 심장이 세차게 고동치고 있었다. 무사히 해변에 닿자마자 뒤를 돌아보았다. 내가 있었던 바로 그 자리에 2에서 2.5미터 정도의 길고 검은 그림자가 물속에서 소리 없이 움직이고 있었다. 숨을 헐떡이며 그에게 물었다. "상어인가요?" "아니요, 바다 악어예요." 그는 계속 해변을 달려가며 사람들에게 밖으로 나오라고 소리를 질렀다.

나는 이전에 바다 악어에 관해 들어본 바가 없었지만 해변에 모여든 사람들은 이 수중 생물에 대해 아는 듯했다. 이 부근에서 바다 악어가 발견된 건 이번이 처음이라고 말하며 어떻게 이리로 왔는지 궁금해 했다. "내륙 대수로를 따라 들어왔나? 아니면 인근 수로로 왔나?" 얼마 후 다시 수영하러 갔을 때(물론 이번에는 좀더 조심해야지 하면서), 나는 그런 일을 잘 아는 사람들로부터 바다 악어가 대단히 위험한 생물임을 알게 되었다.

리더십과 관련하여 이 이야기는 한 가지 교훈을 준다. **바다든 우리 삶이든 정말 중요한 것은 표면 아래에 있다는 것이다.** 표면 아래에 무엇인가가 있다는 것을 아는지 모르는지는 별로 중요하지 않다. 내가 의식하든 의식하지 못하든, 그에 따라 그 존재가 약해지지는 않는다. 표면 저 아래에 도사리고 있는 것에 관해 들어 본 경험이나 그것이 존재한다는 믿음은 그다지 중요하지 않다. 핵심은 표면 아래에 도사리고 있는 것이 **존재한다**는 사실이고, 나는 보지 못해도 다른 사람들은 그것을 보는 경우가 있다는 점이다. 만약 하나님의 은혜로 저 아래에 도사리고 있는 어두운 것을 알아차린다면 우리가 할 수 있는 최선의 선택은 물 밖으로 나오는 것이다. 빨리!

이것이 정확히 모세가 취한 행동이다. 그는 의식의 표면 아래에 도사리고 있다가 힘차게 밀고 나오는 어두운 것을 언뜻 보았다. 자신의 미숙하고 다듬어지지 않은 리더십의 파괴력을 일견하고 모세는 너무나 두려워 고독 속으로 달음질쳤다. 그는 걷거나 조깅하듯 슬슬 뛰지 않았다. 또한 본 것이 무엇인지 알아보거나 자기 신변을 정리하기 위해 시간을 들이지도 않았다. 그는 곧장 고독 속으로 **달음질쳤다.** 그는 이렇게 말했을 것이다. "내 안의 이런 부분들이 지금 이대로는 누구에게도 도움이 안 되겠구나." 물론 모세는 바로가 두려워서 달아났지만, 종종 발각될지도 모른다는 두려움이나 실제 발각되는 경험은 저 아래에 있는 것에 관심을 갖도록 경보를 울린다. 실제로 이런 발각의 두려움이나 경험 덕분에 우리는 자기 발견의 길로 들어설 수 있다. 또한 악한 행동을 충동질하는 어두운 힘에 대한 책임감을 더 갖기 위해서는 어떤 일이라도 감내하게 된다.

리더가 그냥 한번 시도해 보는 수준을 넘어 고독 속에서 의미 있는 경험을 하는 데까지 나아가기 위해서는 종종 이 정도의 묵직한 무언가가 필요하다. "나는 이 문제를 끌어안고 고독의 시간을 가져야만 해"라고 말하는 정도로는 해결하거나 조절하기 힘든 파괴적인 행동 패턴이 있다. 우리는 이런 패턴을 잘 숨겨 왔다고, 이 패턴을 통제할 수 있거나 적어도 그것의 파괴적인 성격이 외부에 드러나지 않도록 잘 감출 수 있다고 생각했다. 하지만 이제 이 패턴은 모두에게 알려져 버렸고, 좋은 일을 하려는 노력은 물거품이 되었다.

우리는 이런 순간을 간과하지 말아야 한다. 이때 리더는 고독과 침묵 속으로 들어가는 여정을 시작하게 된다. 만약 그런 순간이 모세처럼 이른 시기에 찾아왔다면 하나님께 감사드릴 일이다. 치러야 할 대가가 더 커지기 전에 자신을 대면할 기회가 주어진 것은 하나님의 은혜다. 대부분의 사람들처럼 그런 순간이 시간이 흐른 후에 왔다면 이 또한 하나님께 감사드릴 일이다. 그것은 우리가 아직 모르는 더 넓은 자유의 경지로 우리를 인도하시기 위해 하나님이 일하고 계시다는 뜻이다. 그런 순간에 하나님은 모세가 한 일을 우리도 할 수 있는 길을 찾으라 하신다. 적어도 한동안은 사람들과 함께 지내는 생활에서 벗어나, 이런저런 자잘한 일들에 신경 쓰기를 중단하며, 사람들을 어딘가로 인도하겠다는 생각을 잠시 내려놓으라고 하신다. 그리고 내면 깊은 곳에서 이루어져야 할 일들이 지금 해야 할 가장 중요한 일임을 믿으라고 하신다. 실제로 마음 깊은 곳에서 뿜어져 나오는 것에 관심을 두지 않은 채 계속 앞으로 밀어 붙이는 것은 우리가 범하기 쉬운 가장 위험한 실수다.

내면으로 들어가기

고독 속으로 들어가기 위해 모세는 무엇보다 마음을 차분히 가라앉힐 시간을 가져야 했다. 그는 미디안에 정착했다. 미디안은 사람들의 눈이 닿지 않는 곳으로, 인생에서 가장 고통스러운 일들과 가장 큰 실수가 있었던 장소에서 멀리 떨어져 있었다. 인생에서 꼭 해야만 하는 일을 하기 위해서 그는 시간과 장소와 방해 받지 않는 자신만의 환경이 필요했다.

성경은 모세가 **우물곁에 앉았다**고 말하며 이 부분을 상세하게 설명한다. 우물은 인류의 숨겨진 보물이자 심연인 영혼에 대한 은유로 오랫동안 사용되어 왔다. 융 심리학에서 물은 숨겨진 세계에 대한 이미지로, 무의식을 상징한다. 무의식 안에는 비록 눈에는 보이지 않지만 발견해 낸 사람에게는 난파선의 보물이나 다름없는 삶이 담겨 있다. 아빌라의 테레사(Teresa of Avila)가 쓴 영혼의 글[1]에서 물은 인간의 심연인 동시에 깊은 내면에 임재하신 하나님을 나타낸다. 물과 우물의 은유는 성경에서도 두드러지게 나타난다. 예수님은 자신을 생수라고 칭하시며, 영적인 사람을 내면 깊은 곳이 생수의 근원과 연결되어 있어 그로부터 생수가 흘러나오는 사람이라고 부르신다.

물론 모세는 실제로도 우물곁에 앉았지만, 이 우물은 자신의 심층이자 하나님의 심층에 대한 은유로 볼 수 있다. 자기 영혼의 심층 곁에 편안히 자리를 잡자, 분노를 폭발하게 한 삶의 패턴보다 더 정직하고 본질적인 어떤 것과의 접촉이 일어난다. 모세 자신도 모르게 고독이 즉시 선한 영향력을 발휘하기 시작한다. 고독은 원래 이런 방식으로 존재한다. 고독은 우리가 무엇을 하고 있는지 의식하든 못하든 간에 선한 영향력을 발휘한다.

고독의 주된 역할 중 하나는 우리가 하나님의 임재 속에서 자신의 내면으로 들어가 자리를 잡도록 하는 것이다. 이 일은 쉽지 않고 시간이 걸리지만, 우리가 너무 오랫동안 피상적인 것에 정신을 빼앗겨 있을 때 흘러나오는 탄식, 즉 '나를 잃어버렸다'는 탄식에 대한 해법이다. 고독은 자신을 되찾는 유일한 방법이다. 그리고 외적인 자극에 사로잡혀 자신을 잃어버린 시간이 길면 길수록 본향으로 돌아가는 길을 찾는 시간은 더 늘어난다.

우리의 고독 여정에서 이 시기는 자신과 자신의 예상에 주의해야 할 때다. 고독 중에 일어나는 일들은 대부분 표면 아래에서 생기며, 이 일을 하시는 분은 하나님이다. 바다에서 일어나는 일은 대부분 수면 아래에서 일어나고 겨울 동안 씨앗에 생기는 일은 대부분 지면 아래에서 생기듯이, 고독 상태에서 인간의 영혼에 일어나는 중요한 일도 대부분 표면 아래에서 생긴다. 그리고 오직 하나님만이 거기서 일어나는 일을 아신다. 이 점은 특히 모세에게 잘 들어맞는다. 고독 가운데 시간을 보낸 후 모세는 더 효과적인 방식으로 좋은 목적을 위해 리더십을 사용한다. 그의 본질적 기질인 강한 정의감을 유지하면서도 거친 양치기들의 위협을 받는 양치기 소녀들을 보호해 준다. 이번에는 제대로 도움을 주었다. 그는 양치기 소녀들이 양에게 물을 먹이도록 도와주면서도 자제력을 발휘하였다. 아무에게도 해를 입히지 않고 정의를 실천했는데, 이것은 분명 놀랍게 개선된 것이었다. 사람들이 많은 곳을 떠나 한적한 곳에 정착한 것이 금세 도움이 된 것이다.

선한 일을 하고 싶을 때

게리 맥킨토시(Gary McIntosh)와 새뮤얼 리마(Samuel Rima)는 「리더십의 그림자」(Overcoming the Dark Side of Leadership, 두란노)에서 매우 뛰어났음에도 '어두운 면'을 방치했다가 몰락해 버린 그리스도인 리더들을 연구한다. 이 저자들은 안 좋은 방향으로 리더들을 몰아가지만 너무 늦어 버릴 때까지 그들이 감지하거나 대처하지 못했던 미묘한 기능 장애를 밝혀낸다. 그리고 우리가 모세의 인생에서 주목했던 부분을 명료하게 설명한다. "어두운 면은 인간 발달의 자연스러운 결과다. 그것은 내적 충동, 강박, 성격 기능 장애인데, 대개 감정 폭발과 같은 심각한 문제를 경험하기 전까지는 잘 모르거나 별 생각 없이 넘어간다. 이런 어두운 면은 전혀 예상하지 못한 상태에서 우리를 덮치는 것처럼 보일 때도 있지만 실제로는 서서히 다가온다.…어두운 면은 아주 오랜 시간에 걸쳐 우리 안에 형성된다."[2]

모세가 고독 가운데 하나님과의 만남을 통해 빚어지기 전, 그의 리더십은 미숙했고, 훈육을 받지 못한 상태였고, 난폭했으며, 그의 길을 가로막는 사람들을 파괴했다. 대다수의 리더들과 마찬가지로 모세의 재능은 해결되지 않은 과거와 강박적 감정 패턴에 좌우되었다. 그는 바울이 말하는 로마서 7장 21절(새번역)의 생생한 예다. "여기에서 나는 법칙 하나를 발견하였습니다. 곧 나는 선을 행하려고 하는데, 그러한 나에게 악이 붙어 있다는 것입니다."

우리는 모두 리더십의 어두운 일면을 지니고 있다. 대부분 선한 일을 하고 변화를 가져오려는 희망에 부풀어 리더 일을 시작한다. 하지만 맥킨토

시와 리마의 지적대로, "성공하는 리더를 위한 강한 원동력인 개인적 불안정,3) 열등감, 부모의 인정을 받고 싶은 욕구는 종종 리더들을 실패로 떨어지게 한다."

바울의 고백과 모세의 인생은 다음을 잘 보여 준다. 마음 깊은 곳에 자리잡고 있는 것에 주의를 기울이며 하나님의 임재 속에서 그것을 터놓는 훈련 없이 선한 일을 하려고 시도할 때, 악은 언제나 가까운 곳에서 우리를 노린다. 모세의 사례에서 분명히 나타나듯이 미숙한 리더십이 강한 정의감 및 사명감과 공존하는 경우가 있을 수 있다. 하지만 리더십이 참된 고독의 훈련을 통해 다듬어지지 않는다면, 선한 일을 하기 위한 원동력이 될 수 없다. 참된 고독이야말로 우리가 스스로 할 수 있는 범위나 방법 너머에서 하나님이 역사하시는 자리다.

어떤 의미에서 모세는 운이 좋았다. 리더로 성장해 가는 과정의 초기에 어두운 면이 드러났기 때문이다. 나중에 드러났다면 실족으로 인한 피해가 더 컸을텐데, 다행히 일찍 드러난 덕에 비교적 적은 수의 사람들이 영향을 받았다. 살인을 저지를 정도의 분노에 휩싸이는 그의 기질이 훗날 이스라엘 사람들이 광야에서 위기에 처했을 때 표출되었다면 그에게 맡겨진 사명 전체가 수포로 돌아갈 수도 있었다는 점을 하나님은 아셨던 것 같다. 자신의 어두운 면을 대면했을 때 고독으로 나아가는 것은 앞으로의 일을 준비하기 위해 모세가 할 수 있었던 가장 중요한 일 가운데 하나였다. 우리가 자신의 어두운 면을 깨달을 때 해야만 하는 그 일을 모세는 했다. 우리도 자신의 어두운 일면을 포함하여 전 자아를 하나님의 임재 안으로 가져가 고독이 선한 일을 행할 때까지 기다리는 법을 찾아야 한다.

이것은 습관처럼 굳어진 반응에 매여 있는 내적 속박으로부터 리더를 자유롭게 하기 위한 초대다. 습관적으로 고착된 반응은 한때 도움이 되기도 했지만, 지금은 우리가 부름받고 있는 일을 못하게 한다.

이것은 해방을 향해 나아가라는 요청이다. 이 부르심은 우리가 이전에 알던 삶을 당장 떠나지 않으면 나아질 수 없다는 것을 깨닫게 될 만큼 절박해진 때에야 비로소 들을 수 있다. 하나님으로 인한 자유를 경험한 사람들만이 그만큼 자신이 추구하는 자유를 향해 다른 사람들을 이끌수 있다. 분노, 탐욕, 질투와 자아도취, 공포, 폭력 같은 자기 안의 괴물을 길들일 수 있을 정도로 용기 있는 사람들만이 리더십에 필요한 참된 동력을 발견할 것이다. 자신의 어두운 측면을 대면해 본 사람만이 빛을 향하여 다른 사람을 인도할 수 있으리라는 신뢰를 받을 수 있다.

이것이 참된 **영적** 리더십이 시작되는 지점이다. 그 이전의 것들은 결코 시작점이 될 수 없다.

실습

리더의 길에서 고독으로 부르는 초대가 반드시 모세의 경우처럼 드라마 같거나 트라우마를 통해 올 필요는 없다. 하나님을 그리워하는 마음처럼 사라지지 않는 갈망을 통해 그런 자극이 올 수도 있다. 이런 갈망은 목회를 잘한다는 칭찬을 받는다고 채워지는 것이 아니다. 또는 다른 사람은 아직 모르는 고갈과 같은 것일 수도 있다. 또는 이전에는 어떻게든 제어할 수 있었지만 이제는 더 집요하게 마음을 파고드는 습관적인 죄에 대한 자각에서 올 수도 있다. 혹은 다른 사람들 눈에는 보이지 않는 절망감이나 우울의 감정으로 찾아올 수도 있다. 이것은 분주한 생활의 표면 아래를 흐르면서 당신을 끌어당기는 어두운 기류다. 고독의 시간을 갖고 싶다는 도전이 어떻게 일어나는지는 중요하지 않다. 중요한 것은 이에 대한 당신의 순종이다.

이번 장을 읽은 후 몇 분 동안 하나님의 임재 안에 조용히 앉으라. 그리고 당신을 고독으로 끌고 있는 것이 무엇인지 주의 깊게 살펴보라. 왜 그것이 당신을 고독으로 끌고 있는가? 또 왜 지금인가?

마음속에서 일어나는 자각과 다투지 말고, 또 적당히 얼버무리며 당신에게 일어나는 경험으로부터 빠져나오지 마라. 모세처럼 당신이 보는 것으로 인해 두려워진다면 그 두려움을 당신이 해야 할 일을 할 수 있게 하는 동력의 일부로 경험해 보라. 슬픔이나 다른 여러 느낌도 마찬가지다. 10분 이상 시간을 내어 하나님의 임재 안에 차분히 앉아 지금 이 시간 당신을 고독 속으로 이끌고 있는 것을 더 많이 자각하도록 하라. 자신에 대한 진실을 인정하고 하나님이 움직이시기를 기다리는 안전한 자리가 당신의 삶 가운데 있다는 것을 알 때 생기는 희망을 경험해 보라.

오 하나님,
본질적인 일이 저에게 일어나도록 해주세요,
　단지 흥미롭거나
　　재미있거나
　　　생각 속의 일이 아니라.
오 하나님,
본질적인 일이 저에게 일어나도록 해주세요,

경탄이 우러나오는 일,

　실질적인 일 말이에요.

제 상태에 관해 말해 주세요, 주님,

또 이 상태와 관련된 내면 어딘가에서 저를 바꿔 주세요.

진정한 저 자신이

제 안에 일어나게 해주세요, 하나님.

테드 로더, 「은혜의 게릴라」[4]

3. 회심의 자리

십보라가 아들을 낳으니, 모세는 "내가 낯선 땅에서 나그네가 되었구나!" 하면서,
아들의 이름을 게르솜이라고 지었다.
출애굽기 2:22

모세는 오랫동안 사람들 많은 곳을 떠나 고독하게 지냈다. 그는 거의 포기한 사람처럼 살았다. 하지만 심오하고 근본적인 차원의 포기였다. 그는 무엇을 고치거나 누군가를 도우려는 꿈을 접었다. 심지어 그의 민족과 함께 사는 꿈도 포기했다. 대신 그에게 주어진 것을 받아들였다. 미디안 땅에 집이 주어졌기에 그곳에 정착했고, 아내가 주어졌기에 그녀를 자기 사람으로 받아들였다. 또 아들이 생겼는데, 이 아이는 그의 인생의 시금석이 되었다. 즉 이전보다 더 큰 용기와 현실감을 갖고 자신에 관한 무엇인가를 파악하는 계기가 되었다. 아들이 태어났을 때 이름을 게르솜이라 지었는데, 자신이 "타국 땅에 거주하는 외국인이었다"는 깨달음 때문이었다(출 2:22).

이는 참으로 뜻깊은 시인이었다. 아주 긴 시간이 걸렸지만, 마침내 모세는 여기까지 그를 이끈 행동 아래에 놓인 것을 받아들일 수 있었다. 그는 전 생애 동안 정체성 문제로 씨름해 왔으며, 그것 때문에 미칠 지경이었음을 드디어 인정할 수 있었다. 모세 주위의 사람들은 그가 누구인지 혼란스러웠는데 **모세 자신도** 자신이 누구인지 혼란스러웠기 때문이다. 십보라가 모세를 소개하는 부분은 이를 잘 보여 주는 예다. 모세가 십보라의 양들에게 물 먹이는 걸 도운 후, 그녀는 그를 집으로 데려와 아버지를 만나게 해주며 그를 애굽인으로 소개했다. 이때 모세는 그녀의 말을 정정하려고 하지 않는다. 그는 분명한 자기 정체성이 없었고 자신이 놓인 상황에 스스로를 맞추는 데 아주 익숙했기에 다른 사람들이 원하는 대로 믿도록 그냥 내버려 두었다.

하지만 모세는 고독이 선한 영향력을 발휘할 정도로 오랫동안 광야에 머무르자, 마침내 자신의 가장 큰 고통과 상처를 인정할 수 있었다. 광야에서 일어나고 있던 일들을 모세가 정확히 이해했다고 보기는 힘들다. 우리도 대부분 언제 처음으로 고독으로 진입했는지 모른다. 하지만 고독은 우리가 지각하든 못하든 간에 영향력을 발휘한다. 마치 물병 속에서 소용돌이치던 흙탕물 속의 부유물이 중력의 법칙에 따라 가라앉고 물이 맑아지듯이, 인간의 영혼도 충분히 오랫동안 고요한 상태 가운데 있으면 영적인 중력 법칙에 따라 영혼의 무질서가 가라앉는다. 그래서 몇 주 또는 몇 달을 고독 가운데 지내자 모세 영혼 속의 무질서가 조금씩 가라앉았다. 그는 자신의 과거를 이해하기 시작했고, 마침내 다음과 같이 고백할 수 있었다. "참으로 이것이 나로구나. 이국땅에서 외국인으로 사는 경험이 나를 형성해 왔구나."

마침내 모세는 자신이 어떤 사람이었는지 가슴속 깊이 깨달았다.

우리 모두에게는 이와 같은 귀향이 필요하다. 자신에게로 돌아가 자신의 경험을 자기 것으로 받아들이고 이 경험들이 자신을 형성해 온 방식을 인정하는 것이다. 그러면 현실을 조작하고 지배하는 무의식적인 패턴에 이끌리기보다 자신에 대한 책임을 짊어질 수 있는 자리에 서게 된다. 파커 파머의 진술대로, "리더는 리더십 행위가 유익은커녕 해악이 되지 않도록, 무엇보다 자기 안에서, 자신의 의식 안에서 일어나고 있는 일에 대한 책임을 져야 하는 사람이다."[1]

자신에 대한 책임을 지는 것은 회중이나 조직에 대한 책임을 지는 것보다 더 큰 노력을 필요로 할 것이다. 자신에 대한 책임을 지는 것은, 그런 때가 인생에서 일찍 오든 늦게 오든, 영적 리더십의 역량을 기르기 위해 반드시 필요하다.

패턴이 우리를 압도할 때

빌 클린턴 전 미국 대통령의 사례는 과거의 치유되지 않은 고통을 대면하려 하지 않을 때 리더로서의 영향력이 줄어들 수 있음을 잘 보여 준다. 폭력을 휘두르고 욕설을 퍼부으며 바람을 피우는 계부의 집에서 클린턴이 성장했다는 것은 널리 알려진 사실이다. 자신도 인정했듯이 그는 이런 상황에서 어린 소년으로서 나머지 가족들을 돌보아야 했고 '아버지'와 같은 역할을 해야 했다. 그것은 어린 소년이 짊어지기에는 너무 무겁고 비정상적인 부담이었다. 그럼에도 그는 어린 시절에 관한 질문을 받으면 넉넉하게 잘 지냈으며 보통 어린이들과 비슷했다고 주장해 왔다.

하지만 한 심리학자는 어린 클린턴이 놓였던 상황에 대해 더 정확하고 현실적인 진단을 내놓는다.

> 보통 아이들과 비슷한 어린 시절을 보냈다는 그의 인식은 어린 시절의 경험에 대한 뿌리 깊은 부정을 보여 준다.…하지만 유기(遺棄), 부모의 알코올 중독, 어머니의 결혼, 이혼, 재혼, 계부의 죽음, 어머니와 자신과 동생에 대한 계부의 폭력, 두 번째 계부의 죽음, 일상적으로 일어나는 집 안 내 발포와 같은 사건들이 계속되는 유년기의 에피소드를 클린턴이 이야기할 때, 우리는 그 안에 깊이 자리 잡은 강한 부정을 포착해야만 한다. 클린턴의 어린 시절에 대해 정확히 기술하자면, 혼돈과 심각한 비정상이라 할 수 있다.[2]

현실을 부정하고 어린 시절을 실제와 다르게 말하는 클린턴의 능력은

분명 어릴 때 형성된 듯하며, 그 덕분에 정신적 어려움을 견뎌낼 수 있었다. 이 능력은 그가 놓인 상황에 대처하기 위해 믿어야만 하는 것이었다. 하지만 장기적으로는, 무의식적으로 현실을 부정하는 패턴을 형성하였고, 이 부정의 패턴은 성인으로서 또 리더로서 그의 인생에 도움이 되지 않았다. 대통령으로서 클린턴이 마약 복용, 병역 기피, 간통 혐의를 그 안에 깊이 뿌리 내린 현실 부정의 패턴으로 대응했을 때, 그는 리더로서의 신뢰와 영향력에 큰 타격을 입었다. 그는 호감은 가지만 신뢰하기는 어려운 인물이 되어 버렸다.

약점이 드러난 리더에 관해 느긋하게 이러니저러니 얘기할 수도 있지만, 우리 역시 연약한 존재로 태어났기에 어느 누구도 안전하지 않다는 점을 인정해야 할 것이다. 우리는 자신을 상처 입힐지 모르는 주변의 환경적 요소들로부터 보호할 방법을 찾아야 하는 연약한 존재다. 기껏해야 몇몇 사람이 자신의 연약한 모습을 숨기는 데 좀더 능숙할 뿐이다. 하지만 우리는 더 이상 어린아이가 아니다. 영적 여정을 밟아가는 성인들로서 무익하고 파괴적이기까지 한 이런 패턴들을 밝혀내어 규명하고 자신의 것으로 인정해야 할 책임이 있다. 또한 하나님이 권하시는 사랑과 신뢰와 용기의 삶을 살기 위해 꼭 필요한 새로운 패턴을 형성하기 위해 노력해야 할 책임이 있다. 우리의 대응기제와 죄의 패턴은 여기서 언급한 예들보다 훨씬 미묘해서 뚜렷하게 드러나지는 않지만, 해롭기는 마찬가지다.

거울에 비친 모습

리더십이 역경이 되는 이유는 부분적으로 오랫동안 리더 일을 하다 보면 어느새 초기의 희열은 사라지고 오랜 직책 수행에서 오는 요구들로 인해 자신의 패턴이 분명히 드러나는 지점에 도달하기 때문이다. 사역 중에 생기는 요구들은 계속해서 우리를 거울 앞으로 바짝 들이밀기 때문에, 우리는 결국 자신을 몰아가는 숨겨진 역학을 인정하게 된다.

- 엄격하고, 자녀에 대한 기대가 너무 큰 아버지 아래서 "사랑한다, 얘야"라는 순전하고 무조건적인 사랑의 말을 듣지 못하고 자란 리더는 늘 성과를 내야 하는 힘든 상황에 놓여 있다고 믿는다. 그는 언제나 자신도 모르게 타인의 인정을 받아 자신을 확인하려고 한다. 그 결과 자신을 혹사시키고 결국에는 점점 탈진하고 만다.

- 착한 태도와 바른 행동을 지나치게 강조하고 그러지 못할 경우 벌을 받는 환경에서 자란 리더는 수치스럽거나 부족하다는 느낌이 절대로 들지 않도록 모든 것에 완벽하려는 성향을 보인다. 리더가 자신에게 이런 완벽주의가 있다는 사실을 거부하면 할수록 비현실적인 기대와 이상으로 자신과 타인에게 더 많은 상처를 입힌다.

- 어머니 뱃속에 있거나 태어날 때 부모가 그를 원하지 않는다는 것을 경험한 리더는 자신의 근본 가치를 의심하는 경향과 자신의 진정한

모습을 감추는 습성을 지닌다. 이런 유형의 리더는 사람들 사이에서 거리를 두려고 하며 냉담하다. 그렇게 하는 것이 또 다른 거절을 겪는 것보다 더 편안하기 때문이다. 또한 이 때문에 영적 리더십을 기르는 데 꼭 필요한 진정한 공동체에 들어가지 못한다.

- 심한 외로움이나 유기 또는 누군가를 잃는 아픔을 경험한 리더는 그런 경험이 가져오는 강한 감정을 회피하는 방편으로 바쁘게 사는 법을 익힌다. 이런 사람은 바쁘게 지내는 동안은 피상적인 평안을 유지할 수 있지만, 시간이 갈수록 '평정을 유지하면서' 정면으로 맞서야 하는 문제들을 정직하고 철저하게 처리할 수 없다는 것이 점차 분명해진다.

- 어린 시절 커다란 감정적·신체적 상실을 경험한 리더에게는 훗날 인색하고 옹졸한 성격을 초래하는 결핍 심리가 나타날 수도 있다. 또한 리더가 겪은 공허감은 자아도취적 성향을 일으킬 수도 있는데, 그 결과 세상의 주목을 받고 싶어 하거나 주목받는 사람 및 조직과 어울리고 싶은 욕구를 끊임없이 보인다. 결국 다른 사람들은 그의 자기중심적 태도에 질려서 어울리지 않으려고 한다.

- 정서적으로 불안정하고 예측할 수 없는 환경에서 자란 리더는 두려움과 지나치게 조심하는 성향을 보인다. 그 결과 영적 여정과 영혼이 충만한 리더십을 위해 필요한 모험을 감수하려 하지 않는다.

이 모든 것들로 인한 피폐는 이루 말할 수 없을 정도다. 하지만 우리는 이것이 과거의 일에 대한 **무의식적이고 반사적인** 반응이라는 점과 고통스럽더라도 이 일들을 깨닫게 되는 것이 하나님의 은혜라는 점을 기억할 필요가 있다. 우리의 반응이 변덕스럽고 제어하기 힘들수록, 그것이 은혜롭고 성령 충만한 반응이기보다는 오랜 적응 패턴에 따른 반응임을 더 분명히 확신할 수 있다. 현재의 리더십 상황이 이런 반사 적인 반응을 끌어내기도 하지만, 대개는 과거와 더 관련이 깊다. 이런 반응은 하나님 안에서 우리의 참된 자아, 즉 하나님이 우리 안에 창조했고 창조하고 계신 인격을 반영하지 않는다.

광야에서 일어난 회심

모세는 우리 모두가 발견해야 하는 것을 발견했다. 바로 고독은 회심의 자리라는 사실이다. 고독의 시간 속에서 우리는 더 이상 우리 자신의 분주함을 믿지 않는다. 우리는 생각만큼 훌륭하지는 않지만 또한 우리가 생각하는 그 이상이라는 것을 발견하게 된다. 자신의 장애를 서서히 깨달아 가면서 우리의 안전에 대한 욕구와 안전을 확보하기 위해 하나님과 타인들을 이용하려 한 모든 수단이 드러나게 된다. 놀랍게도 우리는 목자가 굶주릴 때 양들을 잡아먹을 수도 있다는 것을 깨닫는다.

고독 중에 환상은 서서히 사라지고 우리는—때로는 충격적일 정도로 뚜렷이—자신의 경쟁, 질투, 분노, 속임수를 보게 된다. 우리는 자신의 두려움을 보게 된다. 외로움과 버림받음에 대한 두려움, 누군가를 진정으로 사랑하고 누군가가 우리를 사랑하도록 허용하는 것에 대한 두려움, 성에 대한 두려움, 특히 영성과 결합하여 매우 강력해진 성에 대한 두려움을 접한다. 타인과 함께 있을 때는 두려움과 부정적인 감정들을 타인에게 투사하기 쉽다. 하지만 고독 중에는 이런 내적 경험들을 자신의 것으로 인정한다. 우리는 우리의 모든 자기 과장 속에서 '나 자신'이라고 생각하는 인물도, 타인들이 그들의 이상화된 모든 투사 속에서 '나 자신'이라고 생각하는 인물도 아님을 깨닫는다.

> 우리는 자신의 것으로 받아들일 수 없는 것을 타인에게 투사한다. 내가 나의 그림자를 인정하지 않는다면 무의식적으로 나 대신 나의 그림자를 떠안을 사람을 찾는다. 일단 이런 투사가 일어나면 나는 더 이상 자신에 대해 괴로워할 필요가 없어진다. 나의 문제들은 이제 저 밖에 존재하며 나는 진짜 경기장인 내면을 떠나 외부에서 이 문제들과 싸운다.
>
> 존 웰치, 「영혼의 순례자들」(한국기독교연구소)

충분히 오랫동안 고독 가운데 있으면 우리는 자신과 하나님에 대해 편안해져서 "예, 이게 바로 저입니다"라고 고백하게 된다. 우리의 한계, 애착, 집착, 소유욕, 이기심, 두려움 같은 자신의 실제 모습을 받아들인다. 이러한 인정은 계속 **이 상태로 머물러 있겠다**는 뜻이 아니라 하나님을 전적으로 의지하겠다는 고백을 드리는 것이다. "하나님, 제 현재 모습을 인정합니다. 지금 이 모습이 바로 저입니다. 지금 제 인생에서 이루어져야 할 가장 중요한 일들이 무엇이든 간에 하나님이 그 일을 해주셔야만 합니다."

리더가 이런 마음자세를 계속 유지하기란 쉽지 않다. 우리는 고쳐야 할 일을 고칠 수 있고 해야 할 일을 할 수 있는 상태에 아주 익숙하기 때문에,

처음 얼마간은 지금 보고 있는 것에 대해 무엇인가 해 볼 방법을 찾으려고 할 것이다. 고치는 것이 아니라 버리는 것, 즉 더 이상 도움이 되지 않는 옛 패턴을 버리는 것이 관건임을 깨닫기도 전에 자신을 바꾸려고 노력하다가 완전히 지쳐 버릴 수도 있다. 옛 패턴을 버리는 것은 아주 두려운 일인데, 실제 이 방식이 유익한 결과로 이어질지 확신할 수 없기 때문이다. 또한 이 과정 중에 무엇을 잃을지도 모르기 때문이다. 그러므로 이 과정에서 우리는 정말 버리고 싶지 않은 그것을 버려야 한다는 점을 유념할 필요가 있다. 우리가 버려야 할 것은 거짓 자아, 즉 사랑, 신뢰, 우리 마음이 간절히 원하는 하나님의 인도를 받는 삶과 근본적으로 반대되는 습성이다. 자신을 이 과정에 맡기기 위해서는 우리의 참된 자아가 하나님 안에 그리스도와 함께 숨겨져 있으며, 하나님이 보시기에 우리가 그 안으로 들어가 살 준비가 되었을 때 그것이 드러난다는 점을 믿어야 한다.

현실을 정확히 정의 내리지 못할 때, 우리는 자신과 하나님에게서 숨으려 하며 이 때문에 스스로 품고 있는 헛된 미망의 광야를 계속 방황한다. 우리는 은혜의 삶으로 나아가는 것을 막는 무엇인가에 속박되어 있다. 그런데 그 은혜의 삶이야말로 우리가 원하는 것이다. 반가운 소식은 우리의 상황과 인정하기에 너무 고통스러운 것을(사실은 특히 그것을) 정확히 밝히면, 우리는 더 참되게 된다는 것이다. 이런 각성을 통해 우리는 기독교 전통에서 '정화(淨罪)의 도정(道程)'이라 부르는 과정으로 나아가게 된다.

정화의 도정은 자기이해를 위한 헌신적 노력으로, 이 노력은 하나님으로부터 들려오는 의미 있는 소리를 듣기 위해 꼭 필요한 준비다. 정화(또는 자기-단순화)는 '불필요한 것들을 치우며 결전을 준비하는' 것이다. 집을 쓸고 닦고 쓰레기는 수거되어 소각된다. 정화의 목적은 언제나 치료이지 처벌이 아니다. 정화는 돕기 위한 것이지 벌하기 위한 것이 아니다. 영혼의 정화는 성장을 위한 기회이자 우리 내면에서 다투고 있는 요소들을 통합할 기회를 제공한다.[3]

우리는 정화를 거쳐 회심에 이른다. 회심은 무엇보다 삶의 참된 목적과 본향을 향해 온전히 통합되고 성숙해 가는 삶으로 이행[4]하는 것과 관련된다. 이런 의미에서 회심은 매우 희망적이다. 회심은 우리의 현재 모습과 원래 우리에게 계획된 모습 사이의 차이에 대한 자각을 낳는 자기이해와 관련 있다. 충격적이게도 우리의 '믿음'조차 부분적으로 에고, 즉 잘못된 자아에 예속되어 있음을 보게 될 수도 있다. 이런 자각은 고백과 회개, 또 우리가 무너지고 있는 것 같은 느낌과 함께 일어난다. 초기 회심 경험과 연관된 따뜻한 감정이 시들어 감에 따라 우리에게는 깊은 차원의 질문이 남는다. 우리는 자신이 매인 속박에서 벗어나기를 간절히 바라지만, 이런 해방이 초래하는 무력함 또한 잘 알고 있다.

나는 피정에서 몇몇 목사들과 함께 이런 역학을 성찰했던 경험을 잊지 못한다. 교육을 받은 후 그들은 자신을 돌아보는 고독의 시간을 가지려고 흩어졌다. 그리고 다시 모였을 때 홀로 하나님과 함께한 시간에 일어났던 일을 얘기해 보기로 했다. 한 목사가 불쑥 말했다. "제가 지금까지 목회한 **모든 것들이** 다 거짓 자아에서 나온 것 같습니다."

그의 즉흥적인 발언을 듣고 나도 모르게 웃고 말았다. 그렇게 진지한 발언을 듣고 웃는 것은 나에게 매우 이례적인 일이었지만 이 웃음은 순전히 기쁨의 웃음이었다. 그의 삶에서 하나님이 역사하고 계심을 보는 기쁨이자 그의 정직함에 대한 기쁨의 웃음이었다. 또한 이것이야말로 영적 여정에서 새롭고 참으로 좋은 자리, 즉 사역에 강건함, 치유, 더 큰 진실성을 가져다주는 하나님과의 만남으로 안내하는 자기인식임을 알기에 나오는 기쁨의 웃음이었다.

> 회심의 기회는 짧다. 우리 인생은 이 기회를 놓친 경험들로 잔뜩 얼룩져 있다.
> 앨런 존스, 「영혼 가꾸기」

내적 자유와 외적 자유

정화의 도정에 있는 회심의 이런 측면들은 결코 가혹하거나 징벌적이지 않다. 오히려 우리는 이런 측면들 덕분에 주어진 것을 받아들이고자 마음을 열게 된다. 자신이 누구인지 더 정직하게 대면할 때 마침내 하나님과 만날 준비를 갖추게 된다. 리더로서 모세의 여정의 첫 구간은 누군가를 어디로 인도하는 것이 아니라, 자신의 속박에서 자유로 인도받도록 나아오는 것이었다. 다른 사람을 자유로 인도하기 전에 모세 스스로 자유를 경험해야 했다. 고독 속에서 모세는 과거에 도움이 되었지만 이제는 자신이 되고자 하는 리더상에는 맞지 않는 대응기제를 내려놓을 수 있었다. 분명히 모세는 민수기 20장에 나타난 바와 같이, 분노의 유혹과 권력을 남용함으로써 자신을 입증하려는 욕구의 유혹을 늘 받았을 것이다(민 20:1-13). 하지만 그는 두 번 다시 자신의 익숙한 방식으로 대응하지 않았다. 이제 모세는 거짓된 안전을 지키기 위한 무기를 버리고 숨었던 곳에서 나와 다가올 새로운 것을 준비할 때가 된 것이다.

콜로라도 주 스노우매스의 성 베네딕트 수도원에 거주하는 시토 수도회 수도사 테오페인은 이와 같은 포기를 아름답게 묘사하는 인상적인 이야기를 전한다.

나는 야채밭에서 홀로 일하고 있는 한 수도사를 보았습니다. 그 옆에 쪼그리고 앉아서 물었습니다. "형제여, 그대의 꿈은 무엇인가요?" 그는 나를 그저 물끄러미 쳐다보았습니다. 그의 미소가 참 아름다웠습니다.

"저는 수도사가 되고 싶습니다."

"하지만 형제여, 그대는 이미 수도사이지 않습니까?"

"저는 이곳에서 25년간 있었지만 아직도 총을 소지하고 있습니다." 그는 긴 겉옷 안쪽의 가죽집에서 권총을 꺼냈습니다. 수도사가 권총을 소지하다니 너무 낯설었습니다.

"수도원에서 당신이 총을 포기할 때까지 수도사가 되지 못하게 한다는 말인가요?"

"아니오, 그 말이 아닙니다. 수도원 사람들은 대부분 내가 권총을 갖고 있는 것을 모릅니다만, 저는 압니다."

"그렇다면 왜 권총을 포기하지 않습니까?"

"아마도 제가 너무 오랫동안 이걸 갖고 있었기 때문인 것 같습니다. 저는 상처를 많이 받았고 여러 사람에게 상처를 주기도 했습니다. 이 총 없이는 마음이 편하지 않습니다."

"하지만 그 총을 가진 지금도 그다지 마음이 편안해 보이지는 않습니다."

"맞아요, 마음이 꽤 불편합니다. 하지만 저에게는 꿈이 있습니다."

"그러면 그 총을 저에게 건네주시지 그래요?" 나는 나지막이 속삭였습니다. 나는 떨리기 시작했습니다.

그 역시 떨면서 나에게 총을 넘겨주었습니다. 그의 눈에선 눈물이 흘러 내렸고, 곧 나를 껴안았습니다.

총을 내려놓기

총을 숨긴 채 사는 것이 그리 어렵지는 않지만, 우리는 안에 총이 있다는 것과 그것이 하나님이 우리에게 바라시는 모습과 서로 어울리지 않는다는 것을 안다. 또한 총이 예상치 못하게 발포된다면 큰 손상을 입힐 수 있다는 것도 안다. 총을 갖고 산다는 것이 마음에 내키지는 않지만, 총 없이 사는 것을 두려워한다. 때로는 자유롭게 되는 것, 총을 챙기지 않고 여행을 떠나는 것을 꿈꾸기도 한다. 자기보호의 패턴을 고수하는 것은 앞에 놓인 여행을 떠나기 위해 자신을 하나님께 내어 드려야 함에도 그러지 못하는 마음이 드러난 것이다.

하지만 우리에게는 안전의 욕구보다 더 큰 욕구가 있다. 그것은 자신을 하나님께, 또 하나님이 우리에게 요청하시는 삶에 내어드리고 싶은 욕구다. 다른 사람들과 함께 애굽을 떠나 약속의 땅을 향한 여정에 오르고 싶은 욕구다. 우리는 때때로 하나님의 속삭임을 듣는다. "네 총을 나에게 건네주지 그러니?" 우리는 자신이 갈망과 가능성으로 인해, 또 두려움과 희망으로 인해 떨고 있음을 느낀다. 하나님은 조용히 참을성 있게 기다리신다. 이윽고 준비가 되었을 때 우리는 오랜 세월 동안 의지해 온 행동과 습성, 죄를 하나님께 넘겨 드린다. 그러면 눈물이 솟아나며 잠시 동안이나마 자유롭게 된다는 것이 무엇인지 느낄 수 있다.

> 자유란, 우리가 원하는 것은 무엇이든지 할 수 있는가의 문제가 아니라 가장 간절히 원하는 것을 할 수 있는가의 문제다.
> 제럴드 메이, 「사랑의 각성」(IVP)

실습

이번 장을 읽은 뒤, 몇 분 동안 하나님의 임재 안에 조용히 앉아 있으라. 혹시 있을 긴장과 두려움을 누그러뜨리기 위해 숨을 깊이 쉬라. 하나의 인격체인 당신, 즉 당신이 살아온 과정, 전통, 과거, 현재를 받아들이도록 하라. 무엇인가를 어떻게 해 보려 하거나 해결하려 하지 말고 그냥 있는 그대로 두라. 당신 자신과 지금의 당신을 있게 한 모든 것에 대한 하나님의 조건 없는 사랑을 느껴보라.

하나님의 임재 안에서 안식의 시간을 가진 후, 당신을 형성해 온 경험들을 보고 명명하는 일을 도우실 수 있도록 그분을 초대하라. 지금 당신의 마음을 어지럽히는 행동이나 상황 이면에 감춰진 패턴들은 무엇인가? 당신의 삶과 리더십 가운데 하나님께 온전히 내어 드리지 못하고 꽉 쥐고 있으려는 영역이 있는가? 또 그 가운데 당신이 자유롭지 못한 영역이 있는가? 리더인 당신의 영적 여정과 능력을 방해하고 있는 숨겨진 습성이나 중독을 인지하고 있는가? 이번에는 자기 관찰이 우울에 빠지지 않게 하라.

하나님을 초대하여 이 과정을 인도하시며 당신이 보고 명명할 필요가 있는 영역들을 조명하시도록 하라. 모세의 여정 중 이 부분에서 많은 시간이 걸렸다는 점을 기억하며 이 일이 하루 이틀에 다 이루어지리라고는 기대하지 말라.

오 하나님, 저를 끌어안으시어
   당신과 함께 있도록 하소서
      당신께서 저와 함께 있듯이.
저를 저 자신과 계속 교제하도록 하소서.
   저의 필요와
      저의 근심과
         저의 분노와
            저의 고통과
               저의 부패함과.
그래서 이것들을 다른 누군가에게 돌리기보다는
저 자신의 것으로 돌리게 하소서.

오 주님, 제 상처가
   지혜로 깊어지게 하소서.
제 약점이
   긍휼로 빚어지게 하소서.
제 시기는 향유로

두려움은 신뢰로
 죄책감은 정직으로 화하게 하소서.

오 하나님, 저를 끌어안으시어
 당신과 함께 있도록 하소서
  당신께서 저와 함께 있듯이.

테드 로더, 「은혜의 게릴라」[5]

4. 주의를 기울이는 연습

여호와의 사자가 떨기나무 가운데로부터 나오는 불꽃 안에서
그에게 나타나시니라 그가 보니 떨기나무에 불이 붙었으나
그 떨기나무가 사라지지 아니하는지라.
이에 모세가 이르되 내가 돌이켜 가서 이 큰 광경을 보리라.

출애굽기 3:2-3

마침내 광야에서 밝혀진 진실에 적응하기까지는 시간이 걸린다. 처음에 그 진실을 접하고는 정신이 멍할 수도 있다. 그동안 나라고 생각했던 '내'가 내가 아니라면 정말 나는 누구인가? 지금까지 내 리더십을 추동하던 인간적인 대처 방식을 포기해야 한다면 이제 내 리더십은 어디에서 동력을 얻을 것인가? 이 시기에는 심지어 리더로서 재능이 있는지 의심이 들기도 하고 자신이 해체되는 듯한 느낌이 들 수도 있다.

이때 하나님은 말씀하신다. "**낙담하지 말아라. 네가 스스로를 누구인지 모르는 때조차 나는 네가 누구인지 안다. 때가 되면 내가 너를 부르리라.**"

그동안에는 자기인식이 늘어감에 따라 스스로를 잘 알아가는 것이 좋다. 모세는 급진적으로 무엇을 하거나 일시에 무엇을 바꾸려고 서두르지 않았다. 대신 그가 정확히 아는 몇 가지 일, 자신에게 주어진 삶의 현실에 부합하는 일들을 계속 해 나갔다. 적어도 얼마 동안은 그때까지 해 오던 일―장인 이드로의 양 돌보는 일―을 계속하며 다른 일은 하지 않았다. 따라서 모세에게는 일상적이면서도 아주 신기한 일이 일어났을 때 자신의 삶에 주의를 기울일 여유가 있었다. 충분한 시간을 들여 주의를 기울일 때, 우리도 모르는 어느 순간에 하나님이 나타나실 수 있다.

어느 날 모세는 평소와 같이 이드로의 양을 돌보며, 조금 멀리 떨어진 하나님의 산인 호렙 산까지 갔다. 마치 하나님이 이 순간을 기다리고 계셨던 것처럼 보이기도 한다. 하나님은 모세에게 직접 말할 수 있도록 그가 차분해지고 진실한 자가 될 때까지 기다리고 계셨던 것 같다. 이때까지 모세 이야기에서 하나님의 임재는 강하게 암시되기는 했지만 하나님의 행동이나 말씀이 그에게 직접 전달되지는 않았다. 하지만 이제 그가 하나님이 상대할 만큼 진실한 사람이 되자 하나님은 직접 나서신다.

불이 붙었지만 타지는 않는 떨기나무 사건을 일으킨 이는 하나님의 천사였다. 분명히 정상적인 일이 아니었기 때문에 모세는 이를 보기 위해 몸을 돌린다. 주의를 기울이려는 모세와 말씀을 하시고자 하는 하나님 사이에 인과관계가 있는 듯 보였다. "모세가 그것을 보려고 오는 것을 보시고, 하나님이 떨기 가운데서 '모세야, 모세야!' 하고 그를 부르셨다"(출 3:4, 새번역). 하나님은 모세가 하던 일을 멈추고 잠시 동안 주의를 기울여 돌아보았기에 말씀하셨다.

돌이켜 보기에는 너무 바빠서

나에게도 멈춰서 무엇인가를 감지하는 것이 거의 불가능한 시절이 있었다. 부교역자로 일할 때였는데 대부분의 교회와 조직처럼 우리 교회에도 회의가 많았다. 여러 회의가 하루 종일 꼬리에 꼬리를 물고 이어지는 날들이 잦았고, 무엇인가에 주의를 기울이기는커녕 개인의 필요를 돌아볼 시간도 없었다. 하루는 딸 헤일리가 아파서 집에 있었는데, 그날도 온종일 바빴다. 오후 내내 이어질 회의에 참석하러 바쁘게 가다가, 일에 정신을 빼앗겨 아이가 어떤지 전화를 걸어 물어보지도 못했다는 생각이 떠올랐다. 이 회의에 늦으면 안 되었기에 복도를 달려가며 전화할 수밖에 없었는데, 썩 보기 좋은 모습은 아니었을 것이다.

휴대폰을 붙잡고 치맛자락이 펄럭이도록 정신없이 뛰다가 코너를 도는 찰라 반대편에서 오던 다른 교역자와 부딪힐 뻔했다. 그는 나의 폭풍 질주에 너무 놀랐고 나도 너무 당황해서 우리는 놀란 눈으로 서로를 바라볼 뿐이었다. 결국 중얼거리듯 인사를 하고 계속 길을 가는데 이런 생각이 떠나질 않았다. 목사들이 복도를 뛰어가며 휴대폰으로 통화하는 모습은 뭔가 잘못 되어도 한참 잘못 되었다.

그날 있었던 일을 비롯해 당시의 내 모습에 관해서는 전적으로 내게 책임이 있었다. 복도를 질주하던 장면은 내 삶 전체가 드러나는 한 단면이었다. 다른 누구의 잘못이 아니라 바로 나 자신의 잘못이었다. 무엇을 경청하고 주의를 기울일 여유도 없이 여기저기를 뛰어 다니는 일정을 **받아들인 사람은 바로 나였다.**

우리 중 **다수**는 주의를 기울이고 하나님이 일하시는 자리에 주목하며 이것의 의미를 묻는 것이 어려운 삶을 선택하고 있다. 주님의 말씀을 갈망하지만, 리더십을 위해서는 지금 이 속도가 필요하다고 믿어 버린다. 주의를 기울일 기회를 거의 또는 전혀 허락하지 않는 삶으로 거침없이 뛰어 들고는 왜 우리는 하나님이 간절히 필요한 때에 그분으로부터 아무 것도 듣지 못할까 궁금해한다.

리더에게는 주님의 말씀을 간절히 듣고 싶은 때가 있다. 우리는 수많은 생각과 사고, 브레인스토밍으로 혼란스러울 때도 이 모든 것을 뚫고 들어와 상황을 명확히 깨닫게 해주는 하나님과의 만남을 갈망한다. 그런 갈망을 자각한다면 우리는 스스로에게 물어볼 수 있다. 내가 정말 얼마나 주의를 기울이고 있는가? 스스로 돌이켜 주의를 기울일 필요가 있을 때 그렇게 할 수 있을 만큼 충분한 유연성을 일정에 반영하고 있는가? 돌이켜 볼 시간이 없는 것은 내가 너무 빨리 움직이기 때문은 아닌가? 주의를 기울이는 시간을 만들어 내는 메커니즘이 내게 있는가? 그것이 있을 때에야 하나님이 나와 대화를 나누시려는 자리를 놓치지 않는다.

돌이켜 놀라운 광경 보기

우리 삶의 이런 미친 질주를 모세의 '불붙은 떨기나무' 경험과 비교해 보라. 고독의 자리를 통해 모세는 자신의 삶 가운데서 불타는 떨기나무에 주의를 기울일 수 있을 정도로 삶의 속도를 줄일 수 있었다. 드디어 다른 목소리들이 모두 잠잠해지고, 이 자리에서 그를 부르는 새로운 목소리를 알아듣게 되었다. 마침내 주님의 말씀을 받아들일 준비가 된 것이다.

'보기 위해 돌이키는' 훈련은 본질상 하나님과의 만남을 마련해 주는 영적 훈련이다. 엘리자베스 드레이어(Elizabeth Dreyer)는 그녀의 저서 「하늘로 충만한 땅」(Earth Crammed with Heaven)에서 다음과 같이 강조한다. "우리의 의향은 내면 깊은 곳에서 하나님을 모든 곳에서 인식할지, 교회에서만 인식할지, 고통을 당할 때만 인식할지, 아니면 어디에서도 인식하지 않을지를 결정하는 주요 요소다. 이 결정은 전적으로 우리의 세계를 어떤 방식으로 빚어 갈지에 대한 우리의 선택에 달려 있다."[1]

요즘은 정보와 자극적인 내용들이 지나치게 많이 범람하여 무엇에 주의를 기울여야 할지 모를 때가 많다. '저 수업을 들어야 하나, 이 권장 도서를 읽어야 하나, 저 컨퍼런스에 참석해야 하나, 이 잡지나 소식지를 구독해야 하나, 이 블로그나 웹사이트에 접속해야 하나, 이 텔레비전 방송을 시청해야 하나, 이 연구 보고서를 읽어야 하나, 인터넷 검색을 좀더 해야 하나?' 시간을 어떻게 사용하는지에 관해 신중히 살펴보면, 우리가 여러 관심거리를 왔다갔다하며 하나를 선택하지 못한다는 것을 알 수 있다.

주의를 기울이는 법을 배우고 어디에 주의를 기울여야 할지 아는 것은 리더에게 꼭 필요한 핵심적인 훈련이지만, 목표에만 눈을 고정한 채 삶을 질주하는 사람들에게 그냥 주어지는 경우는 거의 없다. 비전을 지향하는 리더십의 부정적인 측면 하나는 먼 미래의 일에 관심을 쏟느라 현재 일어나는 일을 있는 그대로 받아들이지 못한다는 점이다. 자신의 뒤뜰에 있는 불붙은 떨기나무와 거기에 담긴 지혜를 보지 못한다. 우리에게 주어진 오늘이라는 선물, 지금 우리 주위에 있는 이 사람들이라는 선물, 독특하고 즐겁고 또 씁쓸하면서도 달콤한 여정 속의 특히 이 곳이라는 선물, 우리가 놓여 있는 광야에서 우리를 부르시는 하나님의 음성이라는 선물을 놓치고 만다.

주의를 산만하게 하는 수많은 일들에 에워싸인 리더들은 고독의 시간이 필요하다. 그래야 삶의 속도와 복잡함 때문에 놓치고 말 것을 감지할 수 있다. 우리는 삶 가운데 혼란을 가라앉히고, 하나님이 임재의 증거를 크고도 오묘한 방식으로 보여 주시고 우리가 놓치고 있던 것들의 의미를 깨닫게 해주시도록 그분을 초대하는 시간을 가질 필요가 있다. 우리는 이런 훈련을 통해서만 하나님이 행하시는 놀라운 일과 선포하심, 메시지로 가득 찬 흥미진진한 여정으로 나아갈 수 있다.

불붙은 떨기나무

우리 모두의 삶에는 은혜로 은은히 빛나는 불붙은 떨기나무의 자리가 있다. 이 자리는 하나님이 우리가 예상하지 못한 일을 하시리라는 것을 일깨워 준다. 엘리자베스 바렛 브라우닝(Elizabeth Barett Browning)은 그녀의 유명한 시에서 다음과 같이 말한다.

땅은 하늘로 가득 차 있다
어느 보통의 떨기나무에든지 하나님이 임하시면 불이 붙는다
하지만 이를 본 자만이 신을 벗는다
　나머지 사람들은 그 주위에서 블랙베리나 딴다

영적 리더십이란 바로 자신의 삶 가운데서 불타는 떨기나무를 보고 돌이키며 신을 벗고 주의를 기울이는 능력이다. 불붙은 떨기나무도 결국 평범한 사물에 불과하다. 다만 거기에 하나님의 활동하심으로 불이 붙었기 때문에 아주 놀라운 것이 되었다.

> 영적 리더십은 하나님의 임재에 대한 우리의 열망에서 은혜 가운데 솟아나온다. 영적 리더십은 노력이나 분투가 아니라, 용기와 하나님의 임재하심, 주의력을 필요로 한다.
> 제럴드 메이, 샬렘 인스티튜트 강의(1998년 5월)

최근 우리 리더 그룹은 트랜스포밍 센터가 내려야 할 몇몇 중요한 결정에 관해 하나님의 인도를 구하고자 피정을 떠났다. 우리의 재정 상황을 정직하게 바라보고 이것이 우리의 결정에 미칠 크고 작은 영향에 대해 의논하며 오랜 시간을 보냈다. 문제들을 꺼내 놓고 침묵과 개인 묵상 시간을 가진 결과, 중요한 모든 문제에 대해 해답을 얻을 수는 없었지만 재정 예산에 기초한 작은 문제들에 대해서는 결정을 내릴 수 있었다. 그중 하나는 한동

안 우리가 마음에 두었던 사무 공간 확장을 포기하기로 한 결정이었다. 안타깝기는 해도 그러기로 만장일치를 보았다.

며칠 뒤 나는 우리 센터의 관계자들에게 이 결정을 설명하는 것으로 일단락을 지었다. 적어도 그렇다고 생각했다.

하지만 우리의 결정을 들은 사람들 중 한 명이 그날 늦게 하나님이 "네가 이 일을 도우렴"이라고 말씀하시는 것을 느꼈다. 그들은 사무 공간 확장 비용이 얼마인지 듣고 나서, 그해의 사무실 임대료를 기부하라는 하나님의 촉구를 느꼈다.

보통의 이사회 방식을 따른다면, 나는 사무실 건은 이미 표결이 끝났기 때문에 결정된 사안으로 보았을 것이다. 아마도 그 제안에 감사의 뜻을 전하며 이사회에 운영비나 이미 합의된 다른 부문을 지원해 달라고 부탁했을 수도 있다. 또 우리 단체의 미래에 관한 모든 것을 예상할 수 없기 때문에 이번에는 이 기회를 사양해야 한다고 보았을 것이다. 하지만 이번에는 기부하겠다는 이 제안을 불붙은 떨기나무, 즉 낯설고 예상치 못한 일반 궤도를 벗어난 일로 받아드렸다. 내가 이런 제안이 나오도록 꾸민 적은 없었다. 나는 이 제안에 단순히 경영 논리를 적용하기보다 이 제안의 의미가 무엇인지 하나님께 물을 필요가 있었다.

하나님의 임재 안에서 이 제안에 주목했을 때 내가 들은 것은 아주 놀랍고도 분명했다. 먼저, 나는 하나님의 말씀을 분명히 감지했다. "너는 너의 미래를 모르지만 나는 장차 너에게 필요할 것을 알기에 이것을 너에게 준다." 나는 훗날 이 순간을 돌아보며 이 사무 공간이 왜 필요했는지 더 분명히 이해하게 될 것이라는 예견의 웃음을 경험하기도 했다.

하나님이 내 안에 깊이 새기신 두 번째 점은 기부금의 본질적 의미였다.

하나님은 나에게 물으셨다. "기부금으로 무엇을 하려느냐?" 그리고 이어지는 하나님의 말씀을 들었다. "기부금을 받아라. 그리고 매달리거나 움켜쥐려고 하지 마라. 너는 내가 주는 것을 받고, 그것으로 사역을 해 나가라."

하나님이 하시는 말씀은 어쩌면 그리 단순하고 명료한지! 리더십의 여러 측면에 대한 많은 전략과 적용할 것이 있었지만, 이 두 가지 통찰을 얻자 내 마음은 평화로 가득 차서 더 이상 그 무엇도 필요하지 않았다.

내가 이 새로운 기회를 이사회에 알리자 이사회는 우리가 직면하고 있는 문제들에 관해 기부를 제안해 온 사람들과 솔직한 대화를 나누기로 했다. 제안자들이 사무 공간 확장에 필요한 비용을 기부한다면 우리는 이 기부금이 하나님으로부터 오는 것으로 여기고 받기로 했다. 아주 특별한 경우이기는 했지만 나는 이 경험으로부터 향후 사역을 해 나가는 데 꼭 필요한 원리를 깨달았다. 우리는 무리한 노력이나 분에 넘치는 것이 아닌 하나님이 주시는 것으로 사역을 해 나간다. 이 경험을 통해 내 영혼은 매우 강건해졌고 오랫동안 경험해 보지 못한 안식을 맛보았다. 나에게 일어난 불붙은 떨기나무 사건은 당시 당면했던 문제를 결정하도록 도왔을 뿐만 아니라 이후의 여정을 비추는 등대가 되었다.

불타는 마음

인생에서 하나님의 움직이심과 맞닿아 있게 하는 또 하나의 방법은 우리의 마음속에서 불타는 것에 주목하고 그것을 신뢰하는 것이다. 영혼이 충만한 리더는 많은 사람 사이에 있을 때에도 영혼 깊은 곳에서는 진지하게 주의를 기울여야 할 일이 일어난다고 믿는다.

신약 성경 '엠마오로 가는 길' 이야기에 나오는 두 제자는 그들 마음속에서 일어나는 일에 주의를 기울였고 여행길에 함께했던 분이 부활한 그리스도였음을 깨달을 수 있었다. 이것은 의미심장한 깨달음이었다. 제자들이 길에서 한 낯선 사람과 이야기를 나눌 때 그들 **마음속에서 일어난 일**에 주의를 기울이자, 그들은 평소에는 느낄 수 없던 전혀 새로운 활력을 맛볼 수 있었다. 그들은 여느 때처럼 함께 식사를 하던 중에, 그리스도와 대면할 때 일어나는 내면의 떨림을 깨달았다. 저녁이 깊어지자 그들은 서로에게 물었다. "길에서 우리에게 말씀하실 때에 우리 속에서 마음이 뜨겁지 아니하더냐?"(눅 24:32) 그러자 감당할 수 없는 폭력과 죽음으로 물든 끔찍했던 지난 한 주가 물러가고, 그들 안에는 희망의 불씨가 다시 타올랐다.

이런 순간은 주의를 기울이는 법을 배우는 누구에게나 일어날 수 있다. 이때에는 우리 지각이 열리고, 모든 것을 변화시키는 영적 관점에서 보게 된다. 충분히 시간을 들여 주의를 기울인다면 하나님이 우리와 함께하셨으며 우리를 보호하시고 인도하시며 축복하셨음을 알 수 있고, 물질적 세계와 영적 세계 사이의 장막이 얼마나 얇은지 깨닫게 된다. 우리를 둘러싸고 있는 모든 영적 현실을 인식하고 이에 적절히 대응하는 법을 배우게 된다.

"영을 분별하거나", "그 영들이 하나님께로부터 왔는가를 시험하는" 능력의 함양은 리더들에게 매우 중요하다(고전 12:10; 요일 4:1). 이와 같이 영적 차원에 주의를 기울이려고 노력하는 리더는 외부 세상이든, 생각과 동기와 같은 내면세계든, 그 안에서 실제와 허위를 구별하고 참과 거짓을 구분하는 능력을 기를 수 있다.

로욜라의 성 이그나티우스는 이런 내적 역동을 설명하기 위해 **안도감과**

적막감이라는 개념을 사용한다. 안도감은 마음의 내적인 움직임으로, 하나님과 타인, 나의 참된 자아가 생명의 끈으로 연결되어 있다는 깊은 감각을 말한다. 안도감은 세상이 잘 돌아가고 있다는 감각이며 고통과 위기의 순간에도 하나님께, 그리고 사랑에 기꺼이 나를 맡길 수 있다는 감각이다. 적막감은 하나님의 임재에 대한 감각의 상실을 말한다. 하나님과 타인, 나의 참된 자아와의 교감이 끊어진 느낌을 받는다. 적막감은 마음의 중심을 상실하고 소란과 혼란, 심지어 반항으로 가득 차는 경험이다.

안도감이나 적막감을 경험하는 것은 맞고 틀림의 문제가 아니다. 단지 존재하는 사실일 뿐이다. 이 경험들을 특별히 더 중요하게 여길 필요는 없다. 사실 우리가 이 경험에 주목하고 귀 기울이기 전에는 상대적으로 미미해 보일 수도 있다. 우리를 향한 하나님의 뜻은 우리가 생명을 주는 일을 많이 하고(요 10:10) 우리 생명을 고갈시키고 소모시키는 일들로부터 떠나는 것이다.

다수의 자잘한 일들과 중요한 일들을 결정할 때(똑같이 좋아 보이는 두 가지 사이에서 선택해야 하는 경우에도) 하나님 안에서 우리의 가장 참된 자아에 생명과 자유의 감각을 불러오는 것이 무엇인지 인식하는 능력이 필요하다(고후 3:17). 신명기에서 하나님은 이스라엘 전 회중에게 이런 방식으로 주의를 기울이라고 말씀하신다. "너희들 앞에 생명과 죽음을, 축복과 저주를 두었나니, 너와 네 자녀들이 살기 위하여 생명의 길을 택하도록 하라"(신 30:19). 하나님은 생명을 선택할 수 있는 지혜는 하늘에서든 바다 건너에서든 '외부'의 어딘가에서 발견되는 것이 아니라, 입술과 마음같이 우리와 아주 가까이 있어서 보고 관찰할 수 있다는 점을 이스라엘 백성이 깨닫기 원하셨다(신 30:19-20). 이 지혜는 본능적으로 몸 안에 내재된 경험이다.

이런 미묘한 영적 움직임에 익숙해질수록 우리는 선과 악을 더 잘 구분할 수 있다. 선은 하나님과 그분이 주시는 소명으로 우리를 이끌고, 악은 우리가 하나님에게서 멀어지게 한다. 앞에서 언급한 사무 공간의 확장과 관련된 경험을 더 이야기하면, 제시된 기부금을 받기로 결정을 내리는 과정에서 깊은 안도감이 내 안에 가득했다. 하나님이 이 기부금을 주신 이유를 모두 알 수는 없지만 이와 관련하여 평안과 의를 강하게 느꼈다. 확장하게 될 그 사무 공간을 걸어 다닐 때마다 그곳이 곧 우리 것이 된다는 생각이 들었으며 평화가 내 안에 솟아났다. 만약 적막감을 느꼈더라도 나는 그 느낌에 주의를 기울였을 것이다. 물론 적막감에 주의를 기울이고 싶지는 않았겠지만, 그래도 그렇게 했을 것이다.

불붙은 모든 것에 관심을 기울이기

일상에서 벗어나 주의를 기울이기 위한 시간을 마련하는 것은 리더에게 결코 쉬운 일이 아니다. 분주한 일상을 보내느라 우리는 하나님이 우리의 관심을 끌기 위해 일으키신 자극을 그냥 지나치곤 한다. 하지만 하나님의 행동을 인지하는 능력은 영적 리더십에 꼭 필요하다. 하나님의 행동을 인지해야 거기에 동참할 수 있기 때문이다. 수많은 일로 주의가 산만해진 리더가 꼭 지켜야 할 원리는 어떻게 해서든 고요한 시간을 만드는 것이다. 분주히 지내다 놓칠 수 있는 것들을 하나님이 고요한 시간 가운데 보여 주실 수 있게 해야 한다. 우리 삶 속의 위대한 광경을 보고 그것의 의미를 이해하기 위해서는 혼란한 우리 영혼을 차분하게 할 시간이 필요하다.

이것은 리더들이 함께 실천할 수 있는 훈련이기도 하다. 최근 하루 종일 진행된 위원회 모임에서 우리는 사역 가운데 일어난 '불붙은 떨기나무'에 주의를 기울이는 일을 시작하기로 결정했다. 하나님의 임재가 명백히 나타난 자리, 하나님이 놀라운 방식으로 자신을 드러내신 자리에 주의를 기울이기로 했다. 당시 위원회 모임은 조금 지쳐 있었다. 일부 위원들은 서로 신경이 날카로워 있었고 어떤 일이 벌어질지 모르는 상황이었다. 불붙은 떨기나무에 주의를 기울이는 영성 훈련은 이런 분위기와는 별로 어울리지 않아 보였다. 하지만 우리는 어떤 식으로든 우리를 긍정적인 방향으로 이끌어 갈 무엇인가가 필요하다는 것을 알고 있었다.

모세 인생에서 '불붙은 떨기나무' 이야기가 나오는 구절을 먼저 묵상한 뒤, 사역에서 발견된 '불붙은 떨기나무'를 돌아가며 하나씩 이야기했다. 그중 하나가 사무 공간을 더 얻게 된 것과 덕분에 효율적으로 일할 수 있는 환경이 갖추어진 것이었다. 다른 하나는 위원회 회원 한 명으로부터 시작된 획기적인 모금 운동이었다. 이 운동은 단체 내에 긍정적인 에너지를 퍼뜨리는 계기가 되었다. 또 우리와 비슷한 생각을 하는 한 단체와의 협력도 잘 되어 가고 있었기에 이와 관련해 우리가 받은 축복들도 이야기했다. 한편, 우리 출판물에 대한 반응도 좋은 상태였고 당시 새롭게 발족한 사역팀도 만족스러운 방식으로 일을 해 나가고 있었다. 또한 재정도 아주 건전한 상태였다. '불붙은 떨기나무'의 목록이 계속 더 나올 것 같았고, 곧 너도나도 하나님이 우리 안에 행하신 일의 증거들을 이야기하기 시작했다.

우리의 사역이 다른 사람들의 삶에 만들어 낸 변화를 서로 나누는 동안 그 목록은 점점 늘어났으며 회의 분위기는 긍정적으로 바뀌었다. 나눔을 마칠 무렵에는 다들 소명을 회복하고, 하나님이 우리와 함께하심을 확신하게 되었으며, 회의 의제와 관련된 많은 부분에 대한 방향을 잡을 수 있었다. 그날 우리가 내린 결정들은 견고했는데, 그것은 우리가 뛰어나서가 아니라 하나님이 행하시는 일들을 인지하고 그분이 우리를 위해 뚜렷이 표시해 놓은 길에 충실했기 때문이었다.

힘든 사역을 해 나가는 리더의 영혼을 가장 크게 단련시키는 것은 하나님이 일하고 계심을 깨닫는 것, 즉 우리 자신의 소리가 아닌 하나님의 음성을 듣는 것이다. 우리의 안과 밖에서 불붙은 모든 것에 주의를 기울일 때 하나님과 자신, 세계에 대한 가장 참된 것과 긴밀히 연결될 수 있으며, 그 결과 우리를 지명하여 부르시는 하나님의 음성을 다시 들을 수 있다. 주의를 기울이는 훈련을 통해 우리는 평범한 것들 사이에 놓여 있는 기이한 것에 눈을 뜬다. 불붙은 떨기나무로부터 우리를 부르시는 분께 겸손히 응답하는 삶을 살 때, 우리는 생각보다 자주 거룩한 자리에 설 수 있다.

실습

고독의 자리를 주의를 기울이는 자리로 만들겠다는 생각으로 오늘 하루를 고요함 가운데 시작하라. 먼저, 호흡에 주의를 기울이라. 급히 일을 하면서 호흡이 얕아지는 것에 주목하라. 보통은 이걸 대수롭지 않게 여긴다. 오늘 실습에서는 숨을 깊이 또 천천히 쉬도록 하라. 매번 들이쉬고 내쉬는 숨을 하나님의 선물로, 하나님이 오늘 당신이 살아 있기를 원하시는 증거로 받아들이라.

이어서 지난 며칠 또는 몇 주간의 삶을 돌아보는 시간을 가지라. 무엇보다도 비전에만 너무 몰두하다가 지금 이 순간과 이것이 주는 은혜를 받아들이는 능력에 장애가 생기지는 않았는지 관심을 기울이라. 비전을 계속 간직하되 지금 이 순간 당신에게 주어진 삶 자체에 주의를 기울이는 시간을 마련하라. 당신이 받은 은혜로운 선물들을 구체적으로 이야기하며 감사하도록 하라.

이후에는 당신과 관련 없어 보이는 일들 가운데 놀랍고 기이한 일에 주목하라. 그 일이 중요하게 느껴지는지 여부는 별로 중요하지 않다. 당신이 그 일에 관심을 가지도록 하나님이 이끄시고 말씀하고 계신다는 것만으로 신을 벗고 경건하게 대응할 충분한 이유가 된다. 하나님이 당신 인생에서 불붙은 떨기나무와 같은 것을 드러내실 때 그것이 무엇을 의미하는지 시간을 들여 성찰하고 여기서 나오는 지혜와 인도를 기쁘게 받아들이라.

또한 당신의 내적 역동에 주목하라. 매일매일의 삶 가운데 마음이 불타오르던 순간에 주목하라. 그 일의 영적 의미가 무엇인지 성찰할 시간과 장소를 마련하라. 어떤 것을 판단하고 평가하거나 옳다 그르다 단정 짓지 말고, 바쁜 일과 가운데 무시하고 지나친 안도감이나 적막감의 순간을 주목하라. 리더로서 당면한 문제들을 포함하여 결정을 내려야 하는 모든 순간에 생명을 선택하라는 하나님의 초대에 귀를 기울이라. 안도감과 적막감의 역동이 당면한 모든 결정에 대해 이야기하게 하라. 무엇보다도 당신은 생명을 선택할 수 있다는 점을 명심하라.

오 하나님,
꼭 필요하고 기쁜 일이 지금 내 안에 일어나게 하소서.

소망과 믿음이 활짝 피어나는 것 같은 일

  감사하는 마음 같은 일

    매 순간이 아주 소중하다는

      그런 자각이 용솟음치는 일이 지금 일어나게 하소서.

다음이 아니라 지금,

바로 지금 이 순간이 기회이기 때문입니다.

  신발을 벗고

    모든 불붙은 떨기나무를 보고

      이웃을 이끌고 함께 땅을 돌고

        달콤한 포도주처럼 공기를 들이마실 때입니다.

충분히 마셔서

  상냥한 말들이 서슴없이 나올 때까지.

    "고맙습니다"

      "사랑해요"

        "아름다우시네요"

          "영원히 매 순간 시작하는 삶을 살아요"

            "저는 그리스도를 위한 바보입니다."

테드 로더, 「은혜의 게릴라」[2]

5. 소명이라는 난제

모세가 그것을 보려고 오는 것을 보시고,
하나님이 떨기 가운데서 "모세야, 모세야!" 하고 그를 부르셨다.
모세가 대답하였다. "예, 제가 여기에 있습니다."
출애굽기 3:4

모세가 온전히 주의를 기울이자 하나님은 다른 무엇보다 그의 소명에 관해 말씀하셨다. 진정한 모습을 회복한 모세에게 하나님이 마침내 말을 걸어 오신 것이다.

오늘날에는 소명을 단순한 개념으로 치부해 버리곤 하지만 하나님은 불붙은 떨기나무 가운데서 모세를 부르시며 말씀하셨다. "나는 네가 정체성 때문에 혼란스러워했다는 것을 알고 있다. 하지만 나는 네가 누구인지 늘 알고 있었다. 너는 히브리인이다. 네가 어디서 살든, 누가 너를 길렀든, 너는 히브리인이다. 어느 누구도 이 사실을 네게서 떼어 낼 수 없을 것이다. 너는 살던 곳에서 쫓겨난다는 것이 무엇인지 잘 안다. 또 다른 사람이 부여한 조건에 맞추어 산다는 것, 삶의 모든 불의를 보고 어떻게든 바꾸려고 노력하는 것이 무엇인지도 알고 있다. 너는 본래 불의를 보고 그냥 넘어가지 못하는 사람이며 네 민족과 그들의 안위에 깊은 관심을 갖고 있다. 이제 너는 네가 누구인지 알게 되었다. 따라서 나는 너의 본질에 부합하는 소명을 준다. 지금까지 너는 광야의 혹독한 환경을 운명으로 받아들이며 살아 왔지만, **이제 나는 너를 바로에게 보내서 내 백성 이스라엘의 자녀들을 애굽에서 인도해 내도록 할 것이다.**"

모세는 온전히 주의를 기울이고 있었기에, 이 순간 모든 것이 이해되기 시작했을 것이다. 자신의 소명이 자신의 상황과 개인사(個人史)와 결코 뗄 수 없을 정도로 엮여 있었다는 사실이 분명해지는 순간이었다. 하나님이 지금 모세에게 명하시는 일은 그가 애굽에 있을 때 격노를 분출한 원인인 자기 민족에 대한 열정과 투철한 정의감과 매우 관련이 깊다. 민족에 대한 모세의 열정과 강한 정의감은 애굽에 있을 때에는 폭력으로 분출되었지만, 지금은 하나님이 그에게 명하시는 일과 관련이 깊다. 불의에 대한 그의 격한 반응은 분명 잘못된 것이었지만, 그 사건 자체는 무의미하지 않다. 그 사건은 그의 진정한 내면에서 뿜어져 나온 것이었다.

당시 모세는 날것 그대로의 인간적인 분노에 자주 휩싸였다. 하지만 분노하는 것은 소명을 받는 것과는 다르다. 바야흐로 새로운 것이 펼쳐지고 있었고, 이제 하나님은 무절제하게 분출하던 분노를 더 크고 유익하게 표출하라고 모세를 부르신다. 하나님은 역설적이게도 과거부터 형성되어 온 자기 모습을 끌어안음과 동시에 넘어서라고 모세를 이끄신다.

하나님은 모세의 잘못된 점을 지적하는 것을 넘어서 그의 참된 자아를 더 이상 숨기지 말고 드러내라고, 온전한 정체성을 회복하고 숨어 있던 곳에서 당당히 나오라고 하셨다. 이것은 숱하게 들어온 물음이었지만, 40년이 지나고 이제야 마침내 모세에게 때가 찾아온 것이다. 광야에서 몸을 숨긴 채 지내던 시기가 끝나고 이제 하나님은 모세에게 발을 내딛으라고 말씀하신다. 진정한 자신, 즉 하나님이 요청하신 자신을 완전히 이루라고 말씀하신다. 변화는 결코 우리 자신만을 위한 것이 아니라, 늘 다른 이를 위한 것이다.

거룩한 땅

하나님의 부르심은 실로 엄청난 사건이다. 그곳은 거룩한 땅이 되며, 그 부르심은 우리를 압도하는 공경심과 경외감을 일으킨다. 마침내 우리 인생 전체가 이해되기 시작하고 이 순간까지 우리를 이끌어 오신 하나님의 경륜을 새로이 깨닫는 순간 신을 벗고 엎드려 경배하고 싶어진다. 또는 이 모든 것이 사실 같지 않아 하나님과 논쟁을 벌이고 싶을 수도 있다. 그러나 아무리 저항하고 싶어도 이제 우리 인생에 대한 큰 그림이 펼쳐졌다. 당시에는 도무지 이해되지 않던 개별적인 사건들, 너무 가혹하거나 생뚱맞고 수치스러워 보이는 사건들이 우리를 여기까지 이끈 전체 이야기 속에서 드디어 제자리를 찾게 되었다.

우리는 새로운 눈으로 인생을 향한 하나님의 부르심을 바라보게 된다. 이 부르심은 씨실과 날실처럼 우리 존재와 잘 들어맞고 존재의 핵심에 닿아 있어서, 그것을 무시하거나 거부하면 우리가 만족할 수 없을 것이라는 믿음을 갖게 한다. 이 부르심과 타협하거나 어중간하게 살고자 한다면, 우리 인생이 공허와 무의미로 전락해 버릴 수도 있다. 요나는 부르심을 피해 가려 했지만 결국 물고기 뱃속에 갇히는 신세가 되었다. 예레미야도 예언자가 되라는 부르심을 피하려 했지만 불이 그의 골수에 가득 차는 것 같아 도저히 견딜 수 없었다.

하버드 경영대학원 교수이자 세계적 첨단 의료 전문 기업인 메드트로닉스의 최고 경영자인 빌 조지(Bill George)는 「나침반 리더십」(True North, 청림)이라는 리더십 관련 명저를 저술했다. 이 책은 오늘날 최고 경영인 125인에 대한 심층 연구와 인터뷰를 바탕으로 쓰였다. 이 책이 인터뷰한 리더들 대부분은 자신만의 독특한 인생 경험을 통해 열정적인 리더가 될 수 있었다. "리더십의 동기가 무엇이냐는 질문에 진실된 리더는 자신의 인생 이야기를 이해하는 데서 리더십의 동기를 찾는다고 대답한다. 자신의 이야기를 통해 자기 정체성을 깨닫고 시종일관 목표에 초점을 맞추게 된다."[1] 스타벅스의 창업자인 하워드 슐츠(Howard Schultz)는 여기에 딱 들어맞는 사례다.

슐츠가 여덟 살 때 그의 아버지는 업무 중 발목이 부러지는 사고를 당했다. 아버지는 이 일로 일자리와 가족 의료보험을 잃게 되었다. 당시에는 산업재해 보상제도가 없었던 데다가 어머니마저 임신 중이라 일을 할 수 없는 상태여서, 슐츠 가족의 생활이 급속도로 어려워졌다. 그때 아버지의 좌절한 모습에 대한 기억이 동기가 되어, 슐츠는 직원을 위한 의료보험을 회사의 근본 가치에 포함시켰고 한 주에 20시간 이상 근무한 사람은 모두 의료보험 혜택을 받고 있다. 이 이야기는 외부에는 잘 알려지지 않은 이야기다.

오늘날 스타벅스는 최고의 직장으로 알려져 있는데, 가장 큰 이유는 직원의 필요를 돌보는 것을 중요한 가치로 두고 있기 때문이다. 슐츠는 말한다. "저는 평생 해 온 30여 가지의 노무직 일거리를 모두 잃은 아버지의 모습에서 영감[2]을 얻습니다. 아버지는 교육받지 못한 사람은 기회를 얻지 못하는 시대를 사셨습니다.…아버지가 일해 보지 못했던 회사, 즉 직원들이 출신 배경에 관계없이 존중과 존경을 받는 회사를 만들고 싶었습니다.…직원들에게 의료보험을 제공하는 것은 스타벅스 자본 규모에서는 획기적인 일이었으며, 직원들의 엄청난 신뢰를 얻는 계기가 되었습니다."

슐츠의 소명[3]은 분명 고객에게 좋은 커피를 제공하는 것 이상이었다. 슐츠가 자신의 인생 이야기를 받아들이고 아버지에 대한 이미지를 재형성하자 아버지는 더 이상 실패자가 아니라 사회 시스템의 희생양이었다. "아버지가 돌아가신 후에야 그분에 대한 제 판단이 틀렸음을 깨달았습니다. 아버지는 의미 있는 일을 하는 데서 오는 성취감과 존엄성을 찾을 기회를 얻지 못하셨습니다." 슐츠는 리더십을 자신의 인생 이야기와 관련지은 결과, 그의 아버지가 자랑스러워하며 일하셨을 회사를 건설하고자 하는 의지를 낼 수 있었다.

소명의 영성

리더십의 영혼은 우리가 진정 어떤 존재인가 하는 데서 시작한다. 내가 생각하는 나, 내가 되고자 하는 나, 다른 사람이 원하는 모습의 나에서 시작하지 않는다. 소명은 우리의 인생, 지나온 여정, 인격, 약점, 열정, 깊은 내면적 성향, 현재의 상황까지 모든 특성들을 포괄한다. (물론 소명은 이런 요소들에만 국한되지는 않는다.) 하나님에게서 부르심을 받는다는 것은 인간의 가장 본질적인 **영적** 경험이다. 왜냐하면 소명은 하나님의 임재와 인간의 삶이 교차하는 지점이기 때문이다. 소명은 진정한 나에서 시작한다. 즉 우리 자신의 미숙함과 악함뿐만 아니라 우리 안의 영광과 천부성에서 나온다.

> 소명은 의지에서 나오지 않는다. 그것은 듣는 데서 출발한다. 나의 인생에 귀를 기울여야 한다. 내가 이루고 싶은 일이 무엇인지를 말하기에 앞서, 내가 어떤 존재인지를 말해 주는 내 인생의 목소리를 들어야 한다. 내가 희망하는 인생의 모습이 아니라 내 인생의 실제 모습을 이해하려고 노력해야 한다. 그렇지 않으면 내 인생은 내 의도가 아무리 진지하다 할지라도 결코 참된 의미를 갖지 못할 것이다.
> 파커 파머, 「삶이 내게 말을 걸어올 때」

우리의 참된 자아를 피할 수 있는 길은 없다. 리더십은 우리가 피해 가도록 놓아두지 않으며 오히려 그것을 적나라하게 드러낸다. 리더십은 지금 당장 나보다 더 나은 무엇이 되도록 의지를 내라고 요구한다. 그래야 우리

가 해야 할 일에 '네' 하고 대답할 수 있다고 말이다. "소명[4]이란 가장 깊은 차원에서 '내가 하지 않으면 안 되는 것이다. 다른 사람에게는 설명하기 힘들고 스스로도 완전히 이해하지는 못하겠지만 그럼에도 아주 강력한 이유로 해야만 하는 것이다.'"

소명은 어떤 일을 하느냐보다 어떤 존재가 되느냐와 관련이 있다. 소명은 하나님이 창조 이전부터 알고 계셨고 당신에게 요청하시며 그분이 제대로 알고 있는 당신의 본질과 관련된다. 참된 '나'가 되라는 요청인 동시에 우리가 상상할 수 있는 그 이상이 되라는 요청이다.

하나님은 모세에게 참된 자신이 되라고 요청하시는 동시에 또한 **그가 아직 되지 못한 무엇**, 즉 하나님의 백성을 속박에서 구해 낼 리더가 되라고 요청하셨다. 아직 모세는 하나님이 보시듯 장차 될 리더의 모습으로 자신을 보지는 않았다. 그는 자신을 이 특별한 소명에 필요한 언어적 솜씨와 설득력을 갖춘 인물이 아니고 그저 행동 지향적인 사람이라고 생각했을 것이다. 사실 모세는 그점에 대해 하나님께 할 말이 있었고, 출애굽기 3장의 대화에서 끝까지 반대하며 항변한다. 하지만 하나님은 물러서지 않으신다. 왜냐하면 소명은 무엇보다도 당신 자신, 즉 하나님이 창조하셨던 본연의 당신 자신이 되라는 요청이기 때문이다.

소명은 **하나님이 창조하신** 우리의 존재에 정확히 들어맞는다. 우리의 유전 형질, 타고난 성향과 능력, 인격, 물려받은 전통과 인생을 형성한 주요 경험들, 우리가 태어난 시대와 장소 등 존재를 이루는 모든 것을 망라한다. "소명은 참된 나와는 어울리지 않는 무엇이 되라고 요청하는 '저 밖의' 목소리로 다가오지 않는다. 소명은—태어난 목적에 부합하는 사람이 되라고 요청하는—태어날 때 하나님이 주신 원래의 자아를 성취하라고 요청하는

'내 안의' 목소리로 들려온다."

하지만 말처럼 쉽지는 않다. 우리가 참되고 진정한 자아와 같은 것이 있다는 것을 알 때면 이미 어느 것이 거짓 자아이고 어느 것이 참된 자아인지 구별하는 것이 어려울 정도로 거짓 자아가 우리 안에 잠식해 들어와 있다. 또 세월이 흘러가면서 실제 자신과 거짓 자아가 만든 처세술과 계획 사이에 커다란 간극이 형성된다. 이 모든 얽힌 실타래를 풀어내는 것은 매우 복잡한 일이다.

하지만 적극적으로 주의를 기울이면, 우리 존재에 깊은 기쁨과 의미를 가져오는 것을 깨달음으로써 참된 자아가 내비치는 순간을 포착할 수 있다. 어린아이 혹은 청소년 시절의 꾸밈없는 순간들, 의식적인 행동이나 보여 주기 위한 것이 아니라 존재의 본질에 흠뻑 빠져 있던 순간들은 참된 자아를 발견하는 최고의 실마리다. 호기심과 관심에 이끌리던 어린 시절을 돌아보다 보면, 온전히 주저 없이 자신이 되었던 순간들이 떠올라 그런 순간들이 오늘날 나에게 무엇을 의미하는지 생각하게 된다.

- 한 남자 아이는 몇 시간 동안 어떤 것을 분해했다가 다시 조립하느라 정신이 팔려 있다.
- 한 여자 아이는 가정 예배 시간에 세 가지의 요점이 있는 설교문을 정성껏 준비해 천진난만하고 자랑스럽게 설교한다.
- 한 남자 아이는 늘 소란스러운 가족들 몰래 빠져나와 잔디에 누워 별을 바라보며 몇 시간이고 훗날 실현될 수도 있는 이야기와 시나리오를 꿈꾼다.
- 한 여자 아이는 손가락 인형으로 가족과 친구들 앞에서 연기한다.

- 색채와 질감에 매료된 한 남자 아이는 연필과 물감, 컬러 찰흙을 가지고 끊임없이 조합을 해 본다.
- 어떤 여자 아이는 흔한 일이 아닌 줄도 모르고 남자 아이들과 섞여 축구나 하키 및 미식축구를 한다.

이렇게 남을 의식하지 않을 때 나오는 성향은 자신이 어떤 사람이 되어야 한다고 의식하기 전에 하나님이 아셨고 또 그렇게 되라고 요청하셨던 본질적 자아의 발현이다. 본질적 자아는 남에게 보여 주어야 하는 것이 생기기 전, 사회적으로 용인되고 도움이 되는 것에 대한 관념이 생기기 전, 어떻게 생계를 꾸려 갈까에 대한 고민이 생기기 전부터 존재했다. 본질적 자아는 실재다. 이제까지 살펴보았던 상처와 대응기제 만큼이나(혹시 그 이상은 아니더라도) 실재다.

리더십의 환경에서는 자신이 본질적 자아에서 얼마나 쉽게 떨어져 나오는지 깨닫는다면 정신이 번쩍 들 것이다. 소명은 때로 우리 자신을 더 많이 실현시킬 수 있도록 실제 존재하는 것으로 돌아가는 과정을 포함한다. 소명은 계속해서 우리에게 본질적 자아로 돌아가는 길을 찾아 현재의 삶에서 그것을 더욱 실현하라고 한다.

경력 쌓기를 넘어서는 소명

오늘날 소명에 관한 이야기는 고리타분하게 여겨지기도 한다. 틸든 에드워즈(Tilden Edwards)는 이 점을 정확히 간파했다. "오늘날 소명이란 말은 자주 남용되고 있다. 교회에서 소명이란 우리가 하고 싶은 일을 한다는 것을 에둘러 말하는 경건한 표현에 불과하다. 단지 자신이 하고 싶은 것을 하고 또 그것을 하기 위해서라면 수단과 방법을 가리지 않을지라도 그것을 버젓이 소명이라 여긴다. 그리고 이러한 소명의 남용은 종종 '경력 쌓기'의 기저에도 깔려 있는 것 같다."[5]

하지만 성경적인 소명의 개념은 단순하지 않다. 성경에서 소명의 의미는 다양한 층위를 이루고 있다. '부르다'(call)라는 동사의 가장 단순하고 직접적인 의미는 살아 있는 생명체들이 서로를 부르고 연결되어 있고 중요한 것에 대해 소통하는 능력을 말한다. 이처럼 가장 기본적인 차원에서도 소명의 역학은 두드러지게 나타나는데, 그 이유는 소명이 가진 관계적 성격을 상기시키기 때문이다. 소명은 한 존재(하나님)가 다른 존재(우리)에게 다가와 관계를 형성하는 것이다. 소명은 하나님으로부터 시작된 인격적 관계이자 하나님이 먼저 시작하신 소통이기에 우리는 각별한 관심과 반응을 기울여야 한다.

구약에서 소명은 가장 기본적인 의미를 넘어 어떤 것의 이름을 짓고 그 이름을 불러 **존재**를 창조하는 것까지를 말한다. 오스 기니스는 「소명」(*The Call*, IVP)에서 이렇게 말한다. "그러한 결정적·창조적 이름 짓기는 일종의 만들기다.…소명은 우리의 모습대로 존재하고 행동하는 문제일 뿐만 아니라, 우리가 아직은 아니지만 그렇게 되라고 하나님으로부터 부름받은 모습으로 되어 가는 문제이기도 하다."[6]

신약에서 소명은 구원과 신앙생활 자체와 거의 같은 의미다. 우리는 진짜 내가 아니었던 모습에서 해방되어 진정한 내가 되라는 부르심을 받는다. 하나님은 다른 무엇보다도 그분께 속하도록 우리를 부르신다. 그다음은 우리를 향한 하나님의 인격적 부르심에 응답하는 것이다. 그것은 역사의 한 시점에 특정한 방식으로 하나님께 헌신하라는 요청에 '네'라고 대답하는 것이다. 주어진 소명에 순종하는 것은 신앙의 여정에서 즐겁고도 기쁜, 자기 포기라는 일보 전진을 뜻한다. 자기 자신을 사랑의 하나님께 전적으로 맡기는 것이야말로 세상에서 가장 멋진 일임을 알게 되는 것이다.

하나님과 씨름하기

그렇지만 모세는 자신의 소명을 맡지 않으려고 온갖 노력을 다했다. 그는 하나님께 물었다. 저는 누구입니까? 당신은 누구십니까? 그들이 내 말을 듣지 않고 나를 믿지 않으면 어떻게 하지요? 제가 이 일에 적임자가 아니면 어쩌지요? 제가 무슨 말을 해야 하지요? 이런 질문과 반발은 흥미롭게도 이제껏 그를 괴롭혀온 정체성의 문제와 부재한 자의식과 관련이 있었다.

건강하지 못한 패턴, 특히 정체성 혼란과 다른 사람과의 관계에서 자신을 명확히 드러내지 못하는 습성은 하나님과 주고받는 대화에서도 나타난다. 모세 안에 깊이 자리잡고 있던 이 패턴은 하나님과 만나는 가장 사적인 순간에조차 그 모습을 드러냈다. 우리도 마찬가지다. 다른 사람과의 관계에서 익힌 패턴은 하나님과의 관계에서도 나타난다. 그리고 그것이 극복되어야 하는 곳도 바로 여기다.

우리도 모세가 하나님의 부르심에 대면하여 느꼈던 저항감이나 양면적 감정•을 느낄 수 있다. 하나님이 우리 인생에서 역사하고 계신다는 자각으

• 서로 대립되거나 모순된 두 감정이 공존하는 상태를 말한다.

로 가슴이 뛰고 흥분되는 순간에조차 그렇다. 진정한 소명을 받으면 대개 심각하게 반발하게 된다. 진정한 소명은 이 소명을 맡기에 부족하다고 느끼는 자리로 우리를 몰고 간다. 그곳에서 우리는 인생이 나아가고자 하는 방향에 대해 이전에 지니고 있었던 의도와 선입견을 대면할 수도 있다. 지금 하나님이 명하시는 것은 한마디로 불가능하다고 생각할 수도 있고, 소명을 떠맡을 때의 위험을 감수하고 싶지 않을 수도 있다. 하지만 소명은 인간의 방식으로는 만들어 낼 수 없으며, 따라서 쉽게 무시해 버릴 수 없다. "직업적 소명은 위험과 불확실성을 더 많이 포함한다. 소명이 감당할 수 있는 수준을 넘어서지는 않겠지만, '당신이 미처 알지 못하는 방법'으로 인도를 받아 예상할 수 없는 은혜의 통로가 될 것이다."[7)]

하지만 하나님은 모세의 모든 반발에 대해 단 한 가지로 답하신다. 리더십의 역경 가운데 함께하시겠다는 임재의 약속이다. 우리의 반발에도 마찬가지 방식으로 대답하신다.

"제가 누구길래 그러한 일을 할 생각이나 하겠습니까?" 모세의 물음에 하나님은 이렇게 답하셨다. "내가 너와 함께할 것이다"(출 3:11-12).

히브리인들이 그를 보낸 이가 하나님이심을 어떻게 알겠냐는 모세의 물음에 하나님은 다음과 같이 답하셨다. "스스로 있는 자가 너를 그들에게 보내셨다고 그들에게 말하여라." 이어서 하나님은 모세가 권능을 받아 그가 그분의 임재 가운데 있었다는 것을 보여 줄 이적을 행하리라고 약속 하셨다(출 3:13-4:9).

그들이 나를 믿지 않으면 어떻게 하냐는 모세의 물음에 하나님은 더 많은 표적을 보여 주셨다(출 4:1-9).

자신은 부족한 것 같다고 모세가 말하자, 하나님은 대답하신다. "누가 사람의 입을 지었느냐?…바로 나 주가 아니더냐? 그러니 가거라. 네가 말하는 것을 내가 돕겠다. 네가 할 말을 할 수 있도록, 내가 너에게 가르쳐 주겠다"(출 4:10-12).

누가, 무슨 이유로 자신을 따르겠냐는 모세의 근심에 답하는 하나님의 대답은 단순하다. 네가 나를 만났기 때문에 사람들이 너를 따를 것이다. 네 존재 깊숙한 곳에서 네가 내 이름을 알기 때문이다. 이것이 네가 영적 리더가 되는 자격이며, 사람들이 오랫동안 알던 곳을 떠나 기꺼이 너를 따라 완전히 새로운 곳으로 가야 할 이유다.

이 놀라운 대화에서 모세는 소명의 위대한 역설을 경험했다. 하나님의 말씀은 요컨대 소명은 전적으로 너와 관련된 일인 동시에 너와는 전혀 관계없는 일이라는 것이다. 소명은 하나님이 모세를 불렀기 때문에 전적으로 모세와 관련되지만, 모세 안의 하나님과 그를 통해 하나님이 이루실 일과 관련되기에 전혀 모세의 일이 아니기도 하다. 하나님이 모세에게 하신 약속은 모두 이루어졌다. 이스라엘 백성은 모세의 리더십을 통해 하나님이 그들을 위해 성취하신 것을 보았을 때 하나님과 그분의 종 모세를 믿었다.

그렇다면 고독은 경우에 따라 하나님과 끝까지 싸우는 자리이기도 하다. 리더십은 잘 될 때조차 아주 힘이 드는 일이다. 그러므로 우리에게 주어진 리더십의 소명에 대해 느끼는 양면적 감정을 하나님께 철저히 터놓고 씨름하는 것이 중요하다. 그렇게 해야만 그런 감정이 새어 나와 우리가 섬기는 사람들 안에 불안함이 생기는 것을 막을 수 있다.

대부분 한 번쯤은 우리가 하고 있는 리더 일에 대해 심각하게 고민한다. 내가 최근 몇 년 씨름해야 했던 소명의 문제는 비영리 단체의 리더직을 맡는 것이었다. 나는 교회가 아닌 비영리 단체의 리더가 되는 것은 꿈에도 생각하지 못했다. 이것을 놓고 하나님과 만만치 않게 다투었던 것 같다. 최종 책임자가 되는 부담을 지는 것이 너무 힘들게 느껴졌고, 여러 번 고독 가운데 하나님과 씨름했다. 리더십을 수행하면서 드는 양면적 감정이 내가 이끄는 사람들을 혼란스럽게 하지 않도록 소명과 화해하려고 노력했다. 많은 목회자에게 이런 순간이 찾아온다. 목회로의 부르심에 의구심을 품고 다른 일로 전향할지를 고민하는 때가 생긴다. 목회는 언제나 생각한 것보다 훨씬 힘들다.

예수님도 친히 겟세마네 동산에서, 십자가의 힘든 길 이외에 자신의 소명을 이룰 다른 길이 있는지 하나님과 씨름하는 고독의 시간을 가지셨다. 예수님은 지상에서 해야 할 일이 무엇인지 언제나 알고 계셨지만, 소명을 완성하기 위해 끝까지 나아가야 할 순간에 이르렀을 때, 소명을 놓고 하나님께 고해야 할 것이 있었다. 예수님은 이 길이 자신 앞에 놓인 하나님의 길이라는 확신을 얻을 때까지 계속 동산에 머무셨다. 동산에 머무시며 실제로 소명과 화해하신 후에야 그곳을 떠나 자기 앞에 놓인 길을 걸어가셨다. 아마도 이런 과정은 모든 참된 부르심의 특징일 것이다. 당신이 가야 할 길을 아는 것과 그 길을 실제로 걸어가는 것은 분명히 다르다.

운명적 질문

모세 이야기 근저에는 소명 이야기가 깔려 있다. 왜 그렇게 위태로운 일을 하려고 안정과 부, 권력과 영향력을 포기하는가? 초기의 흥분이 가라앉은 후에 생각해 보면, 민족을 이끄는 것은 분명히 힘든 일이다. 영광은 보잘것 없고 이런저런 수치스러운 일들은 많다. 하지만 이 일을 해 나가는 가운데 기존의 방향에 의문을 제기하거나 나아갈 방향을 다시 찾도록 해주시는 하나님과 만나는 많은 순간이 있다.

에스겔도 비슷한 부르심을 체험했다. "그가 나에게 말씀하셨다. '사람아, 일어서라. 내가 너에게 할 말이 있다.' 그가 나에게 이 말씀을 하실 때에, 한 영이 내 속으로 들어와서, 나를 일으켜 세웠다.…그가 나에게 말씀하셨다. '사람아, 내가 너를 이스라엘 자손에게, 곧 나에게 반역만 해 온 한 반역 민족에게 보낸다'"(겔 2:1-3, 새번역). 에스겔의 이야기는 **하나님의 부르심이 유한한 인간인 우리에게 다가온다**는 점에서 모세의 이야기와 흡사하다. 하나님의 부르심은 우리가 가장 인간적인 자리에 있을 때에 찾아온다. 하나님의 영은 우리에게 다가와 우리의 약함을 강하게 하여 우리가 부르심에 답하는 것은 물론 그것을 들을 수 있도록 해주시는 분이다.

우리는 어떤 식으로든 이 부르심의 순간이 특별하다는 것을 안다. 이것은 화려한 경력을 쌓는 것과 관련이 없고, 안정도, 성공과 실패도, 거짓 자아인 에고가 원하는 다른 어떤 것과도 관련이 없다. 이것은 매력적인 선택들 가운데 하나를 고르는 일이 아니다. 이것은 하나님의 영이 우리를 발로 서게 하고 우리에게 말씀하시는 순간이다. "이것이 네가 할 일이다. 그들이 듣든 말든, 네가 실패하는 것처럼 느끼든 성공하는 것처럼 느끼든, 너는 나의 말을 전해야 한다."

저명한 심리학자 칼 융은 말한 바 있다. "사람이 그의 존재 법칙에 충실하지 못하고 그의 인격에 맞는 삶을 살지 못한다면, 그만큼 삶의 의미를 실현하는 데 실패하는 셈이다. 다행히 창조주는 친절하고 인내가 깊어, 삶의 의미에 관한 운명적 질문을 억지로 주입하지 않는다. 그래서 삶의 의미를 묻지 않는다면, 어느 누구도 그에게 대답할 필요를 느끼지 못한다."[38]

모세가 광야에서 양을 치며 돌아다녔을 때 삶의 의미 같은 것들을 물었는지 또는 궁금해했는지는 분명치 않다. 실제 모세는 광야에서 그럭저럭 편안하게 지냈던 것 같지만, 어떤 식으로든 자기 삶의 의미에 대한 운명적 질문을 하게 되는 사건이 일어났다. 하나님은 불붙은 떨기나무 가운데 임하셔서 모세에게 힘들지만 그의 인격에 걸맞는 삶의 여정을 받아들이라고 하셨다. 모세의 인생의 의미를 실현하기 위해 이 땅에서 그가 존재하는 목적에 온전히 부합하는 삶의 여정을 수용하라고 하셨다. 과거의 자신을 더 온전히 이루는 동시에 이를 넘어서라고 말씀하셨다.

운명적 질문과 씨름하지 않고도 인생을 그럭저럭 살아가는 사람들이 있다. 그들은 생계를 위해 일하고, 노동의 결실을 즐기고, 안정과 성공이 보장되거나 적어도 그렇게 보이는 길을 걸어간다. 반면에 낯선 일들을 해야 하고 다른 사람은 보지 못하는 실재를 지향하는 인생을 살아야 하는 헌신을 요청받는 사람들도 있다. 후자와 같은 사람이 된다는 것은 정말 힘든 일이다. 이들은 가슴에 활활 타오르는 불을 지닌 사람들이다. 이 불은 그냥 속에 가두어 두었다가는 영혼을 손상시킨다. 계속해서 우리 자신을 높은 수준의 믿음을 요청하는 곳으로, 인간의 한계로 데려가는 소명을 줄곧 지켜 나가는 일은 매우 힘든 일이며 때로는 억울해 화가 치밀기도 한다.

하지만 참된 리더는 운명적인 질문을 받은 사람이다. 실현 가능한 비전을 보았기에 악조건 가운데서도 그것을 향해 나아가는 사람이다. 우리는 하나님과 논쟁하게 될 수도 있고, 그분께 마음에 떠오르는 모든 변명을 내세울 수도 있다. 하지만 하나님은 이 논쟁에서 늘 이기신다. 왜냐하면 내면 깊은 곳에 귀 기울일 때마다 하나님이 요청하시는 일이 내가 할 일이며, 앞에 놓인 이 길이 내가 걸어야 할 길임을 깨닫게 되기 때문이다. 우리는 그것이 인생의 의미라는 것을 알게 되기에 '네'라고 대답할 수 있으며, 더 좋은 것이든 나쁜 것이든 그것을 받아들인다. 하나님을 받아들인다.

> 소명은 근본적으로 물음이다. 그러나 들은 즉시 응답해야 하는 물음은 아니다. 소명은 당신이 반응하고 자신을 드러내고 그 앞에 순복해야 하는 질문이다. 당신도 상자에 포장해서 선반 위에 고이 간직해 둘 답이 아니라, 당신을 태우고 인생을 건너갈 전차가 되어 줄 질문을 원한다.
> 그렉 레보이, 「소명」

실습

당신의 인생을 향한 하나님의 부르심을 처음 깨닫기 시작한 때를 조용히 돌아보라. 당신 마음 깊숙한 곳에서 뚜렷이 들려오는 하나님의 음성은 모세의 체험과 비슷했을 수 있다. 또는 시간을 두고 서서히 소명에 대한 강한 확신이 생겼을 수도 있다. 당신이 어디에 있었는지, 어떤 소리가 들렸는지, 무엇을 느꼈는지, 하나님께는 뭐라고 대답했고, 또 어떻게 저항했고, 어떻게 받아들였는지 떠올려 보라.

처음 소명을 받던 경험을 되돌아보는 시간을 가진 후 자문하라. 요즘 하나님은 내 소명에 관해 뭐라 말씀하시는가? 나의 내면에 더 깊이 들어가 있을 때, 소명에 관해 무엇을 배우게 되는가? 진정한 나의 모습에 저항하거나 이를 상실한 자리가 있는가? 하나님과 여전히 씨름하고 있거나 그분의 임재에 대한 확신이 필요한 곳은 어디인가? 다시금 '네'라고 대답할 준비가 되어 있는가?

저는 아직 이야기되지 않은 모든 것을 믿습니다.
내 안에 기다리고 있는 것을 풀어 주고 싶습니다.
아무도 감히 바라지 못한 것을.

나의 조작이 가미되지 않은 채
한 번만이라도 투명하게 솟아 나올 수 있도록
내가 풀어 준 것이 나로부터 강물처럼 흐르게 하소서.
억지와 억제가 아닌
아이들 같은 방식으로.

그리고 밀려오고 빠져나가는 해류 속에서
나가고 들어오며 점점 깊어지는 파도 가운데
저는 아무도 불러 본 적 없는 노래를 당신께 올립니다.

점점 넓어지는 해협을 따라
망망대해로 들어서며.

라이너 마리아 릴케(Rainer Maria Rilke), 「릴케의 기도서」(Rilke's Book of Hours)9)

6. 영적 여정으로 인도하기

이스라엘 자손의 온 회중은 신 광야를 떠나서,
주님의 명령대로 진을 옮겨 가면서 이동하였다.
출애굽기 17:1

어떤 여행이든지 최고의 가이드는 가능하면 여러 차례 직접 그곳을 다녀본 사람이다. 그래서 여정 속 각 지역의 지형, 기후, 절경, 위험, 난관을 잘 아는 사람이다. 모세가 이스라엘 민족을 속박에서 인도해 내는 일을 맡을 수 있었던 것은 속박에서 벗어나 하나님을 온전히 따르는 자유의 여정을 몸소 밟아왔기 때문이다.

하나님이 이스라엘 사람들을 애굽에서 인도해 내는 일을 맡기려고 모세를 불렀을 때 그는 광야에서 이미 자신만의 여정을 밟고 있었다. 모세는 40년 동안 자기 영혼의 광야를 횡단하고 있었기에, 거기서 하나님을 찾는 법을 알고 있었다. 그에게 주시는 하나님의 말씀을 듣고 따르는 법을 배웠으며, 자신의 영적 여정을 충실히 밟았다. 그것은 이스라엘 민족을 오랜 속박에서 건져내어 하나님이 준비하신 자유로 이끄는 일을 맡기 위한 최상의 준비였다.

> 사막에 가 본 적 없는 사람이 사막에서 다른 사람을 이끌어 낼 수 있다는 생각은 리더십에 대한 잘못된 환상이다.
> 헨리 나우웬, 「상처받은 치유자」(두란노)

출애굽은 영적 여정에 대한 좋은 비유다. 우리는 영적 속박에서 벗어나 그리스도 안에서의 자유로 들어가는 여정에 개인으로 또는 공동체로 참여한다. 출애굽은 구원받고 하늘에 있는 우리의 본향을 찾아가는 전 여정에 대한 비유로 볼 수 있다. 그러나 하나님이 우리 삶의 특별한 영역에서 더 큰 자유로 부르고 계시는 때, 또는 익숙한 곳을 떠나 새로운 땅으로 들어가라고 요청하시는 때를 비유하는 것일 수도 있다. 따라서 이스라엘 민족이 지나온 여정은 우리 여정의 단계들을 이해하는 데에 도움이 된다.

우리 여정의 단계들은 어떤 장소에 도달하면 끝나는 선적인 것이 아니다. 오히려 더 큰 영적 성숙과 자유, 포기를 목표로 계속 나아가는 순환적인 과정이다. 이 과정은 우리가 하나님이 계시는 영원이라는 최종 목적지에 도달할 때까지 계속된다. 약속의 땅이 어떤 곳인지 사람들에게 비전을 제시하는 것과, 지금 있는 곳에서 약속의 땅까지 거쳐야 할 단계들을 알고 사람들을 목적지에 실제로 도달할 수 있도록 이끄는 것은 별개의 문제다.

자신이 밟아 온 여정을 이해하는 것은 다른 사람을 원만하고 노련하게 인도하기 위한 최상의 준비다. 우리가 각 단계를 잘 알고 있으면, 여정에서 어렵고 힘든 부분을 지날 때 사람들에게 확신을 불어넣고 위로할 수 있다. 리더로서 모세의 역할 중 하나는 하나님의 명령에 맞춰 여정의 각 단계마다 이스라엘 사람들을 인도하는 일이었다. "이스라엘 자손이 모세와 아론의 지휘 아래, 애굽에서 나와서 행군한 경로는 다음과 같다. 모세는 주님의 명에 따라, 머물렀다가 떠난 출발지를 기록하였다. 머물렀다가 떠난 출발지는 다음과 같다"(민 33:1-2, 새번역).

이스라엘 사람들이 몸소 거쳐 간 물리적인 장소들은 대부분 영적 여정의 장소들과도 부합한다. 우리가 그 이정표들을 알아볼 수 있다면, 우리를 따라 함께 이 여정을 시작한 사람들에게 길잡이가 되어 줄 수 있다. 다음은 하나님의 은혜로 모세가 이스라엘 민족을 인도해 간 각 단계에 대한 설명이다. 이것은 오늘날 우리가 경험하는 영적 여정에도 적용할 수 있다.[1]

전자각 단계

영적 여정의 첫 단계는 전(前)자각이다. 이 단계에서 우리는 이스라엘 사람들같이 속박되어 있다는 것과 하나님이 더 나은 곳으로 인도해 주셔야 한다는 것을 자각하지 못한다. 좋은 일이 일어나기도 해서["이스라엘 자손은 자녀를 많이 낳고 번성하여"(출 1:7)] 나쁘지 않다고 믿게 된다. 이 단계에서는 현재의 방식이 그럭저럭 잘 들어맞는 것처럼 보이기에, 다들 이렇게 사는가 보다 하고 생각한다. 이것은 그들이 무엇인가를 갈망하고 있다는 사실을 자각하기 전, 그리스도인이 아닌 상태다. 또는 오랫동안 신앙생활을 해 왔지만 그 이상이 꼭 필요하다는 자각은 아직 없는 개인이나 회중의 모습이다. 전자각 단계는 죄의 습성이나 거짓된 자아의 한 단면을 보기 전이며, 이것을 직면할 준비가 되지 않았다. 그랬다가는 지금 우리가 탄 인생의 배가 뒤집힐 것을 알기 때문이다.

하나님은 그분의 때에 우리를 자각의 단계로 움직이게 하신다. 그때 우리는 뭔가 잘못되었다는 것을 감지할 것이다. 의문이 끓어오르고, 갈망이 솟구치고, 보다 더 자유롭고 매력적이고 강건하고 온전한 것 같은 이들과 시간을 보낸다. 어렴풋이 불편한 느낌이 들지만, 대개는 그것을 인식 밖으로 밀어낸다. 전자각 단계가 오랫동안 계속될 수도 있는데, 우리도 알다시피 삶을 안락하고 안정되게 하는 무언가가 있기 때문이다. 미지의 영역으로 나아갈 준비가 되지 않았기 때문에 현상을 유지할 방법을 찾는다. 그러는 동안 인생의 굵직한 사안들을 다룰 책임을 저버린다. 이스라엘 사람들처럼 우리도 매여 있는 속박에 익숙하다. 적어도 현재의 이해 수준으로는 이치에 맞는 삶의 방식이다.

자각 단계

드디어 우리의 **자각**을 증폭시키는 일이 생기고 그 결과 우리는 더 많은 것을 갈구하게 된다. 우리가 완전히 자유롭지는 않다는 것을 깨닫고, 이젠 적어도 새로운 방향으로 나아갈 가능성을 열어 놓는다. 단일 사건으로 유발되었든 사건들이 계속 쌓여서 그렇게 되었든 더 이상 이 상황을 무시하거나 못 본 체할 수 없다.

이스라엘 사람들에게는 요셉을 모르는 왕과 그 명령을 수행하는 공사 감독들의 가중되는 탄압이 자각을 깨우는 계기가 되었다. 모든 탄압이 그러하듯 공포가 원인이었다. 애굽의 파라오는 이스라엘 자손들이 강성해져 애굽과 겨루고 결국에는 떠나지 않을까 걱정했다. 애굽 왕은 왕성한 이스라엘 민족의 잠재력이 두려운 나머지 사내로 태어난 모든 아이를 바로 죽이라는 명령을 내렸다. 공사 감독들도 점점 더 무자비해졌고 이스라엘 사람들이 겪는 고초는 참을 수 없는 지경에 이르러 그들은 노예 상태에서 신음하기 시작했다. 더 이상 만사가 원만히 돌아가는 척할 수 없었다.

같은 시간에 하나님은 이스라엘 민족을 속박에서 건져낼 리더를 준비하고 계셨다. 그들이 속박에 매여 있다는 것을 깨닫기 전부터, 하나님은 때가 되면 그들이 필요한 지원과 안내를 받으며 자유를 향한 첫 걸음을 뗄 수 있도록 중요한 요소들을 하나하나 맞추기 시작하셨다. 그러는 동안 모세는 자각과 씨름하며 할 일을 찾기 위해 노력했다. 이스라엘 사람들과 모세가 아직 의도적으로 서로 묶여 있지는 않았지만, 그들의 여정은 나란히 달리고 있었다. 모세는 자신의 눈앞에 펼쳐진 상황을 보는 것이 고통스러웠지만, 무엇이든 해 보려고 했던 첫 시도가 참담한 실패로 끝나 버렸기에 도망쳐 숨으려고 했다. 죄가 드러날까 봐 도망쳤을 뿐만 아니라 자각과 함께 반드시 찾아오는 책임감에서도 벗어나려고 했다. 눈에 보이지 않으면 마음에서도 잊히리라.

　우리도 마찬가지다. 본 것을 무시하고 그에 수반되는 책임도 외면하려 하지만, 영적 여정을 계속 밟아 가려면 온전히 현실과 대면해야 한다. 부인은 자각보다 훨씬 덜 고통스럽지만, 부인하면 할수록 더욱 속박에 매이게 된다. 자각 단계, 즉 각성하는 단계가 되면 우리는 기꺼이 진실을 보고 더 명확히 파악하고자 한다. 이 단계에서 리더는 사람들이 현실을 파악하고 계속 대면하도록 용기를 북돋아야 한다. 교회로 말하면, 이 현실은 신자들이 성장하지 않거나 젊은이들이 교회를 떠나는 상황일 수도 있고, 리더로서 더 많은 것을 원하지만 정작 우리 삶의 속도는 따라가지 못하는 상황일 수도 있다. 선교 단체로 말하면, 맡은 임무를 저버렸거나, 그것이 더 이상 우리가 받은 부르심의 의미를 담아내지 못하는 상황일 수도 있다. 또는 더 이상 생명을 주지 못하는 일이나 관계의 관성에 빠져 버린 상황일 수도 있다. 이 단계에서 리더는 개인이 자기 삶에서 참된 것을 계속해서 대면하고 그것이 우리 삶에 미치는 영향에 대해 책임감을 갖도록 독려할 수 있다.

　자각에는 늘 우리가 본 것에 대해 반응해야 할 책임이 따른다. 많은 이들이 가능하면 자각의 단계를 회피하려고 하는 것은 그 때문이다. 하지만 변화하는 것보다 기존 상태를 유지하는 것이 더 고통스러운 순간이 되면 떠나야 할 때가 무르익은 것이다. 이 시기에 우리가 느끼는 감정은 불안정하지만 중요한 역할을 한다. 이 감정은 우리에게 에너지를 공급하고 새로운 방향으로 떠날 준비를 시작하게 한다.

또한 자각은 새로운 방식으로 살 가능성을 볼 수 있게 한다. 종종 자각을 위해서는 우리가 아직 볼 수 없던 것을 보도록 도와주는 안목 있는 리더나 조금 더 앞을 내다볼 수 있는 사람이 필요하다. 리더십의 또 다른 역할은 계속해서 사람들의 갈망을 상기시키고 새로운 방식으로 살아갈 가능성을 보게 하는 것이다. 더 이상 이대로 살아갈 수는 없다는 이스라엘 사람들의 자각이 늘어가는 중에, 때마침 모세와 아론이 와서 하나님이 그들의 비참함을 보고 계셨고 이제 애굽을 떠나 새로운 삶을 살게 하실 것이라는 확신을 심어 주었다. 자각 단계에서는 현재 상황의 참 모습을 보게 할 뿐 아니라 우리에겐 다른 길이 있으며 그 길을 향해 가는 것이 (그만큼 위험해 보일 수도 있지만) 가능하다는 확신을 전해 줄 사람이 필요하다.

전환점

그리하여 이스라엘 사람들은 마음껏 하나님께 예배드리고 그분을 섬기는 공동체 안에서 사는 자유를 꿈꾸게 되었다. 마틴 루터 킹은 흑인 아이와 백인 아이를 구별하던 인종 차별의 먹구름이 사라지고 평등 속에 함께 사는 세상을 꿈꾸었다. 과거의 상처가 얼마나 관계를 왜곡시켰는지 깨달은 사람은 이제 고통을 대면하고 더 큰 자유가 있는 곳으로 떠나는 꿈을 꾸기 시작한다. 하나님께 순복하기를 거부했던 사람이 이제는 이 영적 여정을 받아들인다면 어떨까 생각하기 시작한다. 그때까지 다른 사람들이 부과한 책임과 의무에 따라 평생을 살아왔던 사람이 이제 하나님의 부름을 받은 참된 자아로 사는 삶을 어렴풋이 동경하기 시작한다. 드디어 **전환점**에 도달한 것이다.

하지만 종종 상황은 나아지기 전에 먼저 악화된다. 이스라엘 사람들의 자각이 늘어나는 것에 발맞추어 주변 환경은 악화되고 고난이 심해졌다. 이제 그들은 짚도 없이 벽돌을 만들고, 할당량을 채우지 못하면 더 잔인한 매질을 당했다. 상황의 악화는 여정에서 불필요해 보일 수도 있지만 실제로는 아주 중요한 과정이다. 무엇이든 기꺼이 하겠다는 마음의 전환점에 이르기 때문이다. 이제 더 이상 참을 수 없는 지경에 이르러 우리가 견딜 수 있는 것은 여기까지다. 이후로는 아무것도 이전과 같지 않다. 여태까지는 애매한 태도를 취하며, 속박과 거기서 벗어났을 때 잃게 될 것에 대한 자각 사이에서 오락가락 했다.

이 시점에는 상황이 어지럽고 혼란스러울 수 있다. 이스라엘 사람들처럼 우리 역시 "무거운 노동에 지치고 기가 죽어서"(출 6:9) 희망의 소리에 귀를 기울이는 것이 어려울 수 있다. 이 시점은 리더에게도 매우 힘든 시기다. 리더는 일들이 바라는 만큼 수월하지 않으리라는 것을 깨닫게 되는데, 모세에게는 이스라엘 사람들이 그의 말을 더 이상 듣지 않는 상황에 비할 수 있다. 그는 이런 상황을 불쾌하게 받아들여 언변이 부족하고 영향력 없는 리더가 되면 어쩌나 하는 이전의 큰 두려움에 다시 사로잡혔다. 모세는 하나님께 "그러게 제가 뭐랬습니까?"라고 말하며 불만을 토로한다. "이스라엘 자손도 저의 말을 듣지 않는데, 어찌 바로가 저의 말을 듣겠습니까? 저는 입이 둔하여 말을 할 줄 모릅니다"(출 6:12, 새번역).

하지만 이것은 모두 새벽이 열리기 직전의 어둠이었다. 이때는 다가올 여정을 앞두고 하나님이 우리를 자유롭게 하기 위해 표적과 기사를 행하시는 순간이다.

> 폐허가 된 속박의 집을 떠나, 거룩한 약속의 땅을 향한 여정에 오르는 것은 참으로 복된 일이다.
> 레너드 코언

우회로

드디어 떠난다! 하나님이 모세와 아론을 통해 행하신 재앙의 표적과 기사가 효력을 발휘했다. 애굽 사람들조차 이제 이스라엘 사람들이 떠났으면 하고 있고, 그들은 열광과 축하 속에 도저히 가능할 것 같지 않았던 여정에 오른다.

처음에는 새로 얻은 자유로 마음이 설렌다. 더 깊은 영적 여정은 우리가 그토록 갈망해 오던 것인데다 실제로 이 여정에 오르니 감정이 한껏 고조된다. 여기까지 우리를 이끈 승리 덕분에 우리는 무적이며 그 무엇도 우리를 멈출 수 없고 어떤 일도 해낼 준비가 되어 있다고 생각한다. 의사 결정과 변화로 겪는 압박은 지나고, 열정, 감사, 적극적인 배움과 헌신이 나타나는 영적 번영의 시기에 들어선다.

하나님은 자비하셔서 이 단계에서 우리가 감당할 수 없는 도전을 맞닥뜨리지 않도록 길을 인도해 주신다. 의도적으로 이스라엘 사람들을 직선로가 아니라 우회로로 이끈다. 직선로를 따라 바로 갈 때 생기는 도전을 그들이 아직 감당할 준비가 되지 않았다는 것을 아시기 때문이다. "바로는 마참내 이스라엘 백성을 내보냈다. 그러나 그들이 블레셋 사람의 땅을 거쳐서 가는 것이 가장 가까운데도, 하나님은 백성을 그 길로 인도하지 않으셨다. 그것은 하나님이, 이 백성이 전쟁을 하게 되면 마음을 바꾸어서 애굽으로 되돌아가지나 않을까 하고 염려하셨기 때문이다. 그래서 하나님은 이 백성을 홍해로 가는 광야 길로 돌아가게 하셨다"(출 13:17-18, 새번역). 이스라엘 사람들은 직선로를 통해 꿈꾸던 땅으로 가고 싶었겠지만 하나님은 그들을 우회로로 이끄셔서 감당할 준비가 안 된 시험을 만나지 않게 하셨다.

우회로는 곧바로 가는 길은 아니지만 영적 여정의 황금기라 할 수 있다. 하나님이 무척 뚜렷한 방식으로 나타나셔서 이 여정 속 그분의 임재를 확인시켜 주신다. 낮의 구름과 밤의 불기둥 같은 하나님 임재의 가시적 표징이 멀리 있지 않다. 이스라엘 사람들의 경우, 이런 상징으로 나타나는 하나님의 임재가 그들 앞을 늘 떠나지 않았다. 이 시기의 목적은 아직 대면할 준비가 안 된 도전으로부터 이스라엘 사람들을 보호하고 하나님의 임재가 결코 그들을 떠나지 않을 것임을 매일매일 경험을 통해 가르치고자 하는 것이다.

이 시기에 우리는 하나님의 임재 안에서 자유롭게 사는 법과 생존 유지를 위해 그분을 의지하는 법을 배우며 평탄한 시기를 보낸다. 이때 길러지는 하나님을 의지하는 능력은 영적 삶의 근간이 되며 첫 도전이 닥쳐와 우리가 "광활하고 끔찍한 광야"(신 8:15)에 들어갈 때 큰 도움이 된다.

우리는 이전의 승리에 도취되어 이기지 못할 게 없다고 느끼지만 하나님은 그렇지 않다는 것을 아신다. 우리가 진짜 위험하고 힘든 일이나 유혹을 만나면 아직 대처할 준비가 되지 않았다는 것을 아신다. 이 단계에서 배우는 중요한 교훈은 하나님이 우리를 약속의 땅으로 데려가실 때 서두르지 않으신다는 점이다. 그분은 우리가 자유의 삶이라는 더 큰 책임을 위해 준비되도록 **내면**을 변화시키는 일에 더 관심을 갖고 계신다. 파라오가 그랬듯, 사람들은 우리를 보면서 목적 없이 그저 방황하고 있다고 생각할 수 있지만 하나님은 그분이 하시는 일을 알고 계신다. 그분은 어려운 도전에 부딪힐 때를 대비해 우리의 믿음을 강하게 하는 데 관심이 있다.

테스트 기간

이제 도전이 온다. 우리의 여정 가운데 처음으로 커다란 **장벽**을 만난다. 대개 거의 예상하지도 준비하지도 못한 것이다. 우리도 알다시피 이스라엘 사람들에게 첫 장벽은 홍해였다. 이스라엘 사람들이 도저히 건널 수 없을 것 같은 홍해에 이르렀을 때, 애굽 사람들이 마음을 바꿔 그들을 다시 노예로 삼기 위해 추격해 오는 것을 보았다. 그러자 이스라엘 사람들은 하나님의 임재를 경험했음에도 불구하고 그분에 대한 믿음이 흔들렸다. 자유로 향하는 이 여정과 그것을 얻기 위해 치러야 할 대가 사이에서 처음으로 양면적인 감정을 느꼈다. 그들은 모세를 향해 자신들을 광야로 끌고 나와 죽이려 한다고 비난했고, 하나님이 자신들을 버렸다고 확신했다. 그러고는 그나마 좀더 안정적이었던 애굽으로 돌아가고 싶어 했다.

영적 여정의 혹독함에 대한 양면적 감정은 그것이 참된 여정이라면 어김없이 찾아온다. 우리는 이런 감정을 리더 자신에 대한 비난으로 받아들이지 않도록 이것에 대해 잘 알아 두는 것이 좋다. 지혜로운 리더는 사람들이 이런 감정이 더 안정감을 주는 곳으로 되돌아가고자 하는 구실이 아니라 힘든 여정에 대한 정상적인 반응이라고 받아들일 수 있도록 돕는다.

이스라엘 사람들의 반응은 모세 개인과는 관련이 없다는 점을 깨닫는 것이 중요하다. 그런 반응은 오히려 이스라엘 사람들이 이 여정의 어디쯤에 있고 하나님이 그들과 애굽 사람들에게 이 난관 속에서 무슨 일을 하시는지와 관련이 있다. 우리는 하나님이 이 모든 난관을 일으키셨다고 말하기를 주저하지만, 성경은 하나님이 그분의 영광과 능력을 반대자들(출 14:4)과 이스라엘 사람들에게 드러내기 위해 **이 상황을 만드셨다**고 말하며, 실제로도 그러하다. 하지만 그 시간 동안 이스라엘 사람들은 어찌할 바를 몰랐고 모세는 곤경에 처해 있었다.

차분히 있는 법 배우기

지금이 바로 모세가 걸어온 고독의 여정과 영적 리더로서의 영향력이 드러나기 시작하는 순간이다. 고독의 여정 속에서 하나님을 만나 왔던 모세는 이제 근본적으로 다른 사람이 되었다. 한때 자신만만하고 충동적이며 일을 독자적으로 처리하는 리더가 되려고 했지만, 이제는 거대한 위험 앞에서 깊이 있는 영성으로 반응할 수 있는 사람이 되었다. 이제 모세는 그의 영혼이 사람들의 공포와 불평에 사로잡힘으로써 단련되는 것이 아님을 안다. 대신에 내면, 즉 하나님을 찾는 법을 배운 곳으로 들어간다. 그리고 모세는 거기서 들은 납득하기 무척 힘든 이 메시지를 전한다. "너희는 두려워하지 말고 가만히 서서 여호와께서 오늘 너희를 위하여 행하시는 구원을 보라. 너희가 오늘 본 애굽 사람을 영원히 다시 보지 아니하리라. 여호와께서 너희를 위하여 싸우시리니 **너희는 가만히 있을지니라**"(출 14:13-14, 저자 강조).

이런 급박한 순간에 발현되는 인간의 원초적 감정과 생존 본능을 가볍게 봐서는 안 된다. 이스라엘 사람들의 목숨에 대한 걱정은 지극히 자연스러운 반응이다. 그들은 건널 수 없는 바다를 등지고 궁지에 몰려 있다. 자녀들을 학대하고 살해했던 애굽 사람들이 눈을 부릅뜬 것이 다 보일 만큼 가까이에 와 있다. 이스라엘 사람들은 마침내 폭동을 일으키려고 했고, 생존 본능이 용솟음치고 있었다.

사람들이 공포의 끝으로 내몰리면, 순식간에 무시무시하고 통제가 불가능한 상태가 되어 버린다. 스포츠 경기장같이 인파가 엄청나게 몰린 곳에서 폭력을 겪거나 위험을 느낀 군중들이 앞다투어 달리다가 사고를 당한 끔찍한 이야기를 한번쯤 들어본 적이 있을 것이다. 이와 같은 순간에는 군중심리에 의해 악화된 가장 원초적인 반응이 나온다. 이스라엘 사람들은 금방이라도 참사가 일어날 것 같은 지경에 놓였다. 이런 급격한 움직임이 일어나고 있음이 느껴지기 시작하는 때는 리더에게 무척 중요한 순간이며 엄청난 지혜가 필요하다.

이 순간 모세는 이스라엘 사람들의 감정을 잘 알아채기도 했지만 무엇보다 하나님의 임재라는 실재를 향해 있었고, 그의 영향력은 이와 관련이 깊다. 모세는 이스라엘 사람들이 이런 엄청난 두려움 가운데서도 마음을 차분히 가라앉히고 하나님을 의지하는 법을 배우도록 돕는 일이 가장 시급하다는 것을 알고 있었다. 이와 관련하여 영화 "브레이브하트"(Braveheart)의 한 장면이 떠오른다. 이 영화에서 윌리엄 월레스는 오합지졸 스코틀랜드 군대를 이끌고 첫 전투에 나간다. 이 점은 모세의 상황과 매우 유사한데, 이들 역시 자유를 얻기 위해서라면 무엇이라도 하려는 전환점에 와 있다. 이들에게는 적병들이 가진 무기도, 전차도, 군마도, 군복도, 전쟁 장비도 없다. 이들이 가진 것이라곤 모두가 한순간에 딱 맞춰 던져야 하는 수제 창이 전부다. 이들은 월레스의 명령을 기다려야 한다. 그리고 모든 것이 타이밍에 달려 있음을 알고 있다. 창을 너무 일찍 던지면 적군의 앞에 떨어질 것이고, 너무 늦게 던지면 적병들의 머리 위로 날아가 버릴 것이다.

드디어 적군이 천둥처럼 몰려온다. 훈련을 받지 못한 스코틀랜드 병사들의 얼굴에는 긴장, 두려움, 각오, 용기, 의지가 섞여 있다. 월레스는 외친다. "아직! 아직! 아직!" 당신은 영화 속 스코틀랜드 병사들이 창을 던져야 하는 정확한 시점까지 기다리며 자제력을 발휘할지 숨을 죽이고 지켜본다. 그들은 리더를 믿고 기다릴까? 목숨이 경각에 달려 있고 마음속에서는 제발 **무엇이라도 하라고** 외치는 그때에도?

그들은 버텨 낸다! 월레스가 명령을 내릴 때까지 기다렸다가 창을 던진다. 이 수제 무기는 정확히 목표물을 향했고 적의 군대는 더 무장하고 있었음에도 불구하고 꽁무니를 빼고 달아난다.

기다리는 훈련

위협 앞에서 생존 본능이 마구 솟구치는 상황에 있는 사람들에게 하나님을 기다리라고 말할 수 있는 리더는 누구인가? 사람들이 거칠고 인간적인 반응을 보일 때조차 냉정을 유지하고 원초적 생존 본능을 가라앉히며 하나님께 나아가는 자리를 만들기 위해 리더는 어떤 내적 능력을 발휘해야 하는가? 힘든 순간을 겪는 중에도 끊임없이 하나님을 기다린 리더만이, 자신의 목숨을 걱정해야 하는 절박한 상황 속에서도 가만히 멈추고 하나님의 구원을 기다려 본 리더만이, 스스로 기다려 본 경험에서 나오는 영적 권위를 가진 리더만이 다른 사람들에게 그와 같은 것을 요구할 수 있다.

모세는 고독 속에서 훈련을 받은 사람이었다. 고독이라는 영혼의 훈련소에서 적절한 때를 기다리는 자제력을 배웠다. 하나님의 부르심을 듣고도 그는 섣불리 애굽으로 돌아가지 않고 하나님의 지시를 기다렸는데, 그 기다림은 꽤 길었다. 그 후로도 한참 뒤에 마침내 하나님이 말씀하셨다. "애굽으로 돌아가거라. 너의 목숨을 노리던 사람들이 모두 죽었다"(출 4:19, 새번역). 대적자들이 모두 죽을 때까지 기다리는 것은 경우에 따라 꽤 괜찮은 전략이다.

하지만 우리 대부분은 기다리는 훈련을 별로 받지 못했다. 받았더라도 엄청난 위협을 느끼고 있는 다른 사람들이 차분히 기다리도록 도울 수준까지는 이르지 못했다. 리처드 로어(Richard Rohr)는 이런 기다림의 자리를 역치 공간(liminal space)이라고 부른다. 역치(liminal)란 말은 문지방을 뜻하는 라틴어 '리미나'(limina)에서 왔다.

역치 공간은 기다림의 장소로, 아주 특별한 영적 위치다. 사람들은 거기에 머물고 싶지 않지만 성경의 하나님은 사람들을 언제나 그곳으로 이끄신다. 당신이 애쓰고 진심을 다했던 곳을 떠났지만 아직 그곳을 대신할 어떤 것을 찾지 못한 그때, 마침내 익숙했던 길에서 벗어난 그때, 예전의 안락한 곳과 새로운 모든 가능성의 사이에 끼여 있는 것 같은 바로 그때에 말이다. 염려를 자제하는 법, 애매한 상태로 지내는 법, 맡기고 기다리는 법이 훈련되어 있지 않으면 당신은 도망치고 말 것이다. 이 끔찍한 미지의 상황을 벗어나기 위해서라면 무슨 짓이라도 마다하지 않을 것이다.[2]

우리는 고독 속에서 인생을 향한 하나님을 기다리는 법을 배운다. 그 결과 하나님의 백성으로서 **유일한 선택**은 그분을 기다리는 것뿐인 때가 찾아올 때, 존재의 깊은 곳에서부터 그분을 신뢰하게 된다. 이전에 기다림의 자리에서 하나님을 만난 적이 있기 때문에, 이제 새로운 기다림의 자리에서 (도망가거나 공포에 휩싸이거나 상황을 애써 낙관적으로 보는 자기기만을 범하지 않으며) 자신과 자신을 따르는 무리가 함께 굳건히 서서 하나님을 믿는 법을 강구할 수 있다.

스스로에게 진지하게 물어보자. 나는 기다림이 꼭 필요한 상황에서 다른 사람들에게 기다리라고 요청할 수 있을 정도로 나 자신의 인생에서 하나님을 기다리는 법을 배웠는가? 나는 다른 사람들의 영적 여정을 인도할 수 있을 정도로 충분한 영적 여정을 밟아 왔는가?

실습

오늘 고독의 시간에는 몇 분 동안 숨을 깊이 쉬며 당신 안과 밖에서 하나님의 임재를 느끼도록 하라. 들숨 때는 하나님이 지금 이 순간 당신에게 주시는 생명을 들이마시고, 날숨 때는 이 순간 하나님께 온전히 당신을 내어놓지 못하게 하는 잡념을 내쉬도록 하라.

준비가 되었다고 느껴지면 이스라엘의 출애굽이라는 렌즈를 통해 당신 자신의 여정을 돌아보라. 당신이 지금 경험하고 있는 곳은 출애굽으로 치면 어느 단계에 해당하는가? 여정의 어디쯤에 와 있는지 분명해지면, 해당 부분을 다시 반복해서 읽으며 하나님이 지금 이 곳에 대해 하시고자 하는 말씀을 들으라.

　개인 영성 생활이나 리더십에서 인간의 해법으로는 풀기 어려운 도전이나 난관에 부딪히지는 않았는가? 당신 주위의 사람들이 두려워하고 있지는 않은가? 지금 하나님이 부르실 수 있는 자리에 있는가? 지금 있는 곳이 하나님이 당신과 당신이 이끄는 주위의 사람들에게 차분히 있으라고, 그래서 그분이 당신들을 위해 싸우시게 하라고 하는 장소일 수 있는가? 또는 적어도 하나님의 분명한 명령을 기다리라고 부르시는 장소는 아닌가? 고독 가운데 깊은 기다림의 훈련을 잠시 받으라.

일어날 일을 알지 못하는 가운데
준비된 자세로 침묵 속에서 경청하는
기다림의 어둠을 주신
하나님, 당신을 찬양합니다.

어둠이나 빛이나
당신께는 한가지입니다.

아무 할 말이 없는 공포와
아무 말도 할 필요가 없는 공포 중에도
침묵하는 어둠을 주신
하나님, 당신을 찬양합니다.

어둠이나 빛이나

당신께는 한가지입니다.

당신께서 우리에게

말하고 행동하고 변화하는 순간을 주시어

우리는 무엇을 시작해야 할지 모르면서도 어쨌든 해야만 하는 때를

   선택하도록 어둠을 주신

하나님, 당신을 찬양합니다.

어둠이나 빛이나

당신께는 한가지입니다.

온전함과 정의와 자유를 위한

모든 피조물들의 씨름과 노고로 인해

당신을 갈망하는 세계를

의지하도록 어둠을 주신

하나님, 당신을 찬양합니다.

어둠이나 빛이나

당신께는 한가지입니다.

재닛 몰리(Janet Morley), 「내일의 양식」(Bread of Tomorrow)[3]

7. 한계 안에 살기

자네가 하는 일이 그리 좋지는 않네. 이렇게 하다가는 자네뿐만 아니라
자네와 함께 있는 이 백성도 아주 지치고 말 걸세. 이 일이 자네에게는
너무 힘겨운 일이어서 자네 혼자서는 할 수 없네.

출애굽기 18:17-18

모세는 위대한 리더였지만, 우리와 마찬가지로 효율적으로 사는 법을 배워야 했다. 대부분이 그렇듯, 리더십의 방식으로 인한 부정적 결과가 그도 모르는 사이에 서서히 드러났던 것 같다. 여정의 초기에 모세의 리더십은 제대로 발휘되지 못하고 있었다. 이것은 가족을 미디안에 있는 장인 이드로에게로 돌려보낸 것을 통해 엿볼 수 있다. 이것은 그리 좋은 신호가 아니었다. 분명 아내와 자녀들과 함께 지낼 수 없을 정도로 모세의 삶이 비정상적이었다는 얘기다.

모세의 생활 방식을 가장 먼저 문제 삼은 사람은 이드로였다. 이스라엘 사람들이 출애굽 하여 가까운 곳으로 오자, 이드로는 모세의 아내 십보라와 아이들을 모세에게 데려온다. 이드로는 경험 많은 영적 리더였기에 하나님이 모세의 리더십에 내리신 축복의 증거를 분명히 보았지만, 한편으로 그의 맹점도 발견했다. 모세는 날마다 모든 백성을 위해 재판관으로 일해야 했고, 사람들은 아침부터 밤까지 그가 사건을 재판해 주기를 서서 기다렸다. 이런 절차는 모세와 백성 모두에게 혼잡스럽고 진이 빠지는 것이었다. 이 사태를 본 이드로는 즉시 간여했다. "자네는 백성의 일을 어찌하여 이렇게 처리하는가? 어찌하여 아침부터 저녁까지 백성을 모두 자네 곁에 세워 두고, 자네 혼자만 앉아서 일을 처리하는가?"(출 18:14, 새번역)

이 질문에 모세는 답한다. "백성은 하나님의 뜻을 알려고 저를 찾아옵니다. 그들은 무슨 일이든지 생기면 저에게로 옵니다. 그러면 저는 이웃 간의 문제를 재판하여 주고, 하나님의 규례와 율법을 알려 주어야 합니다"(출 18:15-16, 새번역; 저자 강조). 이 대답에는 모세 자신이 이 의무를 피할 수 없다는 식의 묘한 만족감이 담겨 있다. 우리가 지탱하기 힘들 정도로 삶의 속도에 사로잡히게 되는 마음의 움직임은 얼마나 교묘한지! 그리고 삶에 다른 방식이 있다는 것을 지적해 줄 이드로와 같은 인물이 우리 인생에 얼마나 필요한지 모른다.

이드로는 모세에게 단도직입적으로 충고한다. 그는 모세의 방식이 모세 자신과 영적 도움을 받으려는 사람들 모두에게 좋지 않으며 계속 그렇게 일하다가는 영적으로 소진되고 만다고 경고한다. 그렇다. 이스라엘 사람들을 대표해 하나님 앞에 서는 것은 모세의 일이지만, 모든 재판을 혼자 도맡는 것은 무리였다. 이드로는 다른 영적 리더들을 주위에 두어 재판을 담당하게 하고 모세는 가장 중요하고 복잡한 재판을 맡아야 한다고 조언했다.

지금 네가 하는 방식은 좋지 않다

일을 너무 많이 맡았다는 것을 깨달을 때는 리더가 매우 겸손해지는 순간이다. 주어진 일을 혼자 다 해내는 강한 개인주의를 유난히 숭배하는 문화적 고정관념에 대해 의문을 품게 된다. 무엇보다도 지금 있는 곳까지 나를 있게 한 우월 의식에 맞서게 한다. 이 문제를 인정하더라도 결단력 있게 무언가를 행동에 옮기기까지는 많은 시간이 걸릴 수 있다. 우리는 가능한 한 기존 방식을 고수하려고 하며, 혼자서는 주어진 일을 할 수 없다는 것과 지금 삶 가운데 잘 돌아가지 않는 일이 있다는 것을 좀처럼 인정하지 않으려고 한다. 그러다가 결국 자신의 인간적인 한계를 대면하게 되는 순간이 온다. 우리는 무한정 계속 일할 수 없으며, 한계가 존재한다.

때로는 리더가 너무 오랫동안 정신없이 분주해서 지금 얼마나 한계에 가까이 왔는지 모르거나, 원래 분주한 삶의 방식을 유지해야 한다고 확신

> 당신이 자원이나 능력의 한계를 대면하게 되는 때에는 여유가 전혀 없을 것이다. 그러나 여유가 무엇인지조차 모르기 때문에 그것이 왔다가 가는 것도 깨닫지 못한 것이다. 무언가 잘못되었다는 것은 알지만 이 수수께끼를 어떻게 풀어야 할지 모른다. 분명히 고통은 느껴지는데, 가해자는 안 보이기 때문이다.
> 리처드 스웬슨, 「여유」(부글북스)

하며 별다른 수가 없다고 생각한다. 너무 늦기 전에 문제를 지적해 줄 이드로와 같은 사람이 모세처럼 주위에 늘 있으란 법도 없는데, 그럴 때 한계에 이르렀다는 징후를 인지하는 방법을 배워 두면 큰 도움이 된다. 그러면 우리는 모세처럼 잠시 물러나 재정비하는 시간을 가질 수 있다. 리더가 위험 수준까지 고갈되고 인간적인 한계를 넘어서서 기능하고 있을 때 보이는 징후들은 다음과 같다.

- **짜증과 과민** 아이의 실수, 다른 운전자가 끼여드는 것, 직장 동료의 신경 쓰이는 습관 등 보통 때에는 별로 성가시지 않을 일들에 화가 난다. 분노를 밖으로 표출할 수도 있고 하지 않을 수도 있지만, 일어난 일에 비해 속으로는 너무 지나치게 반응한다.

- **안절부절** 잠에서 깰 때 뭔가가 잘못되었다는 느낌이 어렴풋이 들거나 삶에서 벗어나고 싶다는 생각이 강하게 일기도 한다. 쉴 때에도 가만히 앉아서 마음을 가라앉히지 못하거나 잠들지 못하기도 한다. 지나

치게 흥분하여 잠자리에서도 이런저런 생각을 하거나 불안한 꿈을 꿔서 깊이 잠들기 힘들다.

- **강박적 과로** "과로는 이 시대의 마약으로, 아직 명칭조차 정해지지 않은 문제다."1) 과로에 관한 폭넓은 저술을 남긴 브라이언 로빈슨(Bryan Robinson)의 말이다. 그는 25퍼센트나 되는 미국인이 일중독을 보이고 있다고 지적한다. 그에 따르면, "일중독은 일종의 강박증으로, 스스로에게 부과한 요구들을 보면 자신이 일중독인지 알 수 있다. 일에 중독된 사람은 습관을 조절하지 못하고 일에 탐닉하는데, 일 외의 다른 활동을 하지 못할 정도다." 이런 강박증은 정신없이 바쁘게 일하는 것으로 나타난다. 우리는 저녁 식사 후나 휴가 때와 같이 활동을 멈추거나 느긋해야 할 때조차 그렇게 하지 못할 수도 있다. 강박증에 걸린 리더는 왜 그런지 명확히 알 수는 없지만 밤늦게 이메일을 체크하는 등 일에 경계가 없다. 또한 완전히 일을 잊고 휴식을 취하거나 고독의 시간을 갖거나 가족과 온전히 시간을 보내는 것을 잘하지 못한다.

- **감정적 무감각** 자신을 한계까지 밀어붙이면 아무것도(좋은지 나쁜지도) 느끼지 못할 수도 있다. 다양한 인간적 감정을 느끼고 처리하기 위해서는 에너지가 필요하다. 우리가 '전면 가동' 모드로 일에 매진하면 감정을 포함하여 폭넓은 인간적 경험에 관여할 수 있는 에너지가 부족해진다. 심지어 잠시 멈추고 감정을 느꼈다가는 그것에 압도되지는 않을까 두려울 수도 있다. 그렇다면 누가 매진하는 일을 멈추고 감정을 느끼려고 하겠는가?

• **도피성 행동** 일을 멈추고 쉬는 시간에 도피성 행동(충동적인 과식, 음주, 약물 복용, 과소비, 텔레비전, 포르노, 인터넷 서핑 등)에 자주 빠지며 생명을 불어넣는 활동(체력 단련, 산책, 자전거타기, 친구나 가족과 의미 있는 시간 보내기, 악기 연주·요리·그림 그리기·시 짓기·스포츠·손으로 하는 활동·독서 등 취미 즐기기)을 선택할 에너지가 부족하다는 점을 깨달을 수도 있다. 이것은 악순환에 빠지는데, 도피성 행동들은 생명을 불어넣는 활동을 하는 데 사용할 수 있는 에너지를 갉아먹으며, 그 결과 우리는 점점 더 에너지를 잃고 무기력해진다.

• **정체성과 소명의 상실** 마지못해 의무로 일을 하는 시간이 점점 늘어나면서 나는 누구인가 또 하나님은 어떤 일을 하라고 하시는가에 대한 고민에서는 계속 멀어진다. 이러한 질문을 점검할 내면의 판단 기준이 없기 때문에 점차 타인의 기대와 자신의 내적 강박에 좌우될 때가 많다.

• **인간의 기본적인 필요를 소홀히 함** 체력 단련, 적절한 식사와 수면, 건강 검진이나 작은(혹은 큰) 수술과 같은 인간의 기본적인 필요에 신경 쓸 겨를이 없다. 세차, 빨래, 정리정돈같이 간단한 일도 힘겨워 보인다. 이것은 우리가 인간으로서 한계점에 이르렀음을 뜻한다. 또한 가족이나 친구같이 우리에게 가장 중요한 인간관계도 제대로 돌보고 있지 않음을 깨닫기도 한다.

• **에너지 비축** 에너지가 바닥난 상태로 계속 일하면 마음속에서는 늘

위협을 느낀다. 부가적으로 사람들이나 상황에 맞닥뜨렸을 때, 마지막 남은 에너지 혹은 자신이 생각하기에 더 중요한 일을 위해 비축해 둔 얼마 남지 않은 에너지마저 모두 허비하게 될지 모르기 때문이다. 실제로 우리는 얼마 남지 않은 에너지를 유지하기 위해 지나치게 자기방어적이 되거나 은둔하려는 경향까지 갖게 될 수도 있다. 짐 로허(Jim Loehr)와 토니 슈워츠(Tony Schwartz)는 저서 「몸과 영혼의 에너지 발전소」(The Power of Full Engagement, 한언)에서 이것을 방어 비용이라고 부른다.

- **영성 훈련 생략하기** 고독과 침묵, 기도, 성경 묵상, 일기, 자기 점검, 몸 돌보기같이 생명을 주는 훈련들이 부담스러워진다. 그런 활동들이 유익하다는 것을 알면서도 거기에 쓸 에너지가 없다. 하나님과 성경을 사역에 이용하는 데 너무 익숙해져 이를 통해 홀로 하나님과 인격적으로 함께 있는 법은 잊어버린다. 하나님의 임재 안에서 마음을 쏟아야 할 것들이 있다는 것을 알면서도 이를 실천할 분명한 에너지나 의지는 없다. 이런 상태는 시간이 흐르면서 뚜렷한 징후로 나타나고 고갈의 원인이 된다.

앞의 증상 가운데 일부가 당신에게도 적용된다면 당신은 인간적 한계에 도달해 있을 가능성이 높으며, "지금 네가 하는 방식은 좋지 않다"는 이드로의 말을 심각하게 고려할 필요가 있을 것이다.

짐을 나누기

삶이 이 지경에 이르자 모세는 리더십 구조 전체를 재조정해야 했다. 혼자 너무 많은 짐을 지고 있던 모세의 부분적 해결책은 유능한 사람들에게 책임을 위임하고 그들이 잘 수행할 수 있으리라 믿는 것이었다.

아무나 이 짐을 모세와 함께 질 수는 없었다. 함께 짐을 질 사람들은 특정 분야에서 능력을 보이는 사람이 아니라 하나님을 경외하는 사람, 즉 영성이 깊고 하나님과 활발한 교제를 맺고 있는 사람이어야 했다. 그들은 모든 면에서 신뢰할 만하며 하나님과 사람들 앞에서 정직한 삶을 사는 사람이어야 했다. 이드로의 충고는 명확했다. 깊은 영성을 지닌 다른 사람들과 짐을 나누는 것만이 모세가 장기간 리더십의 소명에 충실할 수 있게 할 **유일한 길**이다. 이 변화는 모세뿐 아니라 이스라엘 사람들에게도 유익했다. 이제 그들 사이의 갈등에 대한 해결책을 곧바로 구할 수 있게 되었기 때문이다.

모세 자신과 가족, 주위 사람들에게 타당하고 가능한 방식으로 책임을 다하는 법을 배우는 것은 모세가 이루어야 할 평생의 과업이었고 그는 그것을 잘 배워 나갔다. 이드로의 조언에 따라 백성의 분쟁을 다룰 재판관들을 임명하자 적어도 당분간은 짐이 가벼워졌다. 그러면서 모세는 우리 모두가 배워야 할 한 가지 교훈, 즉 인간에게는 한계가 있다는 것을 배우게 되었다.

진정한 리더라면 모두 이 사실을 직면해야 한다. 그렇지 않으면 결국 꿈쩍도 안 하는 벽에 부딪혀 부서지고 말 것이다. 인간에게는 시간과 공간, 힘과 에너지라는 물리적 한계가 있고, 우리의 인격 유형에 따라 관계를 맺는 능력에도 한계가 있으며, 내 인생의 특정 시기와 관련된 한계도 있다. 지금 내가 속한 공동체와 그 내부의 관계로 인한 한계가 있으며, 하나님이 내 인생에 부여하신 **소명**이라는 한계도 있다. 그렇기에 나는 다른 소명을 맡을 수 없다.

우월 의식 극복

나는 오랫동안 여러 한계에 부딪혔지만 이를 무시하고 한계가 없는 척 지냈다. 당혹스럽게 들릴지 몰라도 리더들 사이에서는 공공연한 비밀이다. 우리는 이 점에 대해 더 정직할 필요가 있을 것이다. 많은 리더들의 마음 깊숙한 곳에는 평범한 인간의 한계를 뛰어 넘어 세상을 구하고자 하는 슈퍼맨 심리가 자리잡고 있다. 혹은 적어도 세상에서 우리가 속한 작은 부분만큼은 구할 수 있다고 생각한다. 우리는 이런 우월 의식에 빠져 스스로를 위태로운 지경으로 내몬다.

  활동적 리더의 전형인 바울은 한계 안에 사는 삶에 대해 기록한 바 있다. 어느 날 우연히 발견하기 전까지 나는 이 구절을 어떤 식으로든 회피해 왔다. 트랜스포밍 센터의 운영진과 함께 일정을 계획하기로 한 날 아침이었다. 우리는 늘 하던 대로 아침 기도회로 하루를 시작했다. 기도회에는 정해진 순서에 따라 성경을 읽는 시간이 있다. 그날도 평소처럼 우리가 현실적으로 하루에 할 수 있다고 생각되는 한계보다 할 일이 더 많았고, 센터의 방향 설정과 관련하여 결정해야 할 주요 안건들도 있었다. 나는 서둘러 일을 시작하고 싶었고 아침 기도회를 생략하고 바로 회의를 시작했으면 했다. 다행히 업무 시작 전에 기도회를 갖는다는 규율이 엄격했기에 그럴 수 없었다.

그날의 신약 성경 구절은 고린도후서 10장 12-17절이었다. 이 말씀에서 사도 바울은 자신을 다른 사람들과, 그들의 업적과 비교해 평가하는 위험을 지적하고 있다. 이런 지극히 인간적인 경향에 대한 바울의 해결책은 자신의 삶과 소명의 한계 안에 머무는 법을 배우는 것이었다. 바울은 말한다. "우리는 마땅한 정도(limits) 이상으로 자랑을 하려고 하지 않습니다. 우리가 여러분에게까지 다다른 것도, 하나님이 우리에게 정하여 주신 한계(field) 안에서 된 일입니다. 그러므로 우리는 여러분에게로 가지 못할 사람이 아닙니다. 우리가 여러분에게까지 가서 그리스도의 복음을 전한 것은, 한계(limits)를 벗어나서 행동한 것이 아닙니다. 우리는 주제(limits) 넘게 다른 사람들이 수고한 일을 가지고 자랑하려는 것이 아닙니다. 다만 바라는 것은 여러분의 믿음이 자람에 따라 우리의 활동 범위가 여러분 가운데서 더 넓게 확장되어서, 더욱 풍성하게 되기를 바라는 것뿐입니다"(고후 10:13-15, 새번역).

그날 나는 이 말씀을 읽고 나서야 바울이 한계(limit)라는 단어를 이 몇 안 되는 구절에서 세 번이나 사용하고 있다는 점과 바울이 자기 소명의 한계와 그 경계를 매우 명확히 했다는 점을 깨달았다. 그는 하나님이 주신 사역의 범위를 알고 있었고 여기서 벗어나는 것의 의미를 누구보다 잘 알고 있었다.

바울은 하나님이 그에게 주신 행동과 영향력의 정도가 있다는 것을 알았고, **하나님이 사역의 영역을 확장시키지 않으시는 한** 그것을 벗어나려고 하지 않았다.

서신서에는 바울이 한계라는 현실에 대해 여러 가지 면에서 정직하게 씨름했던 것이 나타난다. 그리고 사실 그 씨름은 바울이 은사와 부르심을 받은 리더로 성숙해 가는 과정의 일부분이었던 것 같다. 먼저 마땅히 생각해

야하는 것 이상으로 생각하지 말라고 쓴 부분에서(롬 12:3), 바울은 우리의 본질적 특성에 대해 현실적인 감각을 키워 우월 의식과 자만을 절제하라고 했다. 그는 자신이 가진 한계와 가능성 안에서 살아가는 것에 대해 말했다. 또한 바울은 성숙의 과정에서 자기 육체의 가시와 치열하게 씨름하는 것은 우월 의식을 자제하고 자신의 인성과 지속적으로 대면하도록 하나님이 주신 선물임을 깨달았다고 밝혔다. 고린도후서 4장에서 바울은 깨지기 쉬운 질그릇 안에 보배를 간직한다는 것이 무엇인지 이야기했다. 그는 인간적 한계의 경험에서 나오는 확신에 사무쳐 말했다. 우리가 실제보다 더 나은 척 하지 않고 깨지기 쉬운 질그릇 같은 우리 안에 하나님의 빛나는 임재를 간직하고자 할 때, 그분의 능력이 가장 분명히 나타난다고 했다.

풋내기인 우리 단체와 우리 겁없는 리더들에게 그날의 말씀은 그보다 더 좋을 수 없었다. 그 구절을 읽은 뒤 나는 묵상에 잠겼다. '어쩌면 나는 내 인생에 진짜 한계가 있을 수 있다는 것을 직시하지 못했으며, 내가 이토록 소진된 상태로 사는 것은 한계 안에서 살기를 거부하기 때문일 수도 있다.' 비전으로 충만한 리더들은 이런 식으로 말하지 않는데, 바울은 놀랍게도 여기서 아주 분명한 표현으로 이 점을 명시한다.

또한 묵상 중에 나는 바울처럼 한계 안에서 살아가는 것에 대한 확신도 의지도 없었다는 점을 인정해야 했다. 내 마음속에는 하나님이 우리 단체에게 분명하게 명하신 것과 관련된 영역인지 확신할 수 없는 거대한 비전들이 있고, 다른 사람의 현장을 부러운 눈으로 보며 내 영역도 그랬으면 하고 바라기도 했다. 이러한 자기 성찰 가운데, 나는 우리가 계획을 세울 때 느끼곤 했던 흥분된 감정은 하나님이 나를 보내신 영역 안에서 평화를 누리는 능력이 아니라, 거짓 자아가 이끄는 계획에 더 가까웠음을 깨달았다.

그 성경 구절은 계획을 세우려고 했던 그날의 기도와 나의 사역 인생 전체를 대하는 기도를 바꾸어 놓았다. "하나님, 당신이 우리를 부르신 영역 안에서 살도록 도우소서. 개인으로든 조직으로든 실제 우리의 한계 안에서 살도록 도우소서. 당신이 주신 사역의 현장에서 우리가 최선을 다하도록 도우시고, 당신이 보시기에 우리가 준비된 때에 우리의 영역을 확장시키실 것을 신뢰하도록 도우소서. 거창한 비전에 이끌리는 것과, 우리 안에서 또 우리를 통한 당신의 사역 확장에 충실하게 반응하는 것의 차이를 알도록 도우소서."

이 기도가 하나님으로부터 오지 않았더라면 원래의 나는 이렇게 기도하지 않았을 것이다. 이 기도는 필요할 때마다 나의 이상주의와 우월 의식에 재갈을 물리는 좋은 수단이 되었다. 이 기도는 나로 참된 영역 안에 살게 한다. 또한 나 뿐 아니라 동역하는 리더들이 인간으로서의 특성, 상황, 사역 환경의 한계를 존중하여 결정을 내리게 한다.

한계 안에 사는 은혜

그리스도인 리더들을 포함하여 모든 리더들은 자아도취가 심한 편이다. 사실 우리는 우월 의식에 이끌릴 때가 생각보다 많은데, 여기에는 원인이 있다. 크리스토퍼 래시(Christopher Lasch)는 저서 「자아도취의 시대」(*The Culture of Narcissism*)에서 자아도취는 오늘날 널리 퍼진 사회 제도 유형인 관료주의와 관련이 깊다는 괄목할 만한 의견을 내놓았다. "관료주의 조직 안에서 자아도취는 성공하기에 유리한 특징이다. 관료주의는 대인 관계에서 기술을 중시하고 사람들 사이의 깊은 인격적 관계의 형성을 방해하는 동시에 자아도취에 빠진 사람이 그의 자존감을 입증하고자 할때 이를 승인한다. 자아도취에 빠진 사람이 삶의 의미를 찾고 공허감을 극복하기 위해 치료를 받는 경우도 있지만 대개는 자신의 분야에서 엄청난 성공을 누린다."[2] 도널드 캡스(Donald Capps)의 적절한 지적대로 "교회 역시 관료주의 특징을 많이 갖고 있기 때문에 교역자들의 자아도취적 행동이 책망은커녕 상을 받는 것이 그리 놀랍지 않다."[3]

우리 안의 자아도취를 확인하는 한 가지 방법은 하나님이 우리에게 주신 현장, 즉 활동 영역을 언제 인정하지 않는지 보는 것이다. 하나님이 주신 이 육신과 이 공동체, 이 인간관계와 이 재정 상황, 하나님이 우리에게 섬기라고 불러 주신 이 삶의 자리에서 기회와 한계를 언제 수용하고 하지 않는지를 보는 것이다. 자아도취적 리더들은 언제나 다른 사람의 현장이 더 값지거나 더 큰 성공을 나타낸다고 부러운 듯 쳐다본다. 그들은 주어진 현장을 사랑하며 일하기보다 그들의 현장을 벗어나려고 한다.

한계 안에서 살기를 거부하는 것은 인간 존재라는 기본적 현실을 거부하는 것이다. 내가 이 몸을 입고 할 수 있는 일, 한 번에 맺을 수 있는 인간관계의 수는 유한하다. 시간도 유한하다. 하루에는 한정된 시간이 있고 한 주에는 한정된 날이 있으며, 그 시간에 우리가 할 수 있는 일은 유한하다. 내 에너지도 유한하다. 지치는 순간도 오고 아픈 때도 오며, 부상당하는 때도 온다. 그런 일이 생기면 내가 인간이라는 사실을 다시금 깨닫는다. 나는 무한한 하나님의 존재 안에 사는 유한한 존재일 뿐이다. 그러나 하나님은 무한한 분이며, 모든 사람을 각자의 상황에서 대하실 수 있고, 동시에 모든 곳에 존재하실 수 있으며, 주무시지도 않는다. 하지만 나는 그렇지 못하다.

우리는 개인적으로든 공동체로든 한계 안에서 살기를 꺼리는 경향이 있으며, 그 결과 서서히 고갈되다가 결국 소진된다. 이것은 좋지 않은 소식이다.

반가운 소식은 하나님이 정해 주신 한계 안에서 살고 일하는 것에는, 즉 우리에게 주어진 현실을 그대로 받아들이고 그 안에서 성실하게 사는 삶에는 매우 영적인 무언가가 있다는 것이다. 고인이 된 크리스토퍼 리브(Christopher Reeve)는 아주 적절한 예다. 1995년 끔찍한 승마 사고를 당하기 전까지 리브의 인생에는 거의 한계가 없는 듯 보였다. 미남인데다 운동으로 다져진 몸, 지적이기까지 한 그는 미국식 우월 의식에 딱 들어맞는 상징이었다. 그가 만들어 낸 슈퍼맨 캐릭터는 위기 때마다 어디선가 나타나 세상을 구하는 미국식 영웅의 현대판 아이콘이 되었다. 문제는 이것의 어떤 부분도 실제가 아니라는 점이다.

그러나 그가 전신마비 환자가 되었을 때 우리는 극도의 인간적 한계 속에 사는 한 남자를 만나게 된다. 휠체어에 묶인 채 인공호흡기를 달고 생존을 위해 기본적으로 필요한 활동조차 아내와 타인에게 전적으로 의존해야 하는 상황에 놓이게 되자 비로소 그는 인류에 진정으로 기여하는 사람이 되었다. 그제야 정말로 실제 삶을 살게 되었다. 사람의 한계를 직접 경험한 데서 나오는 열정으로 의학 연구를 위한 모금 활동을 했고, 보험제도 개혁을 위한 운동을 벌였으며, 최첨단 재활 훈련 치료 프로그램에 참여했다. 또 사고로 인한 한계를 겪지 않았더라면 거들떠보지도 않았을 많은 사람과 우정을 쌓고 협력했다. 생전에는 물론 죽은 후에도 그가 보인 불굴의 정신은 자신뿐 아니라 다른 많은 이에게 도움이 되었다.

리브는 극한의 한계 속에 사는 삶에 관해 이렇게 말했다. "분명 나는 이렇게 되기를 원하지는 않았습니다. 그러나 참으로 놀랍습니다. 이 일이 일어나지 않았더라면 아마도 나는 '아, 망토를 두르고 이런 역을 맡았던 배우'라고 회자될 사람이었을 것입니다.'" 하지만 리브는 실체를 가진 사람이 되었다. 친구와 동료가 경험한 그는 용기와 지능, 위엄과 관용을 갖춘 사람이었다.

주어진 삶을 받아들이며 그 경계 안에서 은혜롭게 사는 삶은 우리에게 실체를 부여한다. 신기하게도, 하나님의 뜻은 우리가 종종 회피하거나 무시하려는 그 한계 안에 담겨 있다. 한계 안에서 사는 삶은 결코 절망적이거나 수동적이거나 운명론적인 묵종이 아니다. 하나님이 주신 삶의 소중한 현실을 존중하는 것이다. 자신의 현재 나이와 단계에서 지금 이 몸 안에 사는 삶, 가족의 현재 나이와 단계에 맞춰 사는 삶, 지금 이 인격 안에 사는 삶, 이 공동체 안에 사는 삶, 이 소명 안에서 사는 삶을 받아들이는 것이다.

한계 안에서 사는 삶은 영혼이 충만하고 견고한 리더십을 위해 꼭 필요한 내면 정리의 한 측면이다. 신명기 30장 14절에서 모세가 이스라엘 자손들에게 주는 훈계는 이런 삶과도 관련이 있다. "그[하나님의] 명령은 당신들에게 아주 가까운 곳에 있습니다. 당신들의 입에 있고 당신들의 마음에 있으니, 당신들이 그것을 실천할 수 있습니다." 하나님의 말씀은 하늘 저 위나 바다 저 건너편이 아니라 바로 여기, 이 몸, 이 영혼, 이 환경에 있다. 바로 여기가 당신이 하나님의 뜻을 발견하게 될 곳이다.

실습

우리는 영적인 존재가 되려고 노력하는 인간이 아니라, 인간이 되려고 노력하는 영적인 존재라는 말이 있다. 이 말을 곰곰이 생각해 보라. 참으로 그렇지 않은가? 그렇다면 이 말은 커다란 물음을 제기한다. 인간이 되기 위해 당신은 무엇을 하고 있는가?

이 물음을 마음에 담고 숨을 깊이 들이마시고 내쉬는 시간을 잠시 가지라. 의식적인 호흡이 육신을 입고 사는 삶에 순응하는 데 얼마나 도움을 주는지 주의를 기울이라. 잠시 당신의 몸과 마음을 편안히 하고 당신의 부드러운 몸을 느껴보라. 몸의 한계, 몸의 필요, 몸의 부드러운 부위, 몸의 피로, 몸의 약함, 몸의 강함. 당신의 유한함을 느껴 보고 또 무한하신 하나님의 임재 안에서 유한한 존재가 된다는 것이 어떤 것인지 경험하라.

그다음에는 당신의 리더 경험 중 모세와 유사한 부분, 즉 한계 안에서 살 필요가 있는 부분에 주목하라. '가족을 다른 곳으로 보낼' 정도로, 가족에게 최선을 다하지 못하거나 그들을 당신의 마음과 삶에 온전히 담을 수 없을 정도로 삶이 힘들어지지는 않았는가? 누군가 이드로처럼 당신의 삶의 방식에 관하여 귀 기울일 만한 있는 제언을 하는 사람은 없었는가? 사역을 너무 혼자서 하고 있지는 않은가? 몸이 질병, 통증, 고통, 탈진의 형태로 당신에게 말하고 있지는 않은가?

이 중에 당신과 가장 관련이 있는 질문을 품고 가만히 앉아 있으라. 당신의 리더십이 난관 가운데 있다면, 다음의 기도를 드리며 하나님과 함께 하는 시간을 갖도록 하라. 당신이 마음 깊은 곳에서 하나님께 드리고 싶은 말이나 드려야 할 말이 무엇인지 귀 기울이라.

오 영원하신 분이여,
제가 선명하기만 하다면

순전한 마음과 순수한 심장을 지녔다면
　　기도할 때만이라도
　나 자신으로부터 숨기를 그친다면
　　또 당신으로부터 숨기를 그친다면
　기도가 좀더 수월할 텐데요.
하지만 저는 저일 뿐입니다.
　속셈과 변명으로 뒤섞여 있고
　　기억도 흐릿한데다
　　　소망은 흔들리고
　두려움에 매여 있고
　　혼란 속에 뒤엉켜 있고
　　　사랑으로 안절부절 못합니다.
주님, 오셔서 저를 찾아 주세요.
진정한 저와 함께 해주시고
제가 저를 찾게 도와주세요, 주님.
　제가 저의 모습을 받아들이도록 도와주세요.
　　당신의 것이 될 수 있도록 말이에요.

테드 로더, 「은혜의 게릴라」[4]

8. 리더의 영적 리듬

그래서 그들은 아침마다 자기들이 먹을 만큼씩만 거두었다.…
"내가 너희에게 안식일을 주었으니."
출애굽기 16:21, 29

몇 년 전 교역자 일을 잠시 쉬는 동안, 우리 가족은 집 근처의 한 교회에 출석했다. 아이들 셋이 모두 청소년이다 보니 각기 바쁜 일이 많았지만, 일주일에 하루만큼은 휴식하고 회복하며 함께 편안한 시간을 온전히 누리는 리듬을 만들고 싶었다. 업무에, 학교에, 스포츠 활동까지 있어서 바쁜 한 주에 함께 시간을 낼 수 있는 날은 일요일뿐이었다. 하지만 세속 문화 때문에 그런 날을 마련하기 어렵다는 점 외에도, 교회 자체가 안식일의 리듬을 만들어 내지 못하게 하는 주원인이 된다는 슬픈 사실을 발견했다. 위원회, 청소년 행사, 성가대, 당회와 제직회, 소그룹, 공동의회 같은 여러 모임과 행사로 주일 일정이 꽉 차 있었기에, 우리 가족은 주일 내내 교회를 바쁘게 오가며 식사 한 번 함께 하기가 힘들었다.

그 때문에 나는 말로 표현할 수 없을 정도로 실망하고 좌절했다. 안식일을 지키는 것은 하나님의 임재 안에서 복된 삶을 누리기 위한 기초다. 목회자들과 교회 직원들이 안식일을 지키는 것이 어렵다는 것은 익히 알고 있었지만, 일반 교인들조차 그렇다는 것을 보고는 충격을 받았다. 우리 내면이 진정으로 갈망하는 리듬을 회복하고 유지하도록 돕는 그런 신앙 공동체를 얼마나 열망했는지 모른다.

출애굽기 16장에서 하나님이 모세에게 히브리 공동체에 발휘하라고 요청하시는 리더십을 오늘날의 현실에 비추어 생각해 보자. 영적 지도자로서 모세가 맡은 역할 중 하나는 공동체 안에 생명을 위한 리듬을 확립하는 것이었다. 이 리듬은 이스라엘 사람들을 지탱해 주며 전능하신 하나님의 임재 안에서 살아가도록 돕는다. 먼저 하나님의 손으로부터 생존에 필요한 음식을 받는 하루 단위의 리듬이 있었다. 저녁에는 메추라기를, 아침에는 만나를 받았다. 그날 일용할 양만큼을 '아침마다' 거두어 들였다.

하루 단위의 리듬 외에도, 6일 동안 일하고 안식일에 쉬는 리듬이 국가적 정체성을 형성했다. 십계명이 주어지기 전에도 안식일에 대한 지시가 매우 분명했으며, 모세의 역할은 이스라엘 사람들이 안식일을 지키도록 인도하는 것이었다. 첫 번째 안식일을 준비하며 모세는 리더들에게 지시사항을 하나하나 전달하며 곧 있을 일들을 이스라엘 사람들에게 잘 가르칠 수 있게 했다. "내일은 쉬는 날로서, 주의 거룩한 안식일이니…"(출 16:23, 새번역). 그러나 이 일은 쉽지 않았고, 처음에 사람들은 잘 이해하지 못했다. 하지만 모세는 그들이 잘 따르도록 가까이에서 도우며, 그들이 혼란스러워하고 실수를 저질러도 이 중요한 삶의 방식이 갖는 의미를 반복해서 말해 주었다. "볼지어다. 여호와가 너희에게 안식일을 줌으로 여섯째 날에는 이틀 양식을 너희에게 주는 것이니 너희는 각기 처소에 있고 일곱째 날에는 아무도 그의 처소에서 나오지 말지니라. 그러므로 백성이 일곱째 날에 안식하니라"(출 16:29-30).

모세의 감독 아래 이스라엘 민족은 안식일을 지키는 훈련에 다 함께 적극 참여했으며 삶의 리듬을 신뢰하는 법을 배워 갔다. 매주 공동체 전체가 신뢰의 훈련에 참여했다. 그들은 안식의 필요를 받아들였고, 그들이 쉬어도 하나님이 그들의 필요를 계속 돌보아 주시리라 믿었다. 일을 하지 않음으로써 생기는 시간적 여유는 하나님께 나아가는 데 사용했다. 이렇게 매우 구체적인 훈련을 통해 그들은 6일 동안 일해서 얻은 것으로 충분하며, 쉬는 동안에는 하나님이 세상을 경영하고 계심을 믿었다. 만나와 안식일이라는 하루와 한 주 단위의 리듬은 이스라엘 사람들이 하나님의 임재 안에서 더불어 사는 삶의 최초 관습이었으며, 그들의 개인적·공동체적 정체성을 형성했다. 그리고 그 리듬은 그들에게 주어진 삶의 시간 속에서 하나님께 영광 돌리는 법을 가르쳐 주었다.

분주함의 속박

이스라엘 사람들이 그 리듬에 따라 살기 위해서는 삶의 기존 질서를 근본적으로 재조정해야 했다. 우리 같은 현대 그리스도인은 그것을 이해하지 못한다. 전 세계 2만 명의 그리스도인을 대상으로 한 최근 조사에서 많은 사람이 하나님에 대한 집중을 방해하는 주요 원인으로 분주함과 지속적인 과부하를 꼽았다. 이 조사를 진행한 찰스턴 대학의 경영학과 부교수 마이클 지가렐리(Michael Zigarelli)는 문화적 순응에 의한 '악순환'에 대해 설명했다. 그에 따르면 다음과 같은 악순환이 있을 수 있다. "(1) 그리스도인들은 분주하고 서두르며 많은 일을 맡는 문화에 동화된다. (2) 그리스도인들의 삶에서 하나님은 점점 부수적 존재가 되어 버린다. (3) 하나님과의 관계가 계속 악화된다. (4) 그 결과 그리스도인들의 살아가는 방식이 세속적 세계관에 쉽게 물든다. (5) 그렇게 되면 그리스도인들은 분주함, 서두름, 과부하의 문화에 더욱 순응하게 되고 이 악순환은 계속된다."[1]

> 우리는 자신의 현 위치와 어디로 가고 있는지를 말해 주는 내적 리듬이라는 축복을 받았다. 주당 50-60시간 일하고 점심시간에도 멈추지 않고 잠도 자지 않고 밤 깊도록 일한다 하더라도, 우리가 멈추고 휴식을 취한다면 우리는 자연스러운 상태를 되찾을 수 있다. 우리에게 자연스러운 지혜와 균형의 도움을 받아 유익하고 필요하고 참된 것으로 나아가는 길을 발견할 수 있다.
>
> 웨인 멀러, 「휴」(도솔)

이런 악순환은 그 자체로도 안타까운 상태인데, 심지어 점점 나빠지고 있다. 이 조사에 따르면 목사들과 그리스도인 리더들도 다른 사람들처럼 분주함의 문화에 사로잡혀 있는 것 같다. 목사들 중 65퍼센트가 하나님과의 관계에 지장을 줄 정도로 일이 계속 밀려 있는 사람들 그룹에 속한다. (변호사, 관리직 사원, 간호사가 이 그룹에 속한다.) 지가렐리는 다음과 같이 지적한다. "남들을 분주함의 속박에서 벗어나도록 돕고 있는 사람들 자신이 오히려 분주함에 매여 있다는 사실은 참으로 안타깝고 아이러니한 일입니다."[2]

슬픈 사실은 오늘날 교회 안팎의 삶이 사람들을 분주한 삶으로 몰고 간다는 점이다. 솔직히 우리는 그리스도인 리더들도 보통 사람들처럼 성공에 사로잡혀 있다는 점을 인정할 것이다. 다만 우리의 성공은 더 큰 회중이나 더 나은 교회 서비스, 더 많은 개선, 더 큰 건물로 측정될 뿐이다. 이런 것들이 그 자체로 잘못된 것은 아니지만, 그것을 성취하기 위해 우리가 살아야 하는 삶은 잘못되었을 수도 있다. 여기서 키워드는 바로 '사로잡힘'이다.

내가 요즘 다녀 본 교회나 단체의 사역자들은 지칠 대로 지쳤으며 제대로 된 삶의 방식을 발견할 희망도 포기했다고 말한다. 많은 사역자들이 사역을 완전히 그만두면 어떨까 생각한다고 고백한다. 그들은 그만두는 것만이 이 힘든 삶의 방식에서 벗어나는 유일한 길이라고 결론을 내린 상태다. 어느 목사는 "저는 늘 언제라도 산으로 달아날까 고민하고 있습니다"라고 말한다. 기독교의 분주함은 아무리 영성과 관련지으려고 해도 영적인 삶이나 하나님에 대한 경험과는 다르다는 사실을 점점 더 깨닫고 있다.

예수님도 사람의 열정이 아무리 고상해도 주의하지 않으면 우리를 탈진시킬 수 있음을 아셨던 것 같다. 제자들과 함께 사역하던 초기에 예수님은 일과 휴식 사이에 건전한 리듬을 정립하는 것이 중요하다고 가르치셨다. 마가복음 6장에서 예수님은 제자들에게 사역을 맡기고는 귀신을 쫓아내고 복음을 전파하며 병자들을 치유하는 권세를 주셨다. 제자들은 첫 사역 여행을 마친 뒤, 새로 얻은 능력에 흥분하며 돌아와 그들이 행하고 가르친 모든 것을 예수님께 보고하려고 몰려들었다.

하지만 예수님은 사역 보고를 듣는 데에 많은 시간을 쏟지 않으시고, 곧바로 제자들에게 말씀하셨다. "너희는 따로 한적한 곳에 가서 잠깐 쉬어라"(막 6:31). 예수님은 사역 보고를 듣는 것보다 제자들을 지탱해 줄 영적 리듬을 만들어 가도록 돕는 데 더 관심이 있으셨던 것 같다. 제자들을 다시 사역에 내보내는 것보다 그들이 목회의 성공에 지나치게 매료되지 않고 더 많은 것을 하려는 충동에 사로잡히지 않도록 돕는 데 더 관심을 가지셨던 것 같다.

휴식과 재충전 없이 계속 앞으로 밀어붙일 때 우리의 삶이 영웅적으로 보이기는 하겠지만, 정신없이 바쁘게 일이 돌아갈 뿐 참된 효과를 거두지 못한다. 하나님과 타인들 앞에 우리를 내어놓고 이 상황에서 정말 필요한 일이 무엇인지 파악하는 능력을 상실하기 때문이다. 결과적으로 우리는 무엇인가를 열심히 하기는 하는데 엉성하게 하는 꼴이 되어 버린다. 참된 통찰과 영적 리더십을 산출할 상태를 저해하도록 정신적·영적 무기력에 빠져 버린다.

한 유능한 내과의사는 이 점을 다음과 같이 설명한다.

의학대학원 시절 발견한 한 가지는 내가 고된 일로 피곤할 때 환자를 보게 되면 여러 검사를 시킨다는 것이다. 진이 빠져서 어떤 문제가 있는지 정확히 짚어내지 못하고, 여러 검사를 받게 함으로써 내가 놓치는 것을 찾아내도록 한

다. 하지만 잠을 자거나 산책을 할 여유 속에서 충분히 휴식을 취한 뒤에 환자를 보면, 직관과 경험에 의지하여 환자의 상태를 상당히 정확히 짚어낼 수 있었다.…시간을 들여 환자 옆에서 병세를 살피면 나는 거의 늘 정확한 진단을 내렸다.[3]

고갈된 상태일 때, 우리는 외부의 목소리에 지나치게 많이 의존하게 된다. 근본적인 원인을 이해하고 대응하기보다는 증상에 대처하려고 한다. 우리는 너무 지쳐서, 우리가 놓인 상황에 귀를 기울이고 그 상황이 필요로 하는 것을 충족시키는 대응책을 고안하지 못한다. 이 때문에 남들의 사역 모형이나 외부의 자문에 의존하려 든다. 하지만 충분한 휴식을 갖고 나면, 현 상황에 꼭 필요한 것을 분별할 수 있는 지속적이고 기민한 주의력, 분별해낸 것을 실행에 옮기기 위한 에너지와 창의력을 확보할 수 있다.

> 안타깝게도 회복에 대한 필요는 종종 지속적 직무 수행을 위한 필수사항이 아니라 나약함의 증거로 여겨진다. 그 결과 우리는 개인으로든 조직으로든 에너지 유지나 보충에 거의 관심이 없다. 삶에서 힘찬 맥박을 유지하기 위해서는 에너지의 사용과 충전을 규칙적으로 반복하는 법을 배워야 한다.
>
> 짐 로허, 토니 슈워츠, 「몸과 영혼의 에너지 발전소」

영혼의 리더십

일과 휴식의 리듬

행복을 위해서는 일과 휴식의 리듬이 꼭 필요하다. 짐 로허와 토니 슈워츠는 저서 「몸과 영혼의 에너지 발전소」에서― 플라비우스 필로스트라투스(Flavius Philostratus, 주후 170-245)가 그리스 운동선수들을 위한 훈련 교본에서 언급한 이래로 내내― 규칙적인 휴식이야말로 최고의 성과를 내게 하는 한 가지 방법이었음을 지적한다. 긴장 상태로 열심히 하는 것과 긴장에서 회복되는 것 사이의 균형은 경기를 하는 선수들뿐만 아니라 우리 모두에게 중요한 에너지 관리 비법이다.

일정 시간 이상 활동한 후에는 몸에 생화학적 에너지 자원을 재충전해 주어야 한다. 이것은 '보상'이라는 과정으로, 소비된 에너지는 보상을 통해 다시 회복된다. 훈련의 강도나 성과 목표를 늘리는 경우 회복 에너지의 양도 늘려야 한다.…조직에도 같은 원리가 적용된다. 리더나 관리자가 몇 시간에 걸쳐 회의를 하거나, 장시간 일하거나, 야근하거나, 주말에 일하는 등 지속적으로 일하는 직장문화를 수립하면 성과는 당연히 떨어지기 마련이다. 일하는 사이사이에 회복을 위한 시간을 장려하면 더 큰 헌신을 이끌어 낼 뿐만 아니라 생산성을 크게 높일 수 있다.[4]

영적 리더십과 관련하여 성과라는 표현을 쓰는 게 조금 거슬릴 수도 있지만 그 때문에 초점을 놓치지는 말자. 목사나 사역자로서 우리는 소명에 최선을 다하고 싶어 한다. 최대한 능력을 발휘하여 우리에게 주어진 경주를 달리고, 되도록 오래 이 경주를 지속하기 원한다. 리더가 지구력을 갖추기 위해서는 몸과 마음과 영혼을 계속 재충전하는 리듬을 확립하는 것보다 더 중요한 것은 없다. 하나님만이 우리 내면에서 하실 수 있는 일을 하나님이 매일, 매주, 매년, 계속해서 행하시도록 우리 자신을 준비시키기 위해 이보다 더 필수적인 것은 없다. 모든 생명체는 생명을 유지하는 리듬을 따른다. 이런 리듬이 필요 없다거나 리듬의 영향을 받지 않는다고 믿으면 위험에 빠지기 십상이다.

안식일을 지키는 것은 하나님이 친히 우리 세계 안에 지으신 리듬에 맞추어 사는 삶의 핵심이지만, 정작 지키기는 무척 힘든 규율이다. 안식일을 지킨다는 것은 쉼에 대한 몸의 필요와 충만함에 대한 영의 갈망, 하나님 안에서 그분만으로 기쁨을 누리고자 하는 영혼의 필요를 모두 소중히 여기는 것이다. 우리는 우리의 인간적 한계를 인정하고 자연 질서 안에서 좀 더 여유 있는 삶으로 발을 내딛을 때에야 비로소 안식일을 지키게 된다.

첫 번째 자연 질서는 우리는 피조물이고 하나님은 창조주시라는 사실이다. 하나님은 무한하신 분인 반면, 나는 시간과 공간이라는 물리적 한계, 힘과 에너지라는 인간적 한계 안에서 사는 법을 배워야만 한다. 나의 관계, 감정, 정신적, 영적 능력에도 한계가 있다. 나는 하나님이 아니며, 그분만이 모든 사람을 각자의 상황 속에서 대하실 수 있다. 하나님만이 한 번에 두 장소에 계실 수 있으며, 그분만이 주무시지 않는다. 하지만 나는 그럴 수 없다. 우리는 이 점을 분명히 명심해야 한다. 이 질서는 매우 기본적인 것임에도 많은 사람이 그것을 모르는 듯 살고 있다.

안식일을 지키는 것은 특히 리더들 본인이 따르기 힘든 리듬이다. 대부분 교회의 일요일은 그리스도인들에게 바쁜 날이 되었는데, 물론 그날 가장 분주한 사람은 목사다! 이 말은 목사들이 안식일을 지키기 위해서는 일요일 외에 다른 날을 마련해야 한다는 뜻이다. 그럴 수 없다면 목사들은 교인들이 안식일을 지키는 법을 보고 배우도록 교회의 활동들을 정리해야 할 수도 있다. 안식일에 예배를 드린 후 다른 교회 행사가 없는 날은 모두 집으로 돌아가 그날의 남은 시간 동안 휴식하고 누리게 하는 것이다. 이런 식으로, 안식일을 지키려는 리더의 결심과 노력은 모두에게 축복이 된다. [안식일을 지키는 것에 관한 자세한 논의는 저자의 책 「영적 성장을 위한 발돋움」(Sacred Rhythms, 살림) 8장을 참고하라.]

나아감과 물러남의 리듬

사역자가 확립해야 할 가장 중요한 리듬 하나는 나아감과 물러남의 지속적인 반복이다. 전투에서는 눈앞의 고지를 점령하기 위해 혼신을 다할 때가 있으며, 앞의 일을 전망하고 전략을 새롭게 하며 상처를 돌보기 위해 물러나는 때도 있다. 사역에서 이런 삶은 필수다. 군대가 전열을 가다듬을 여유 없이 계속 전쟁터에서 열심히 싸우기만 하면 패배는 불 보듯 뻔하다. 그리스도인 리더십 전사들도 마찬가지다.

그리스도인 사역자들에게 직업상 위험한 한 가지는 **하나님을 위해 일하는 시간**과 자신의 영혼을 위해 그저 **하나님과 함께하는 시간**을 구별하기가 어려워질 수 있다는 점이다. 성경이 하나님과 우리 사이의 친밀하고 인격적인 대화의 수단이 아니라, 사역을 위한 교과서나 도구 정도로 축소될 수도 있고, 기도는 진을 빼놓는 또 하나의 정신적 노동이거나 공적인 자리에서 영적 기량을 드러내는 행위로 전락할 수도 있다.

한동안 물러남의 리듬을 따라가면 하나님의 임재 안에서 자신을 회복할 수 있고 고독의 시간 중에 내 삶의 현실들을 그분께 가져갈 수 있다. 이 일은 리더 자신과 리더가 섬기는 사람들 모두를 위해 중요하다. 삶의 참된 부분은 억누른 채 계속 앞으로 나아가기만 하면, 그로 인해 지치게 되고 결국 억눌린 부분은 자신과 타인에게 해를 입히는 방식으로 삐져나오기 마련이다. 그러나 이 리듬을 따르면 내 삶의 참된 부분을 돌볼 시간과 공간이 있다. 기쁜 일은 축하하고, 상실에 대해 슬퍼하고 눈물 흘리며, 문제에 대해 신중히 생각하고, 화가 나 있음을 느끼기도 하고, 외로움도 돌보게 된다. 또한 하나님이 이런 자리에 나와 함께 계시도록 마음을 열게 된다. 이 시간은 문제를 고치거나 해결하는 시간이 아니다. 모든 문제를 고치거나 해결할 수는 없기 때문이다. 물러나 있을 때 우리는 하나님 안에서 휴식하며 그분이 필요한 일을 행하시기를 기다린다. 마침내 우리는 신선한 에너지와 명민한 통찰력을 회복하여 전투가 벌어지는 곳으로 돌아가게 된다.

침묵과 말, 멈춤과 행동

성경은 말이 많으면 허물을 면하기 어렵다고 말한다(잠 10:19). 입으로 계속 말하고 지면으로나 컴퓨터상에서 끊임없이 글을 쓰는 우리의 현실을 고려할 때, 이 말씀은 리더들을 절망에 빠지게 한다. 말을 다루는 사람들은 말을 너무 많이 하다가 남용할 가능성이 높고 죄를 범할 수도 있다. 다른 사람들은 어떤지 모르겠지만 나는 실제로 잠시 내 입을 다물지 않으면 사고를 칠 것 같은 예감이 든다. 내 말이 내 삶 속에 실재하시는 하나님과 나를 완전히 단절시킬 것이기 때문이다.

침묵은 이런 절망적인 상황을 타개하는 유일한 치유책이다. 디트리히 본회퍼(Dietrich Bonhoeffer)의 말대로 "올바른 언어는 침묵에서 나오고, 올바른 침묵은 언어에서 나온다."[5] 침묵 속에서 우리의 언어 습관이 정제된다. 침묵은 더 적절한 말을 고를 수 있도록 하는 자기인식을 길러 주기 때문이다. 그때 우리는 깊은 인상을 심으려 하고 콧대를 꺾고 경쟁하고 지배하고 조작하고 상황을 미화하는 등 우리의 잠재된 욕망에서 나오는 말보다 마음속 내적 역동을 감지하고 사랑과 신뢰, 하나님이 주시는 지혜에 기초한 말을 선택할 수 있다.

시편 저자는 말한다. "너희는 떨며 범죄하지 말지어다. 자리에 누워 심중에 말하고 잠잠할지어다. 의의 제사를 드리고[다시 말해, **영적 훈련에 충실하고**] 여호와를 의지할지어다. 여호와를 신뢰하라"(시 4:4-5, 저자 강조). 때로 리더로서 할 수 있는 가장 위대한 행동으로 죄에서 멀어질 때까지 그냥 홀로 하나님과 함께 있는 것일 때가 있다. 침묵 속에서 우리는 사람들을 고치고 지배하고 콧대를 꺾어 놓으려는 인간적인 충동을 따르지 않고 의식적으로 자신을 하나님께 맡기게 된다.

침묵과 멈춤의 리듬에 참여하면 언어를 선별하고 적절한 행동을 하게 되고 하나님을 기다리는 법을 매우 구체적으로 배우게 된다. 일의 성취를 바라보며 바쁘게 노력하는 사람들에게는 이런 방법이 마음에 와 닿지 않을 것이다. 삶 속에서, 우리를 둘러싼 세상 속에서, 절제하며 하나님이 일하시기를 차분히 기다리는 것은 참 힘든 일이다. **말을 하라는 요청을 더 많이 받을수록, 일이 더 고단할수록, 적극적인 리더십의 요청을 더 많이 받을**

수록, 그만큼 더 많은 침묵이 필요하다. 결정적으로 중요한 행동을 해야 하는 상황을 앞두고 우리는 하나님으로부터 분명한 지시를 받기 위해 그만큼 충분히 기다렸는지 더 큰 확신을 갖도록 해야 한다.

모세는 이 리듬을 아주 잘 배워 두었다. 그래서 리더 일을 하다가 어려움이 찾아왔을 때 그의 첫 반응은 하나님의 지시를 알게 될 때까지 멈추고 기다리는 것이었다. 이것은 모세가 홍해에서 이스라엘 사람들에게 지시하는 장면에서 잘 나타난다. 이때 모세의 행동은 하나님께 들은 것에 대한 분명한 이해에서 나왔다. 하나님은 모세에게 이스라엘 사람들이 앞으로 나아갈 때 물이 갈라지도록 지팡이를 높이 들고 손을 앞으로 뻗으라고 말씀하셨다. 하나님의 지시는 아주 적절했지만, 이스라엘 사람들 스스로는 결코 생각해 내지 못했을 것이며 모세가 하나님의 인도하심이 분명해질 때까지 내면에서 하나님을 향한 채 기다리지 않았더라면 알 수 없었을 것이었다.

리듬이 작용하는 것을 보기 위해서는 기도와 행동이 모두 필요하다. 모세가 기도는 하면서 행동은 하지 않았다면 하나님의 뜻은 실제로 이루어지지 않았을 것이다. 반대로 행동은 계속하면서도 멈춰서 기도하기를 회피한다면 우리의 행동은 아무런 도움이 되지 않는다. 실제로 일이 되게 하는 것은 침묵과 행동의 리듬이다.

자기인식과 자기 점검

하나님의 임재 안에서 안정감을 누리면, 그리스도 안에 있는 우리의 존재와 하나님이 우리 삶에 행하시는 변화의 역사를 기뻐하고, 여전히 죄와 부정적인 습관에 매여 살고 있는 우리 삶의 자리를 주님이 보여 주시도록 그분을 초대하는 리듬이 일상에서 자연스러워진다. 우리를 받아주시고 사랑해주시는 하나님을 고독과 침묵 가운데 지속적으로 경험하지 못한다면 우리의 리더십은 심한 공허감에 빠지기 쉽다. 우리는 이 공허감을 실적을 쌓고 업적을 세워서 채우려고 한다. 이런 무의식적인 분투는 자신과 주변 사람들에게 매우 위험하다. 이러한 분투는 결국 우리를 탈진시키고, 함께 일하는 사람들이 결국에는 자신들이 리더의 거짓 자아가 세운 계획의 작은 부품에 불과하다는 것을 깨달을 것이다.

하나님을 초대해서 존재의 가장 깊은 층에서 우리를 살피고 파악하시게 하고, 거짓 자아의 성과 지향적 충동과 하나님 안의 진정한 자아가 이끄는 깊은 소명의 차이를 보여 주시도록 하는 데는 엄청난 의지가 필요하다. 핑계와 성과, 자아감을 북돋아 주는 다른 모든 것을 알아볼 수 있을 정도로 충분히 하나님의 임재 안에 있으면 근본적인 혼돈이 생긴다. 이러한 습관들이 아직도 날마다 삶에 영향을 미치고 심지어 교묘하게 그런 일이 일어난다는 증거를 목격하는 것은 당황스러운 일이다.

고독 속에서 외부적인 방해 요소들을 없애고 나면, 분주함이라는 표면 아래 잠복하여 감지되지 않는 사고와 존재, 행동의 거짓된 습관들을 더 잘 알게 된다. 그리고 이런 습관들이 어떻게 우리의 리더십을 형성했는지도 자연히 더 잘 알게 된다. 거짓 자아에 이끌려, 통제와 이미지 관리에 열중하는 자아를 깨달을 수도 있다. 타인의 인정과 칭찬으로 채워지기를 갈망하는 텅 빈 자아를 볼 수도 있다. 모든 것을 가지고 있다는 미망을 유지하려고 필사적으로 애쓰는 연약한 자아를 볼 수도 있고, 치유를 줄 수 없는 곳에서 치유를 얻고자 엄청난 에너지를 소비하는 병든 자아를 볼 수도 있다.

정기적으로 하나님을 초대하여 우리를 살피고 이해하고 새로운 길로 인도해 달라고 간구하지 않을 때, 리더인 우리가 큰 위험에 빠지리라는 것은 두말할 것도 없이 분명하다. 또한 하나님의 치유하시는 사랑이 몸과 영혼의 건강을 회복시키도록 우리의 연약함을 어루만지게 할 시간을 갖지 않는다면, 심한 궁핍을 겪게 되는 것은 당연한 일이다. 우리가 거짓 자아를 넘어 진정한 자아에 기초하여 살고 리더직을 수행하도록 우리를 인도하는 자기인식의 여정은 매우 힘들지만 분명히 그만한 가치가 있다. 이러한 자기인식은 궁극적으로 우리를 자유롭게 하여 더 참된 자아에 근거해 리더 일을 하게 하는 진리다. 즉 하나님이 땅의 기초를 두시기 전에 우리 안에 두신 더 참된 동기에 의해 이끌림 받는 것이다.

함께 삶의 방식을 찾기

모세의 리더십은 이스라엘 사람들을 약속의 땅으로 인도하는 동시에, 지금 그리고 이곳에서 그들이 유익한 삶의 방식을 따르도록 인도하는 것이었다. 유익한 삶을 사는 법에 대한 교훈은, 역시 유익한 삶이라는 동일한 미덕을 추구하는 다른 사람과 함께하는 공동체 안에서 발견되어야 했다. 스스로 먼저 이 미덕을 발견하려고 했던 사람들만이 그 배움의 길을 안내할 수 있다. 이것은 비전을 보고 꿈을 꾸는 사람들이 종종 놓치기 쉬운 리더십의 중요한 측면이다.

과거 이스라엘 사람들이 그랬던 것처럼 오늘날 우리도 현실의 지배적인 문화를 거스르는 삶의 방식을 추구하려고 한다면, 우리에게는 지원이 필요하다. 함께 훈련받는 공동체, 적극적인 방식으로 삶을 함께 형성할 공동체가 필요하다. 이러한 이해는 기독교 전통 안에 깊이 깔려 있다. 성 베네딕투스를 비롯한 여러 성인들은 그들이 '삶의 규칙'이라고 불렀던 것을 만들어 수도원에서 함께 사는 수도사들이 하나님을 구하면서도 세상에서 책임을 다하며 살도록 도왔다.

「베네딕투스 규칙서」(St. Benedict's Rule)는 삶의 여느 규칙들처럼, 규칙적이고 정례적인 태도, 행동, 훈련의 관습으로 우리 안에 일정 수준의 삶과 성품을 함양하는 것을 목표로 한다. 이 규칙서는 약 1,500년 전에 쓰였지만 이에 대한 관심은 계속되어 왔다. 최근에는 이 규칙서가 현대 문화에서 지니는 의미에 관한 많은 글이 발표되고 있다. 이것은 실제로 작동되는 삶의 방식에 대한 갈망을 반영하며 우리 문화 안에 퍼지고 있는 듯하다. 하나님은 모세를 통해 이스라엘 사람들을 위한 리듬을 확립해 주셔서 그들의 갈망과 필요를 만족시켜 주셨다.

리더로서 책임과 의무에 사로잡히면, 지극히 중요한 다음의 질문을 잊기 쉽다. 우리의 영적 여정으로 사람들을 초대할 때 정말로 그들을 어디로 이끌고자 하는가? 성장의 외적 표지를 지나치게 강조하다 보면 우리가 근본적으로 계획과 목표로 사람들을 인도하고자 하는 게 아니라는 점을 망각하기 쉽다. 우리는 하나님 안에서 생명을 주는 삶의 방식을 따르도록 사람들을 인도해야 한다.

개인들이 영적 여정의 깊은 역동 속에서 영적으로 건강해지기 위해 실제로 필요한 일들을 하고 있는데, 그들이 속한 공동체는 이런 문제들을 함께 고민하지 않는다면, 심각한 불협화음이 생길 수 있다. 공동체 내의 삶의 방식으로 인해 그들은 묻고 싶지 않은 질문을 해야 하고 원하지 않는 결정을 내려야 하는 상황에 놓이게 된다. 내가 속한 공동체의 삶의 방식이 나를 파괴하고 있는데도 계속 이 공동체에 머무를 것인가? 아니면 인간으로서 살아남기 위해 떠날 것인가? 이 공동체에 의지하고 거기서 배우려 하기보다는 공동체가 미치는 영향에 저항하고자 한다면 어떤 방어 구조가 필요한가?

공동체에 속해 있는 사람들은 강바닥의 바위와 같다. 우리는 우리가 속한 공동체 안의 삶의 흐름에 의해 만들어진다. 리더로서 우리의 소명은 용기 있게 다음의 질문을 하는 것이다. 이 공동체 안에서 사는 삶은, 특히 인간의 한계 안에서 사는 것과 관련하여 나와 다른 사람들을 어떻게 만들어 가고 있는가? 공동체가 한계 안에서 살아가려면, 현 상황을 정확히 밝히고, 더 건강한 현실을 꿈꾸고, 공동체를 현 상황에서 건강한 현실로 끌고 갈 계획을 세우려는 의지가 있어야 한다. 이에 저항하는 수많은 문화적·심리학적 역동, 심지어 영적 역동(혹은 영적 전쟁)까지 고려해 보면, 이 일에는 참된 영적 리더십이 필요하다.

더 깊은 영적 여정으로 나아가기 위해 공동체 안에 속한 인간의 영혼에 유익한 삶의 방식을 조성하는 영적인 리듬은 우연히 만들어지지 않는다. 한계 안에서 살아가는 리더들은 아주 실제적인 방식으로 이 과정을 주도한다. 그들은 자신의 인간적 특성을 계속해서 대면하고 자기 인생의 실존과 정직하게 씨름한다. 진실한 마음으로 타인을 인도하기 위해서는 개인의 정직한 대면과 씨름을 피해 갈 수 없다. "내가 하는 대로 하지 말고 내가 말하는 대로 해라"라고 말할 수는 없는 법이다. 이런 경우에는 말보다 행동이 중요하다.

용기의 리더십

몸과 마음의 필요에 반응하는 풍요로운 삶의 방식을 확립하는 과정은 기꺼이 자신의 인간적 상황을 대면하고, 타인이 자신의 현실을 명확히 보게 하며, 희망 사항이 아니라 실제 현실에 근거하여 일하고자 하는 리더가 이끌어 간다. 이런 유형의 리더는 다음과 같은 말들이 들려올 때 도전을 받으며 진지하게 고민한다. "나는 지금 심하게 탈진한 상태다", "사역으로 너무 분주하여 녹초가 되었다", "우리가 휴식과 기도, 분별을 위한 시간을 충분히 갖지 못해서 나는 영적 현실과 만나지 못하고 있다."

공동체 내에 생명을 주는 삶의 방식을 확립하는 과정은 삶의 속도와 기대 수준에 영향을 미치는 구체적인 문제들과 관련된 힘든 결정도 마다하지 않는 리더들이 이끌어 간다. 그런 결정에는 예배를 늘리고 새 건물을 짓고 새로운 사역을 추가하는 것이 포함되지만 여기에 한정되지는 않는다. 그런 결정을 내릴 때 영적 리더들은 이렇게 묻는다. "이 결정이 삶의 질에 어떤 영향을 미칠 것인가? 공동체 내의 관계, 가족, 기도와 영적 여정에 대한 태도, 일과 휴식 사이의 정상적 리듬(특히 안식일 지키기)을 유지하는 데 어떤 영향을 줄 것인가?" 영적 리더는 사람들이 스스로 이런 문제들을 풀 것이라 여기지 않는다. 오히려 이런 문제들을 곰곰이 생각하고 질문하며, 이 문제들을 적극적으로 묻고 논의하기 위한 대화와 논의의 장을 마련한다.

영적 리듬을 확립하는 과정은 영적 삶에 대한 개인화된 접근을 넘어, 변형하기보다 변혁하는 문화 규범을 만들고자 하는 리더들이 이끌어 간다. 워싱턴 D.C.에 위치한 국제정의선교회(International Justice Mission, 이하 IJM)

의 대표 겸 최고경영자인 게리 하우겐(Gary Haugen)은 조직 차원에서 그런 리듬을 수립하고자 열심히 노력해 온 리더다. 그의 조직은 악이 활개를 치는 지역에서 적극적으로 정의와 치유를 회복하려고 노력해 왔다. 노예 제도, 성적 학대, 여러 형태의 폭력적 억압의 희생자들을 위한 정의를 확보하려는 인권 단체뿐 아니라 변호사들과 연구원들과 사후 전문가들이 모여 직접적 피해자를 구하고 사후 돌봄을 제공하며, 관련 범죄자 기소, 기존의 공적 정의 시스템 개선을 위해 지역 정부 관리들과 함께 끊임없이 노력하고 있다.

미국 법무부 소속 선임 변호사였던 게리는 아프리카에서 인권 침해를 폭로하고 맞서는 일을 하면서 보았던 불의에 대응하기 위해 IJM을 세웠다. 1994년 아직 미국 법무부에서 일하던 시절부터 그는 이 조직을 꿈꾸고 계획했다. 얼마 안 되어 게리는 이 비전에 전념하기 위해 법무부 직장을 그만두고 1997년부터 본격적으로 활동을 시작했고, 이 조직이 자리를 잡고 성장하는 것이 분명해지자 짧은 안식년을 가졌다. 이 기간에 그는 하루에 몇 시간씩 기도하며 지나간 해를 돌아보고 하나님께 단순한 질문을 했다. "무엇이 하나님으로부터 나온 것이었고 또 무엇이 하나님으로부터 나오지 않은 것이었나요?" 하나님이 그에게 분명히 응답하신 것 하나는 '기도 없는 분투'였다. 게리는 이 잘못을 깊이 깨닫고, 앞으로는 기도하지 않고 하루를 넘기는 일이 없게 하겠다고 생각했다.

그렇게 해서 IJM의 첫 번째 리듬인 '11시 기도'가 탄생했다. 이 시간에는 전 직원이 일을 멈추고 모여서 시편을 읽고 기도를 드린다. 처음에는 15분 정도 걸렸지만 지금은 조직이 당면한 요구들, 즉 이 단체가 봉사하는 사람들과 그들이 당면한 위험을 놓고 기도하는 시간이 30분으로 늘어났다.

나의 저서 「하나님을 경험하는 고독과 침묵」(Invitation to Solitude and Silence, SFC출판부)이 발간되었을 때, 게리는 나에게 편지를 보냈고 그때 처음으로 서로 알게 되었다. 다음은 그가 보낸 편지의 한 부분이다. "저는 당신의 책을 전 직원들에게 나누어 주었고 이 책은 우리가 '8시 30분 침묵'이라고 부르는 일과의 필수적인 부분이 되었습니다. 우리 직원들은 모두 아침마다 30분 일찍 나와 일을 시작하기 전에 전화나 이메일 체크 등의 모든 활동을 멈추고 침묵하며 하나님과 함께하는 시간을 갖습니다. 물론 이 30분은 유급입니다. 알기 쉽게 쓴 당신의 책 덕분에 이 시간이 우리 모두에게 권면과 도전의 축복이 되고 있습니다." 이 편지를 받고 궁금한 마음에 그를 만났고 이후 몇 년간 두어 번 교류하였다. 나는 '8시 30분 침묵'과 같은 용기 있는 시도를 하도록 그를 감화시킨, 그의 영적 삶 가운데 일어난 일을 알게 되었다. 또한 활동적인 그리스도인들로 구성된 그 단체가 공동으로 그러한 리듬을 실천하는 것이 어떠한지에 관해 듣게 되었다.

게리에 따르면 '8시 30분 침묵' 아이디어는 또 다른 안식년을 통해 얻었다고 한다. IJM이 세워지고 잘 돌아갈 무렵 다시 자신이 소진된 것을 깨달은 그는 몇 년 후에 안식년을 가졌다. 그리고 하나님이 IJM 사역에 그분의 권능과 임재를 더욱 쏟으시기를 원하지만 그들은 영적으로 받을 준비가 되지 않았다는 확신을 갖고 돌아왔다. "우리가 하고 있던 잡다한 일들을 내려놓게 할 방법이 필요하다고 느꼈습니다. 하나님의 권능이 더 많이 필요했지만 이것을 받기 위해서는 영적으로 더욱 준비되어야 했습니다."

이런 자각과 확신에서 게리는 직원들이 8시 30분에 출근하는 리듬을 도입했다. 하지만 9시까지는 문을 열지 않고 일도 시작하지 않는다. 이 멈춤의 시간은 오직 개인이 그날 하루를 영적으로 준비하기 위해 도입했다.

각자는 그날 있을 일을 살피며 하나님께 아뢰고 또 각자 편한 방법을 사용해서 마음속 깊은 곳에 있는 것이 모두 떠오르게 한다. "이 리듬은 진지하고 지적이고 행동 지향적인 그리스도인들을 하나님께 불러 모아 그 앞에서 잠잠하게 해줍니다. 물론 이 일은 쉽지 않습니다만, 아주 바람직한 노력입니다."

바쁘고 활력이 넘치는 워싱턴 D.C.의 분위기 속에서 영적 리듬에 충실하기로 한 선택은 어떤 관점에서 보더라도 급진적이다. 이런 리듬이 개인적으로든 조직적으로든 그들 삶에 미친 강력한 영향이 무엇인지 물었을 때 게리는 세 가지를 언급했다. "첫 번째는 겸손입니다. 우리 그리스도인들조차도 하나님과 그저 함께 있는 것은 아주 힘든 일입니다. 두 번째는 지혜입니다. 지혜는 우리가 침묵하고 있는 시간뿐만 아니라 지혜가 필요한 그 순간에 다가오기도 합니다. 우리에게는 하나님의 말씀을 들을 수 있는 또 다른 조용한 내면이 있습니다. 세 번째로 평화입니다. 우리가 매일 다루는 고통스러운 일들 때문에 불안해하고 좌절감을 느낄 수 있지만, 하나님의 임재 안에서 조용히 있는 훈련을 하다 보면 하나님에 대한 신뢰가 되살아납니다." 이런 것들이 필요하지 않은 교회나 단체가 어디 있겠는가?

새로운 규범

영적 변화를 추구하는 문화에서는, 중요한 회의를 시작하거나 회의가 중요한 국면을 맞이할 때마다 숨을 고르고 기도하고 침묵하는 시간을 갖는 것이 하나의 규범이 된다. 직원들이 매달 하루씩 고독의 시간을 갖는 것이 정상적이며, 관리자들이 직원들과 이에 대해 이야기하는 것이 자연스럽다. 휴가를 모두 사용하고 휴가 기간에는 직장으로부터 완전히 벗어나는 것이 당연해진다. 물론 그러기 위해서는 휴가 기간에도 직장에서 필요한 일들이 잘 처리되기 위한 협조 시스템이 잘 갖추어져 있어야 한다. 영적 변화를 지향하는 문화적 환경에서는 직무 지침을 읽고 다음과 같은 질문을 하는 것이 자연스럽게 받아들여진다. "한 사람이 한 주 안에 할 수 있는 일인가요? 근로 시간은 한 주에 얼마나 되나요? 40시간 또는 50시간? 직원들은 한 주에 2일씩 쉰다는 말이지요? 안식 휴가는 언제인가요?"

리더들은 생명을 소생시키는 삶의 방식을 공동체 안에 만들어 가야 한다. 이를 위해 리더들은 직장에서 업무를 설정할 때 개인의 능력, 일의 부담 정도, 인생의 단계, 성격 유형, 정당한 사유가 있는 상황(결혼 생활상 문제, 건강상 위기, 노부모 봉양 등)을 주의 깊게 고려해야 한다.

개인 각자의 리듬은 한 사람이 사역에서 능력을 발휘하는 데 중추적 역할을 하며 영적 건강을 유지하는 데도 필수적이다. 이 점을 감안할 때, 요즘 내 리듬은 상대적으로 단순해 보인다. 나의 하루 리듬에는 아침 9시까지 갖는 고독과 침묵의 시간이 있다. 이 시간에는 전화도 받지 않고 이메일도 체크하지 않는다. 하루 리듬의 또 다른 부분은 체력 단련이다. 근력 강화 트레이닝과 자전거 타기, 걷기 같은 유산소 운동을 병행한다. 종종 걷거나 자전거를 타며 하나님과 하루를 돌아보는 시간을 가질 때도 있다. 내 삶에 일어나는 변화를 기뻐하고 또 하나님이 내가 넘어지기 쉬운 죄나 부정적인 습관을 보여 주시도록 하는 시간을 가진다. 또한 나는 내게 필요한 휴식 시간의 양을 잘 알고 있으며 충분한 잠과 휴식을 취하는 것이 내 영적인 삶에 중요하다고 믿는다.

일요일은 우리 가족의 안식일이다. 우리 가족은 오전에 교회에 가고, 이후에는 휴식과 기쁨을 누리며 보낸다. 만일 일요일에 출장을 가거나 설교를 하는 경우에는, 나는 다른 날을 골라 휴식하며 보낸다. 물론 주일이 안식을 위한 최고의 날임은 분명하다.

또한 설교나 강연 같은 연설 전후로 긴 침묵 시간을 가지는 것이 나의 생활 리듬이 되었다. 연설의 부담이 큰 경우에는 앞서 우리가 살펴보았던 이유들로 인해 침묵의 시간을 더 오래 갖는다. 연설 전의 침묵 시간은 준비의 한 부분이고, 연설 후의 침묵 시간은 휴식과 회복의 한 부분이다. 나는 한 달에 하루는 고독 가운데 보낸다. (사역을 맡은 사람들에게는 그런 날이 최소 하루는 있어야 한다.) 또 일 년에 적어도 한 번은 이틀 혹은 그 이상 일상에서 물러나 피정 시간을 갖는다. 피정 시간은 가족 휴가와는 다르며, 둘 다 필요하다.

시간과 공간으로 이루어진 세계 안에 존재하는 육적·영적 피조물인 인간으로서 우리의 한계를 존중하는 것은 지극히 영적인 일이다. 인간적 한계를 받아들이는 삶의 리듬은 다른 사람을 관대하게 대하고 용납할 수 있게 한다. 휴식을 취한 후에 나오는 에너지는 바쁘게 쫓기듯이 무엇을 할 때 나오는 에너지와는 다르다. 침묵 가운데 들을 때에 나오는 지혜는 죽도록 이야기할 때 나오는 지혜와는 다르다. 하나님의 뜻을 충분히 기다렸다가 실행에 옮기는 의로운 행위는 반사적으로 반응할 때와는 근본적으로 다르다. 휴식을 가진 뒤에 새롭게 전투에 임하는 것은 쉬지 않고 금욕적인 각오로 강행군하는 삶과 다르다. 이 모든 리듬은 우리가 하는 어떤 활동보다 더 진실된 것을 이끌어 내는 능력을 길러 주어 하나님이 개입하실 자리를 마련한다. 이 모든 리듬은 우리가 자신과 다른 이 안에서 스스로 만들어 낼 수 있는 것보다 더 진실된 무엇인가와 만날 수 있게 한다. 우리는 하나님 안에서 참된 자신과 만날 수 있다. 우리 주위의 사람에게 가장 필요한 것도 바로 그것이다.

실습

영적 리듬을 빠짐없이 열거하는 것이 이번 장의 목적은 아니다. 그보다는 이스라엘 사람들이 삶을 형성할 하루와 일주일 단위의 영적 리듬을 소개받았듯이(출 16장), 독자들에게 영적 리듬이 무엇인지 소개하는 데 있다. 또한 리더들이 삶의 방식을 찾고자 할 때 가장 중요한 것이 영적 리듬이라는 것을 강조하고 싶었다. 영적 리듬은 리더들의 삶에 유익하고 생기를 불어넣어서 결국 다른 이들도 그것을 따르고 싶어 하게 하고 공동체도 건강하게 할 것이다. (영적 리듬에 관한 좀더 치밀한 논의는 저자의 책 「영적 성장을 위한 발돋움」을 참조하라.)

오늘 고독의 시간에는 자신의 영적 리듬과 그 리듬의 결여를 느껴 보도록 하라. 당신의 고독과 공동체의 리듬(이 책의 주요 주제), 일과 휴식의 리듬(안식일 지키기), 멈춤과 행동의 리듬, 침묵과 말의 리듬, 참여와 물러남의 리듬을 음미해 보라. 이런 리듬이 당신의 매일과 매주의 삶에서 어떻게 나타나는가? 이 리듬은 당신의 신체 활동과 하나님 안에 거하는 삶을 어떻게 유지하고 함양하는가? 이 깨달음을 계기로 생명을 주는 이 리듬에 더 충실하도록 하라.

당신이 놓치고 있는 리듬은 무엇인가? 그로 인해 당신의 인생에서 어떤 결과가 생겨나고 있는가? 당신에게 근심이 되거나 필요한 리듬 가운데 하나님이 당신을 초대하신다고 느껴지는 리듬이 있는가? (예를 들면 막다른 골목이라고 느끼는 심각한 도전을 대면하고 있다면 하나님은 당신이 일단 정지하고 그분에게 듣기 전까지는 행동하지 않겠다는 약속을 하라고 초대하시는 것일 수도 있다. 또는 당신이 심한 고갈을 염려하면서도 정작 안식일도 제대로 지키지 못하고 있다는 점을 깨달을 수도 있다. 그런 경우 하나님은 당신이 목사 또는 사역 리더로서 안식일의 리듬을 지키도록 초대하시는 것일 수도 있다. 또는 심한 갈등이나 다툼 가운데 상처를 입었는데도 물러나 묵상하는 시간을 갖지 않았음을 깨달을 수도 있다.)

모든 리듬을 한꺼번에 도입하려고 하지 말라. 기본이 되는 몇 가지 리듬만 도입해도 당신의 삶과 리더십의 수준은 향상되기 시작할 것이다. 이것은 주로 머리를 써서 접근할 만한 문제 풀이가 아니다. 마음을 열고 하나님과 함께 앉아서 당신의 삶에 주의를 기울일 기회다. 주목하되 판단은 내리지 않으면서, 하나님이 당신을 어떻게 인도하시는가에 귀 기울일 기회다. 이어지는 글을 묵상하며 만물의 본질 안에 리듬을 부여하신 하나님의 선하심에 대한 감사를 올리도록 하라. 또한 묵상을 통해 그 리듬 안으로 들어가고 싶은 당신의 갈망을 어루만지도록 하라.

늦가을의 안식일

매사에 때가 있으매

때때로 안식일에

당신이 할 수 있는 일이라곤

당신의 부드러운 몸 안에 자리잡고
　　　몸이 말하는 소리에 귀를 기울이는 것뿐.
귀를 기울이라
　피로보다 더 깊은 고갈
　　음식으로는 채워지지 않는 허기
　　　음료로는 해소되지 않는 갈증
　　　　육체적인 것 이상의 위안에 대한 갈망에 귀를 기울이라.

안식일에
몸과 영혼은 다른 차원의 시간으로 손을 뻗는다
　활동이 아니라 공간으로 가득 찬 시간
　　당신의 뒷뜰에 불붙은 떨기나무를 바라볼 시간
　　　벗은 나무가지 사이로 움직이는 바람을 바라볼 시간
　　　　마지막 손을 놓기 전에 나뭇가지를 꼭 잡고 있는 마지막 잎새를 바라볼 시간.

손에서 놓는 것은 어렵다
　더 이상 작동하지 않는 것
　　더 이상 기쁨과 의미를 가져오지 못하는 것
　　　더 이상 생명으로 충만하지 못한 것을 손에서 놓기 어렵다.

잔인해 보이리라
그렇게 아름답던 것이

8. 리더의 영적 리듬

바닥에 떨어져

   다른 죽어 가는 것들과 땅의 진창 속으로 가라앉아

      더 이상 지난 모습을 알아볼 수 없구나.

잔인해 보이지만 이게 사물의 이치다.

한 세대가 가고 다음 세대가 온다.
   한 계절이 가야 다른 계절이 온다.
      한 해의 과일이 떨어져야 더 많은 열매가 열릴 수 있다.
         한 파도가 물러가야 다른 파도가 힘을 얻어 해안에 부딪친다.

잔인해 보이지만
   그게 만물의 리듬이다.
      그리고 리듬은 자신의 아름다움을 알고 있다.

루스 헤일리 바턴, 2006

9. 중보의 리더십

그러나 거기에 있는 백성은 몹시 목이 말라서, 모세를 원망하며,
…대들었다. 모세가 주님께 부르짖었다.
출애굽기 17:3-4

2년 전에 우리 가족은 "서바이버"(Survivor)라는 리얼리티 텔레비전 프로그램을 함께 시청했다. 우리와 안면이 있는 전 NFL 미식축구 선수 게리 호지붐(Gary Hogeboom)이 나왔기 때문이다. 그 프로그램에서 게리는 일찌감치 팀의 리더로 떠올랐다. 아마도 그의 나이며 미식축구 선수 경력이며 다섯 아이의 아버지라는 점 때문이었을 것이다. 시즌이 끝났을 때, 그 프로그램에 출연한 경험이 어땠는지 묻는 인터뷰 기자에게 그가 대답했다. "정말 리더가 되기 싫었어요. 리더는 언제나 투표에서 져서 탈락하거든요."

조금이라도 리더 경험이 있는 사람은 대부분 이 말에 공감할 것이다. 나는 리더로 일하면서 아직도 이해가 안 되는, 아니 살아 있는 동안에는 도저히 이해할 수 없을 것 같은 일들을 보고 경험해 왔지만 하나만큼은 확실히 말할 수 있다. 리더가 되기로 선택한다는 것, 즉 어떤 비전이나 이상을 향해 인생을 살아 나가고 그 방향으로 사람들을 이끌기로 선택한다는 것은 리더가 아니라면 대면하지 않았을 고통의 세계에 들어선다는 뜻이다.

게리의 말은 모세가 리더로서 했던 경험에도 잘 들어맞는다. 모세는 리더로서 모든 것을 희생했지만 이스라엘 사람들은 언제나 그를 쫓아내려고 했던 것 같다. 그들은 유난히 함께 일하기 힘든 집단이었다. 불평이 많고 고집스러웠다. 때로 거짓말도 하고 때로 속이기도 했다. 반항적이면서 변덕도 심했고, 고마워할 줄 모르고 하나님과 모세가 해준 모든 일을 금세 잊어버리는 것 같았다. 그들은 때로 모세 몰래 그를 몰아내고 새 리더를 뽑으려고 계략을 세웠다. 이것은 리더에게 일어날 수 있는 가장 뼈아픈 일이다! 한때는 그의 형과 누이조차 하나님이 그에게 기름을 부으셨다는 사실을 의심하고 그를 질투했다가 하마터면 목숨을 잃을 뻔했다.

> 지속적인 임무 수행을 막는 주요 난관은 우리와 똑같은 열정에서 출발한 사람들이 용기를 잃는 데 있다. 반항과 방해 행위는 처음 계획에 반대했던 적들이 아니라 과정 중에 예상치 못한 어려움을 겪으며 의지가 약해진 동료들로부터 나온다.
>
> 에드윈 프리드먼, 「담력 상실: 신속 처방 시대의 리더십」

성경은 모세가 이스라엘 사람들을 인도하며 겪는 어려움을 매우 상세히 기술한다. 여기가 모세 이야기에서 내가 가장 큰 도움을 받은 부분 중 하나다. 사람들이 잘 안 되는 일들을 모두 리더 탓으로 돌리기 시작할 때 리더는 심한 외로움과 환멸로 분별력을 잃을 수도 있다. 그런데 이것은 리더로 있을 때 겪게 되는 가장 흔한 패턴 중 하나다. 리더로 섬기며 고통을 겪을 때 사람들을 어떻게 대해야 하는가? 사람들이 등을 돌리고 함께 걸어온 여정 자체를 흔들어 놓을 때 우리는 어떻게 대응하며 나아갈 것인가?

실제 일어나고 있는 일

영적 지도자로서 모세의 삶을 특징짓는 기본적인 훈련 하나는 중보 기도였다. 중보 기도는 모세의 사역에서 스스로를 지탱하고 필요한 지혜를 찾기 위해 꼭 필요한 요소였던 것 같다. 하지만 이스라엘 사람들의 참된 행복을 위해 순수한 마음과 진실된 헌신으로 그들을 하나님의 임재로 인도하려면, 모세는 실제로 일어나고 있는 일에 대해 이해해야 했다.

가족체계이론을 교회 회중에 적용했던 에드윈 프리드먼(Edwin Friedman)은 저서에서, 방해 요소의 하나인 리더에 대한 비판은 아주 자연스러운 현상이며 리더십을 수행하는 과정의 일부이자 한 단면이라고 말한다.

차별화된 리더십에는 언제나 방해 요소가 뒤따르는데, 이것은 리더십 전체에 영향을 미치는 요소이기에 리더는 변화를 일구어 냈다고 해서 성공했다고 단정 지을 수 없다. 변화를 이끌어 낸 뒤에 야기되는 방해 요소를 견뎌내야만 참된 성공을 맛볼 수 있다. 방해 요소가 생기면 리더는 불안해하며 조급히 해결책을 찾으려고 한다.[1]

바로 모세에게도 이런 일이 일어났다. 모세는 이스라엘 사람들을 애굽에서 이끌어 냈다. 이 일은 그들에게 엄청난 변화이자 혜택이었다. 하지만 초기의 흥분이 가시자 비판과 방해의 패턴이 나타났다. 이스라엘 사람들은 첫 번째 어려움인 홍해를 만나자 불평하며 돌아가자고 요구했다(출 14장). 설상가상으로 이스라엘 사람들은 "고기 가마 곁에 앉아 배불리 음식을 먹던" 애굽 시절을 회상했다. 그들은 "이 모든 회중을 다 굶어 죽게" 하려고 광야로 데려왔냐며 모세와 아론을 비난했다(출 16:3).

이런 불평과 비난의 패턴은 이스라엘 사람들의 여정에서 늘 반복되었고, 모세는 여러 방식으로 이에 대처했다. 무엇보다도 모세는 이것을 너무 개인적인 것으로 받아들이지 않으려고 노력했으며, 궁극적으로 하나님께 속한 일을 다 책임지려고 하지도 않았다. 모세는 투사(投射)라는 현대의 전문 용어를 몰랐겠지만, 이 심리적 과정을 알고 있었던 것이 아닐까 싶다. 투사란 사람들이 자신의 공포나 불안을 스스로 다루기보다, 이해하기 힘들고

의혹이 넘치는 상황을 무의식적으로 남 탓으로 돌리는 것을 말한다. 또한 그는 사람들이 말로 표현하지 않고 잠재적으로 이상화된 기대를 리더에게 투사했다가 그 기대를 충족시키지 못하면 분노를 품는다는 것을 알고 있었는지도 모른다.

하지만 모세는 이스라엘 사람들의 이런 기대를 받아들이지 않았다. 이스라엘 사람들이 그가 하나님인 것 처럼 대하게 두거나, 그의 책임이 아닌 일에 책임이 있는 양 행동하지 않았다. 그들이 모세 자신이 감당할 수 없는 역할을 떠안기려고 했을 때 그는 즉시 이를 중단시키며 말했다. "우리가 무엇이라고, 당신들이 우리를 보고 원망하십니까?…주님께서 저녁에는 당신들에게 먹을 고기를 주시고, 아침에는 배불리 먹을 빵을 주실 것입니다.…당신들이 하는 원망은 우리에게 하는 것이 아니라, 주님께 하는 것입니다"(출 16:7-8, 새번역). 모세는 예리한 말로 상황을 분명히 하고 투사의 진행을 막았다. 그리고 이스라엘 사람들은 실제 책임이 있는 하나님과 그 문제를 이야기해야 한다고 단언했다.

논쟁에 휘말리지 않는 수준에 오르기까지 모세는 많은 훈련이 필요했다. 그 노력이 너무나 힘들었지만, 혜택은 이루 말할 수 없었다. 논쟁에 끌려들어 가지 않았기에 사람들의 투사가 주는 부담에서 해방될 수 있었다. 그리고 그 순간에 가장 필요한 일을 할 수 있었는데, 바로 중보의 사역이었다. 모세는 부당한 책임의 부담에서 벗어나, 하나님의 임재 속으로 들어가서 이스라엘 사람들을 위해 마음껏 중보했다.

중보의 사역

리더로서 모세의 삶에 나타나는 가장 일관된 습관 하나는 자신이 이끄는 사람들을 위해 꾸준히 기도하고, 그들과 관련된 상황에서 늘 하나님의 인도를 구하는 것이었다. 모세는 자신을 변호하거나 논쟁을 벌이기보다 하나님의 임재 속으로 들어가 이스라엘 사람들을 위해 부르짖고 나아가야 할 다음 단계를 위해 하나님께 귀 기울이는 데 힘을 쏟았다. 그렇게 "사람들은 불평하고 모세는 주님께 부르짖는" 패턴이 거듭 반복되었다.

마라에서 사람들이 물이 써서 마실 수 없다고 불평하자 모세는 그들을 위해 주께 부르짖었다(출 15:23-25).

이스라엘 사람들이 르비딤에서 모세와 하나님과 다투었을 때 모세는 "주께 부르짖으며" 어찌 해야 할지를 여쭈었다. 그들에게 비난을 퍼붓거나 자신을 입증하려고 애쓰기보다는 홀로 나아가 하나님과 씨름했다(출 17:3-4).

이스라엘 사람들이 금송아지를 섬기는 죄를 범했을 때 모세는 중보하여 그들이 하나님의 진노를 받아 멸망하지 않도록 했다. "모세가 주께 애원하자 주가 뜻을 돌이키셨다"(출 32:11-14). 그들을 위해 중보할 때 모세는 생명을 내놓고 그들과 자신을 완전히 동일시했다. "그러나 이제 주님께서 그들의 죄를 용서하여 주십시오. 그렇게 하지 않으시려면, 주님께서 기록하신 책에서 저의 이름을 지워 주십시오"(출 32:32).

이스라엘 사람들이 광야에서 하나님께 심하게 불평하자 하나님의 불이 일어나 그들을 사르려 했다. 그러자 모세는 하나님께 기도했고 불은 꺼졌다(민 11:2).

미리암과 아론이 질투하여 모세의 권위에 도전했을 때 미리암은 악성 피부병에 걸렸다. 그러자 모세는 그녀를 치료해 달라고 하나님께 부르짖었다(민 12:13).

이스라엘 사람들이 하나님을 믿지 못하고 약속의 땅으로도 들어가고자 하지 않았을 때, 상황은 악화되어 모세와 아론을 몰아내고 새 지도자를 뽑으려 할 정도였다. 그러자 그들을 향해 하나님의 진노가 일었고, 모세는 다시 한 번 중보하며 하나님께 그분의 성품과 언약을 상기시켰다. "주님의 그 크신 사랑으로 이 백성의 죄를 용서하여 주시기 바랍니다"(민 14:19).

고라가 모세에게 반역하고 온 회중이 모세를 등지자 벌로 재앙이 내렸다. 그때 모세와 아론은 향로를 가지고 백성에게로 달려가 속죄 예식을 베풀었다. 그들은 말 그대로 살아 있는 자와 죽은 자 사이에 섰고, 그러자 염병이 멈췄다(민 16:48).

이스라엘 사람들이 인내심을 잃고 하나님과 모세를 원망하자 하나님이 불뱀을 보내셨을 때에도 모세는 그들을 위해 기도했다. 그러자 하나님은 모세에게 불뱀의 형상을 만들어 장대 위에 두어서 뱀에 물린 사람들이 이를 보고 살아나도록 했다(민 21:9).

영적 리더십의 기본적인 일 중 하나인 중보 기도의 중요성을 가장 잘 담아낸 이야기는 출애굽기 17장의 아말렉과의 전투다. 이 이야기는 상세한 설명을 필요로 한다. 모세는 겁이 많은 사람이 아니었고 이스라엘의 여정에서 역경이 닥치면 대개 최전선에 섰다. 하지만 어쩐 일인지 이 전투에서 모세는 자신이 맡은 가장 중요한 역할은 산에 올라 이스라엘 군대를 위해 중보하는 것임을 깨달았다. 여호수아를 전투의 장수로 임명하고, 자신은 "하나님의 지팡이를 손에 들고 산꼭대기에 서 있겠다"고 약속했다(출 17:9). 이

지팡이는 하나님의 전능하신 임재와 하나님에 대한 리더 모세의 신뢰를 상징했다.

이 이야기는 잘 알려져 있다. 모세가 손을 들 때마다 이스라엘이 이기고 손을 내릴 때마다 아말렉이 이겼다. 다른 사람들을 위해 하나님의 임재를 간구하는 중보의 사역이 너무나 생생하고 고된 일이어서 모세의 손은 지쳐 갔다. 그는 이 사역을 혼자 해서는 안 된다는 것을 알고 있었고, 가장 신뢰할 수 있는 두 동료인 아론과 갈렙의 아들 훌을 데려갔다. 그들은 돌을 가져다가 그 위에 모세를 앉혀 몸을 지탱하게 했고, 모세 양옆에 서서 그의 손을 붙들어 올려 해가 질 때까지 손이 떨어지지 않게 했다. **이 전투의 승리는 전적으로 하나님이 맡기신 사람들을 위해 모세가 지속적으로 중보기도를 할 수 있는가에 달려 있었다.**

모세가 중보하기 위해 하나님과 이스라엘 사람들 사이에 섰던 나날들과 그의 중보가 각 상황에 미쳤던 영향력은 단순히 양적으로도 가히 주목할 만하다. 모세의 영적 리더십에서 중보는 분명 중요한 일이었다.

일의 실제 결과를 두고 이 정도로 하나님께 의지하는 것은 매우 과감하고 혁신적인 리더십이다. 당면 문제가 정말 중요한 경우, 우리는 부분적으로는 하나님께, 부분적으로는 자신의 계획과 생각에 의존하는 방식에 훨씬 더 익숙하다. "일을 똑바로 하고 싶으면 스스로 직접 챙겨야 한다"는 태도를 사람들뿐만 아니라 하나님께도 적용한다. 신앙으로는 잘 통하지 않았을 때를 대비해 늘 대안을 준비해 놓고 있어야 한다고 합리화한다. 하지만 토마스 머튼(Thomas Merton)의 관점은 내 삶과 리더십의 중요한 순간에 온전히 믿음의 길을 걸으라는 도전을 준다.

우리는 겁이 많아서 두 마음을 품고 세상과 하나님 사이에서 주저한다. 이렇게 망설이면 참된 믿음은 없으며, 믿음은 하나의 의견으로만 남는다. 우리가 결코 확신에 이르지 못하는 이유는 보이지 않는 하나님의 권위에 굴복하지 않기 때문이다. 이렇게 망설이면 가망이 없다. 눈에 보이는 이런저런 도움들은 언젠가는 실망시키리라는 것을 잘 아는데도 불구하고, 우리는 이것들을 결코 손에서 놓지 않는다. 이런 망설임 때문에 참된 기도를 드리지 못한다. 기도는 해도 과감히 무엇을 구하지 못하며, 또 무엇을 구하는 경우에도 기도가 하나님께 들릴지 미심쩍어서 구하고 있는 순간에도 속으로는 인간적인 생각으로 임시방편의 응답을 만들어 내려 한다. (참고. 약 1:5-8)[2]

기도하는 순간에도 하나님을 신뢰하지 못해 기도 응답을 스스로 고안하느라 바쁘다면 기도가 무슨 소용이 있겠는가?

중보 기도의 능력

모세가 중보하는 동안 하나님은 무슨 일을 겪더라도 소명에 충실할 수 있는 방법을 구체적으로 알려 주셨다. 그래서 그는 공동체를 향한 구체적인 지침을 들고 나타나곤 했다. 사실 이스라엘 사람들은 모세를 통해 하나님의 말씀 받기를 진실로 고대했기 때문에 모세가 하나님의 임재 속으로 들어갈 시기가 오면 그들 전체가 참여하는 의식이 거행되었다.

이스라엘 사람들이 진 친 곳 바깥에는 회막이라는 특별한 장소가 마련되어 있었다. 회막은 하나님을 구하는 모든 이에게 개방된 곳이었지만, 모세가 회막에 들어갈 때는 국경일 같은 날이 되었다.

> 모세가 그리로 나아갈 때면, 백성은 모두 일어나서 저마다 자기 장막 어귀에 서서, 모세가 장막으로 들어갈 때까지 그 뒤를 지켜보았다. 모세가 장막에 들어서면, 구름기둥이 내려와서 장막 어귀에 서고, 주님께서 모세와 말씀하신다. 백성은 장막 어귀에 서 있는 구름기둥을 보면, 모두 일어섰다. 그리고는 저마다 자기 장막 어귀에 엎드려 주님을 경배하였다. 주님께서는, 마치 사람이 자기 친구에게 말하듯이, 모세와 얼굴을 마주하고 말씀하셨다. (출 33:8-11, 새번역)

모세가 그에게 맡겨진 사람들을 위해 중보하고 하나님의 말씀을 구하러 고독 속으로 들어갈 때, 이스라엘 사람들은 앞의 구절에 나타난 것처럼 깊은 경외감을 경험했다. 그리고 이런 경험은 이후 이스라엘 사람들 여정 전체의 기틀을 마련했고 바로 모세 자신을 빚어 갔다.

나에게는 리더로서 중보 기도 습관을 기르는 일이 쉽지 않았다. 신앙생활 초기에 내가 배운 중보 기도 방식을 버겁고 부담스럽게 느꼈기 때문이다. 중보 기도를 할 때는 종종 세계 여러 곳을 위한 상세한 기도 목록과(약한 달치의 기도 목록) "당신을 위해 기도하겠습니다"라는 지키기 어려운 약속이 있어야 했다. 또한 내가 하나님께 말하지 않는다면 그분이 내가 기도하는 사람을 위해 무엇을 해야 할지 모르시기라도 하듯이, 무엇을 기도해야 할지 고심해야 했다. 리더 일을 하다가 어려움에 봉착할 때, 사람들의 비판, 불평, 미묘한 질투와 기타 좋지 않은 행동들에 대한 나의 첫 반응은 보통 나를 괴롭히거나 몰아내려고 하는 사람들을 위해 기도하지 않는 것이었다. 어려움에 맞서서 다투거나 도망치는 등 여러 반응을 취했지만 중보 기도는

9. 중보의 리더십

하지 않았다.

하지만 리더 자신이 고독과 침묵으로 들어가는 여정에 오르면 타인을 위한 기도 방식에 커다란 변화가 생길 수 있다. 적어도 내 경우는 그랬다. 내가 나의 참된 것으로 하나님과 함께하는 능력을 심화시키고 삶 가운데 하나님의 구원을 기다리는 법을 더 많이 배워감에 따라, 타인을 위해 기도하는 법뿐만 아니라 중보 기도의 본질에 대한 이해조차 바뀌었다. 나는 이제 다른 사람의 필요가 무엇인지 알아서 이것을 놓고 하나님과 씨름하는 것은 중보 기도와 별로 관련이 없음을 안다. 그와 달리 중보 기도는 다른 사람을 대신하여 하나님 앞에 서는 것이며, 은혜의 보좌 앞에서 이미 그 사람을 위해 기도하고 계신 성령의 기도에 귀 기울이며 기꺼이 하나님과 함께 그 기도에 동참하는 것이다.

중보 기도는 아는 것보다는 **알지 못하는 것**과 더 관련이 있다. 중보 기도는 기도를 해야 하는데 어떻게 기도할지를 알지 못한다는 로마서 8장의 진실에 점점 더 가까워지는 것이다. 또한 성령은 어떻게 기도하는지를 참으로 아시는 분이며 은혜의 보좌 앞에서 그 사람 또는 상황을 놓고 **이미** 중보하고 계시다는 사실을 받아들이는 것이다. 참된 기도의 고요 속으로 들어가, 걱정하고 있는 상황이나 사람에 대해 내가 아파하고 있음을 경험하고 그들 대신 아파하시는 성령을 느끼는 것만으로 충분하다.

중보 기도의 자세는 우리 안에서 하나님의 기도 안으로 기꺼이 들어가려는 의지이며, 자신과 타인을 돌보시는 하나님의 사랑 안으로 들어가려는 마음이다. 중보 기도의 자리에서 우리는 그 사랑 안으로 들어오라고 부르시는 하나님의 독특한 초대에 민감해진다. 또한 다른 사람들에 대해 치우친 이해관계와 습관적으로 사람들을 돌보았던 방식을 버리라고 요청받을 수도 있다. 존재와 부재, 침묵과 말, 하는 것과 하지 않는 것, 모든 것이 우리 안에 계신 하나님의 기도에 견주어 상대화된다.[3]

이런 중보 기도 방식은 지난 날 내가 했던 방식보다 부담을 훨씬 덜어 주었다!

> 저는 하나님을 보고, 당신을 봅니다. 그러고는 계속 하나님을 봅니다.
> 노리치의 줄리안

나는 또한 기도 목록을 사용하는 방식에도 신중하다. 이제 나는 매일 하나님의 임재 안에 조용히 앉아 하나님이 마음과 심정에 떠오르게 하시는 사람들을 본다. 그들이 떠오르면 나는 하나님의 영과 내 영이 교제하는 곳으로 그들을 초대하여 한자리에 함께한다. 기도 목록이나 마음에 걸리는 사람, 혹은 일이 있으면 그들도 데려와 함께한다. 내가 무엇을 알아내야 한다거나 상황을 잘 파악하고 있음을 보여 주는 말을 해야 한다는 부담감은 없다. 이렇게 하나님의 사랑, 안식, 돌봄을 그들과 나누는 것으로 족하다.

할 말이 떠오르거나 묻고 싶은 게 생각나면 자유롭게 하나님께 말할 수 있지만, 꼭 그렇게 해야 하는 것은 아니다. 대부분의 경우 하나님의 임재 안에서 근심이 되는 인물이나 상황을 품고 듣는 것 외에, 내가 할 일이나 할 말은 없다. 때로는 하나님이 해당 사람이나 상황과 관련해 나에게 요청하시는 지혜의 말, 지침, 행동이 있지만, 이것들은 언제나 주어진 것이지 내가 얻기 위해서 매달리거나 애써야 하는 것은 아니다.

하나님이 아무 말씀도 하시지 않는 경우, 나는 아무 행동이나 말도 하지 않는다. 어떤 일이 생기도록 노력하여 내 근심을 누그러뜨리고 싶은 유혹을 받는 경우에도 그러하다. 기도 중에 아무 말씀이 없으면, 나는 아무 말도 하지 않는다. 만약 하나님이 말씀하시는 경우, ─ 하나님은 나를 성경 구절, 말씀이나 행동, 다음 단계로 등으로 인도해 오셨다 ─ 나는 들은 것을 충실히 따르려고 한다.

누군가 기도를 부탁하면 나는 **하나님이 마음속에 떠오르게 하시는 대로** 기도하겠다고 약속한다. 그렇게 모든 책임을 내가 맡지 않고 하나님의 손에 맡긴다. 타인을 위해 하나님의 임재 안에 있는 시간과 장소를 마련한다면, 하나님이 그분의 사랑 안에서 이들을 내 마음에 떠오르게 하시리라 확신한다. 나는 점차 이런 유형의 중보 기도가 인간의 생각과 노력에 의존하는 기도보다 더 평화롭고 무리가 덜 따른다는 것을 깨달았다. 또한 하나님이 내가 드려야 하는 기도로 인도하시도록 실제로 나를 내어 드리고 있다고 확신하게 되었다.

하나님 백성의 고통 속으로 들어가기

나 자신의 인간적 특성 안에서 하나님을 구하는 데 주의를 기울여 온 덕분에 나는 다른 사람들의 인간적 특성에 더 너그러워지고 그들을 고치려고 너무 애쓰지도 않게 되었다. 연약하고 부족한 인간됨 그대로 하나님의 임재 안에 거하는 경험은 다른 사람들의 연약하고 부족함과 함께하는 법을 가르쳐 준다.

> 내 의식이 하나님께, 그리고 그분이 사랑하시는 사람들에게 가 닿을 때, 나는 그들과 함께하기를 갈망하게 된다. 상상 속에서 나는 그들과 함께 손을 잡고 내 사랑의 궤도를 돌며, 중보 기도의 자리에 나아가게 된다.
> 고든 코스비, 세이비어 교회 창립 목사

또한 나 자신의 상처를 대면하고 파악한 덕분에 다른 사람들이 자신의 상처를 발견할 때 어떻게 그들과 함께해야 하는지 배웠고 깊이 개입해야한 다는 강박에서 벗어나게 되었다.

삶에서 나의 바람과 갈망의 어두운 물결을 계속 접촉해 온 결과, 타인이 바람과 갈망을 표출하고자 할 때도 이를 존중하게 되었다.

내 삶에서 고쳐지지 않는 거대한 문제들을 직면하고 그것을 하나님의 임재 앞에 내어 드리며 사는 법을 배운 덕분에 다른 사람들이 그들의 삶에서 고쳐지지 않는 커다란 것의 일부를 보여 줄 때 충고를 하거나 해결책을 내놓거나 고쳐 주려고 하기보다는 공감하는 마음으로 대할 수 있게 되었다.

나 자신의 인생에서 하나님의 부르심을 듣고 따르는 데 충실하고자 했던 노력은 다른 사람들이 위험을 감수하며 하나님의 초대에 순종하려고 할 때 그들을 격려하고 지도하기 위한 최고의 준비였다.

리더십의 영혼

리더가 **자신이 이끄는 사람들과의 관계 속에서** 고난을 경험하고 고난이 그를 변화시킬 때 삶에서 필연적으로 일어나는 변화가 있다. 체임 포톡(Chaim Potok)의 소설 「선택받은 자」(The Chosen)의 한 부분은 이 과정이 어떠한지 강렬하게 기술한다. 이 책의 거의 막바지에서 랍비 렙 손더스는 아들 대니에 대해 말한다. 그는 아들이 그를 이어 랍비가 되기를 바랐다.

내 아들 다니엘이 네 살이었을 때 나는 아들이 명석하지만 그 네 살짜리 안에 영혼이 없음을 깨달았습니다. 단지 머리만 있었지요. 아들은 영혼이 없이, 그저 몸 안에 지성을 지니고 있을 뿐이었습니다.…나는 속으로 비명을 질렀고 밖으로 나가 우주의 창조자에게 외쳤습니다. "나한테 무슨 짓을 한 겁니까? 제가 아들로 이런 머리만 있는 아이를 원하는 줄 아세요? 저는 가슴이 있는 아들을 원합니다. 영혼을 가진 아들을 바랍니다. 아들에게 동정심과 정의, 자비, 고통을 겪으며 버텨 나갈 강인함이 있기를 원합니다. 영혼이 없는 머리는 아니라고요.

그래서 렙 손더스는 대니를 거의 완전한 침묵 가운데 기르겠다는 가슴이 찢어지는 결단을 내렸다. 이것은 손더스의 아버지가 그를 랍비로 키우기 위해 사용했던 방식이기도 했다. 그는 다음과 같이 설명했다.

아버지는 우리가 함께 공부할 때를 제외하고는 나에게 한마디도 말을 걸지 않으셨습니다. 아버지는 침묵으로 저를 가르치셨습니다. 나 자신을 들여다보고, 나의 강점을 발견하고, 내 영혼과 함께 나 자신 안에서 걸어가도록 가르치셨습니다. 사람들이 아버지에게 왜 아들에게 그렇게 침묵으로 대하는지 물어올 때 아버지는 대답하곤 하셨습니다.…"사람은 자신의 고통을 겪고 내면으로 들어가 자신의 영혼을 발견해야, 다른 이들의 고통을 배웁니다. 고통을 아는 것이 중요합니다. 고통은 우리의 자만과 교만, 남들에 대한 무관심을 없애 줍니다."…내가 사리를 분별할 줄 아는 나이가 되었을 때 아버지는 내게 말씀하셨습니다. "모든 사람들 가운데 특히 차딕•[영적 리더]은 고통을 알아야만 한다. 차딕은 그의 사람들을 위해 고난을 겪는 법을 배워야 한다. 그들의 고통을 취해서 자신의 어깨에 걸머져야 한다. 언제나 그것을 지고 가야 한다. 그는 나이보다 더 일찍 늙어야 한다. 그는 마음속으로 언제나 울어야 하며 춤을 추고 노래를 할 때조차 사람들의 고통 때문에 부르짖어야 한다."[4)]

오늘날 치료의 일반적인 기준에서 볼 때 이 이야기는 약간 지나칠 수 있고, 또 글의 표현에 이견을 제시하는 사람도 있을 수 있다. 하지만 그렇게 접근하면 요점을 놓친다. 요점은 리더가 자신의 고난에 지속적으로 대면하면서 다른 이들의 고통에 민감해져야 한다는 것이다. 그때에 리더의 마음과 기도로부터 사람들을 인도하는 방식에 변화가 일어난다.

이렇듯 타인을 위해 중보하는 능력은 지적인 명석함이나 전략적 사고, 혹은 행정적 탁월함이나 뛰어난 설교로 대신할 수 없다. 타인을 위한 중보는 영적 리더가 해야 할 일이다.

헨리 나우웬은 다음과 같이 말한다.

신자가 원할 때 목회자가 늘 만나 줄 수 없다는 현실은 목회자의 영성 생활에서 본질적인 것으로 받아들여져야 한다.…"목사님을 만나 뵐 수 있을까요?"라는 문의에 "죄송합니다. 목사님은 다른 분을 만나고 계십니다"라는 대답이

• 하시디즘 계통 유대교의 영적 지도자.

아니라 "죄송합니다. 목사님은 지금 기도하고 계십니다"라는 대답이 전해졌을 때 이 말이 어떻게 들리겠는가? 이것이야말로 참된 위안을 주는 일이 아니겠는가! 이 말은 목사가 다른 사람들을 만나기 때문이 아니라 하나님, 우리의 하나님이신 그분과만 함께 있기 때문에 나를 만날 수 없다는 말이다.[5]

중보 기도 습관이 우리의 리더십을 형성했다면 우리는 어떤 사람이겠는가? 우리가 이끄는 사람들이 우리가 규칙적이고 일상적으로 하나님의 임재 속으로 들어가고, 그곳에서 일어나는 것에 근거하여 말하고 인도한다는 것을 안다면 우리와 그들 사이의 역동은 어떻게 변화되겠는가?

실습

이번 장을 읽고 나서 하나님의 임재 안에서 호흡하며 침묵하는 시간을 몇 차례 가지라. 자신의 영혼을 위해 하나님의 임재를 누리는 선물을 받아들이고, 하나님과 친숙하고 친밀한 교제를 나누며 잠시 쉬라. 준비가 되면 하나님이 당신에게 의미 있는 사람이나 상황을 마음속에 데려오시게 하라. 당신에게 기도를 부탁한 사람, 심하게 대했거나 비판적이었거나 불평했던 사람 또는 그룹, 스트레스를 안겨 주거나 지혜가 필요한 상황 등을 말이다. 하나님이 당신에게 "이 사람이 우리와 함께 있도록 초대하는 게 어떠니?" 또는 "이 상황을 함께 살펴보는 게 어떠니?" 하고 물으신다고 상상하라.

'네'라고 답할 수 있다면, 당신과 하나님이 교제를 나누는 공간으로 그 사람 또는 상황을 맞이하고, 하나님의 임재 안에서 그 사람 또는 상황과 함께 거하라. 은혜의 보좌 앞에서 성령이 이미 그 사람 또는 상황을 위해 간구하시는 기도와 갈망, 아파하는 소리에 귀를 기울이라. 하나님께 "제가 어떻게 그 기도에 동참할 수 있을까요?" 하고 물으라. 기도 가운데 하나님이 당신에게 그 사람과 상황을 위해 하라고 초대하시는 것이 있는지 보라. 어떤 것을 강제하거나 억지로 밀어붙이지는 말라. 아무것도 떠오르지 않는 경우에는 그 상황과 관련하여 하나님 안에서 안식하라. 어떤 지혜나 다음 단계가 떠오르면 하나님이 길을 밝히시는 대로 충실하게 따르겠다고 다짐하라.

당신과 하나님이 함께하는 그 자리 안으로 어떤 사람이나 상황을 초대하는 데에 저항감이 느껴진다면 하나님께 그냥 편안히 "아니요, 저는 준비가 안 되었어요"라고 답한 뒤, 함께 그 일에 주의를 기울이라. 이런 저항감은 그 사람이나 상황과 관련하여 당신의 마음속에서 실제 일어나고 있는 일에 대해 많은 것을 말해 줄 것이다.

마음을 열고 다른 사람들을 마음에 불러올 자리를 마련하기 위해 중보 기도문을 쓰는 것이 도움이 될 수 있다. 그런 기도문은 너무 힘들게 애쓰지 않고도 하나님의 임재 안에서 우리의 근심을 덜어 주는 한 방법이 될 수 있다. 다음은 「아이오나 수도원 예배서」(*Iona Abbey Worship Book*)에서 일부를 개작한 기도문이다.

사랑의 하나님, 치유하시는 당신의 임재 안에 고통과 병마에 시달리는 분들을 품습니다.…(마음에 아는 사람들의 이름과 얼굴이 떠오르도록 침묵하며 기다렸다가 기도한다)

…그들이 그리스도의 깊은 평화를 알게 하소서.

 사랑의 하나님, 치유하시는 당신의 임재 안에 심적으로 영적으로 고통받는 분들을 품습니다.…
…그들이 그리스도의 깊은 평화를 알게 하소서.

사랑의 하나님, 치유하시는 당신의 임재 안에 세상의 고통받는 분들과, 제 삶을 포함하여 상처와 분열을 겪는 지역들을 품습니다.…
…우리가 그리스도의 깊은 평화를 알게 하소서.

사랑의 하나님, 치유하시는 당신의 임재 안에 슬픔과 상실을 겪는 분들을 품습니다.…
…그들이 그리스도의 깊은 평화를 알게 하소서.

사랑의 하나님, 치유하시는 당신의 임재 안에 다음 단계로 나아가는 데 지혜가 필요한 분들을 품습니다.…
…그들이 그리스도의 깊은 평화를 알게 하소서.

사랑의 하나님, 치유하시는 당신의 임재 안에 고치기 힘들 정도로 부서진 사람들과 상황을 품습니다.…
…그들이 그리스도의 깊은 평화를 알게 하소서.

사랑의 하나님, 치유하시는 당신의 임재 안에 그들의 필요를 저는 모르지만 당신은 아시는 분들과, 제가 기도 부탁을 받은 분들을 품습니다.…
또 저와 가까운 모든 분의 이름을 마음속으로 부릅니다.…
…그들이 그리스도의 깊은 평화를 알게 하소서.

하나님께 영광을, 그에게서 모든 사랑이 흘러나오도다.
예수님께 영광을, 고통을 통해 그의 사랑을 보이셨도다.
성령님께 영광을, 가장 어두운 곳을 밝히시는도다.
아멘.

「아이오나 수도원 예배서」[6]

10. 리더십의 고독

보십시오, 주님께서 저에게 이 백성을 저 땅으로 이끌고 올라가라고 말씀하셨습니다.
그러나 주님께서 누구를 저와 함께 보내실지는 저에게 일러주지 않으셨습니다.…
주님께서 친히 우리와 함께 가지 않으시려면,
우리를 이 곳에서 떠나 올려 보내지 마십시오.

출애굽기 33:12, 15

리더십은 매우 특별한 고독을 수반한다. 이 고독은 다른 사람들은 보지 못하는 것을 보는 것, 혹은 뚜렷이 못 보거나 봤어도 잊어버린 것을 보는 것과 관련이 있다. 또한 비판, 불신, 실패 가운데서도 하나님과 그분이 이끄시는 여정에 늘 따라오는 과업 및 결정에 대해 신실함을 지키는 것과 관련된다. 여정을 시작할 때 열광적이던 사람들이 고된 여정에 싫증을 내기 시작한다. 물은 쓰고 음식은 형편없으며 예상하지 못한 위험한 일들이 일어난다. 사람들은 이전의 안전하고 예측 가능한 삶을 갈망하기 시작하며, 약속의 땅은 단지 리더의 상상 속에서만 존재하는 건 아닌지 의심하기 시작하고, 되돌아갔으면 하는 생각도 품는다. 광야에서 죽느니 차라리 애굽 사람들을 섬기는 편이 더 낫겠다고 말한다(출 14:12). 어떤 날은 당신도 그들에게 동조하고 싶은 유혹을 받기도 하지만 영혼 깊은 곳에서 당신은 알고 있다. 설령 다른 사람들이 다 돌아간다고 해도 당신만은 그럴 수 없다.

다른 사람의 비전에 자신을 내어 맡길 수 있다. 그러나 비전을 봤기에 다른 사람들이 어떠한 선택을 내리더라도 계속 여정을 밟아 갈 것이고 또 그래야만 한다는 것을 마음속 깊이 아는 것은 전혀 다른 문제다. 리더십의 고독은 최종 책임자가 자신이라는 사실에 있다. 하나님께 받은 반드시 해야 하는 일이 있고, 이를 저버리면 요나처럼 되고 말 것이다. 요나는 하나님께 부르심을 안 받은 체하며 배 밑에 숨어 있었다. 당신도 요나처럼 행동할 수 있다. 하지만 그렇게 한다면 당신의 인생에는 별로 남는 게 없을 것이다.

하나님에 대한 그리움

모세가 리더로 있던 대부분의 시간에, 그는 고된 투쟁과 난관에 의연히 대

처해 나갔던 것 같다. 화가 난 파라오와 위협하는 무리들을 상대할 수 있고, 굶주림과 갈증을 견뎌낼 수 있었으며, 혹독한 환경과 가족과의 별거를 감당할 수 있었다. 하지만 때로 이 모든 일 가운데 자신이 **완전히 혼자**라는 생각이 들 때면 견디기 힘들었다. 모세가 리더십의 고독 때문에 무척 힘들었다는 첫 기록은 출애굽기 33장, 이스라엘 사람들이 금송아지를 섬겨서 하나님과 모세를 대적한 직후다.

모세가 호렙 산에서 이스라엘 사람들을 대표해 하나님의 말씀을 기다릴 때의 일이었다. 예상보다 시간이 더 걸렸지만 마침내 모세는 하나님이 손수 쓰신 십계명이 기록된 석판을 들고 산을 내려왔다. 영적으로 의미가 깊고 기념할 만한 순간이었지만, 무리에게로 돌아오던 중 기다리다 지친 이스라엘 백성이 다른 신들을 섬겼다는 사실을 알게 되었다. 무엇보다도 괴로운 사실은 형제이자 오른팔인 아론에게 책임을 맡기고 떠난 사이, 아론이 백성들의 강요를 이기지 못해 반역을 그대로 둔 것이었다.

모세가 사태를 파악하며 느꼈을 실망과 환멸을 상상하기란 그리 어렵지 않다. 이후 며칠간 이어지는 사건들을 겪으면서 그는 가지고 있는 모든 에너지를 쏟아야 했다. 그야말로 진노하신 하나님과 고집 센 민족 사이에 서서 이스라엘 사람들의 죄에 대해 속죄하려고 노력했다. 홀로 하나님의 임재 안에서, 그분의 자비를 구하며, 자신과 그의 민족의 운명을 동일시했다. 모든 희망이 사라진 것처럼 보였던 순간에, 모세는 하나님의 노여움을 진정시킬 수만 있다면 자신의 목숨도 기꺼이 바치려 했다. 그는 자신 전부를 걸고 아뢰었다. "그러나 이제 주님께서 그들의 죄를 용서하여 주십시오. 그렇게 하지 않으시려면, 주님께서 기록하신 책에서 저의 이름을 지워 주십시오"(출 32:32, 새번역).

하나님과 모세는 한 번 더 힘든 씨름을 해야 했고 하나님은 그분의 의로운 진노로 이스라엘 사람들이 멸망하는 것을 면하게 해주셨다. 하지만 이런 대화의 과정을 거치며 모세는 영적 체력을 엄청나게 소모했고 일을 모두 마쳤을 때는 완전히 녹초가 되었다. 이스라엘 사람들을 길들이는 것은 불가능한 일이었고, 진노하신 하나님은 그들이 약속의 땅에 들어갈 때에 동행하시지 않겠다고 말씀하셨다. 하나님이 이스라엘 사람들을 위해 계속 일을 하시겠지만, 요점은 이제 그들과 함께 가시지는 않겠다는 것이었다 (출 33:3). 완고한 이스라엘 사람들과 함께 가다가는 그들이 하나님의 진노로 멸망할 수 있기 때문이었다.

> 모세는 위대한 입법자인 동시에, 위대한 해방군 총사령관이었다. 그는 예언자로, 이스라엘 사람들을 향한 하나님의 대변인인 동시에, 하나님께 나아가는 대표였다. 그의 인생에 좋은 날은 없었다. 이스라엘 사람들도, 하나님도 모두 그에게 맞섰다.
> 엘리 위젤

하나님이 친히 함께 가시지 않으면

외로움이 가고 또 외로움이 온다. 모세가 여기서 마주친 것은 아주 깊은 차원의 외로움, 하나님께 버림받은 듯한 외로움이었다. 이 여정에 의미를 부여하는 가장 중요한 것을 잃은 상실감이었다. 모세는 그것 없이는 더 이상 나아갈 수 없다고 확신했다. 그래서 그는 멈춰 섰다. 하나님이 이스라엘 백성과 맺은 언약을 어기고 멀리 떨어져서 지켜보기만 하시겠다는 것을 받아들일 수 없었다. 그는 평소처럼 하나님과 직접 이 문제를 논의했다.

모세가 주님께 아뢰었다. "보십시오, 주님께서 저에게 이 백성을 저 땅으로 이끌고 올라가라고 말씀하셨습니다. 그러나 주님께서 누구를 저와 함께 보내실지는 저에게 일러주지 않으셨습니다. 주님께서는 저를 이름으로 불러 주실 만큼 저를 잘 아시며, 저에게 큰 은총을 베푸신다고 말씀하셨습니다. 그러시다면, 제가 주님을 섬기며, 계속해서 주님께 은총을 받을 수 있도록, 부디 저에게 주님의 계획을 가르쳐 주십시오. 주님께서 이 백성을 주님의 백성으로 선택하셨음을 기억하시기 바랍니다."

주님께서 대답하셨다. "내가 친히 너와 함께 가겠다. 그리하여 네가 안전하게 하겠다."

하지만 모세는 확신이 들지 않았다. 모세는 그가 한계에 이르렀다는 점을 하나님이 꼭 아셨으면 했다. 모세가 주님께 아뢰었다. "주님께서 친히 우리와 함께 가지 않으시려면, 우리를 이곳에서 떠나 올려 보내지 마십시오. 주님께서 우리와 함께 가지 않으시면, 주님께서 주님의 백성이나 저를 좋아하신다는 것을 사람들이 어떻게 알 수 있겠습니까? 주님께서 우리와 함께 계시므로, 저 자신과 주님의 백성이 땅 위에 있는 모든 백성과 구별되는 것이 아닙니까?"(출 33:12-16, 새번역)

> 하나님이 나를 사랑하신다는 말을 듣지만 어둠과 차가움과 공허함의 현실이 너무 거대해서 아무것도 나의 영혼을 만져 주지 않는다.…정말 외로움의 고문이다.…언제까지 내 마음은 이런 고통을 겪어야 하는 걸까?
>
> 테레사 수녀, 「마더 데레사 나의 빛이 되어라」(오래된미래)

영혼의 리더십

210

모세의 말은 일리가 있었다. 하나님의 임재가 그들 사이에서 뚜렷이 감지되지 않는다면, 그들이 하나님이 보시기에 은총을 입었는지 달리 어떻게 알 수 있겠는가? 그들과 그들이 거쳐 가는 다른 나라들을 구별 짓는 것이 아무것도 없다면 여정을 계속 가는 것이 무슨 의미가 있겠는가? 하지만 모세는 단순한 언어적인 보증 그 이상이 필요했다. 하나님의 은총을 입었다는 표적, 그가 혼자가 아니라는 보증을 간절히 원했고 하나님의 영광을 보여 달라고 요청했다. 누가 하나님의 영광을 보고 싶지 않겠는가?

하지만 하나님은 모세에게 실제로 필요한 것이 그분의 선하심에 대한 확신이라는 것을 아셨다. 모세는 하나님의 정의, 그분의 권능과 의로우심을 잘 알고 있었고, 그분의 진노와 징벌을 충분히 보아 왔다. 지금 그에게 필요한 것은 하나님의 선하심, 그분의 은혜로우심과 자비하심을 경험하는 것이었다. 이 순간 그것이 그가 꿈꿔왔던 어떤 약속의 땅보다 더 중요하게 느껴졌다.

리더에게 가장 필요한 것

이때는 리더의 삶에서 아주 중요한 순간이다. 약속의 땅이 무엇이든, 그것이 교회의 규모든, 새로운 사역이든, 새 건물이든, 저술이든, 특정 분야의 전문가가 되는 것이든, 그 의미가 희미해질 때 우리는 하나님의 인격적인 임재를 놓치고 있음을 깨닫게 될 수도 있다. 우리가 이룩한 것을 둘러보며 순전히 자신의 노력을 통해서 된 게 아닌가, 또 처음에 이 여정으로 우리를 부르신 하나님의 임재보다도 앞서 나간 게 아닌가 하고 의문이 들 수도 있다. 또는 사역에 대한 근심 때문에 하나님과의 관계가 뒷자리로 밀려났음을 발견하고 그분의 임재에 대한 내적 감각을 상실한 것에 슬퍼할 수도 있다.

리더십은 이제 큰 타격을 입게 되었다. 거대한 허무감이 밀려온다. 모세가 그랬듯, 지금 여기서 하나님의 임재를 경험하는 것보다 우리가 꿈꿀 수 있는 더 중요한 약속의 땅은 없다는 것을 깨닫는다. 미래의 가능성만으로는 충분하지 않다. 우리가 살아서 그 가능성이 실현되는 것을 볼 수 있을지 모르기 때문이다. 타인이 우리를 통해 하나님의 선하심을 경험하는 것을 아는 것만으로도 더 이상 충분하지 않다. 우리를 위한 선하심, 부서지기 쉬운 우리 영혼을 지탱해 줄 하나님의 선하심을 맛보아야 한다.

나도 이런 상황에 놓여 본 적이 있다. 우리 단체가 많은 변화를 겪고 있는 때였는데, 단체의 일은 계획대로 진행되지 않았고 우리의 미래는 불투명했다. 사역은 우리가 섬기는 사람들의 삶에 긍정적인 효과를 미치고 있었지만, 안정된 재정 확보가 어려웠고, 장기간 함께 사역하리라 믿었던 친구들과 동료들은 부르심을 받고 다른 사역지로 떠나갔다. 우리는 그들의 선택이 옳다고 확신했지만 그들의 부재가 단체에 미치는 파급은 무척 컸다. 남아 있는 우리는 생계유지를 위해 생업에 종사하고 남는 시간에는 사역에 임하고자 했다. 그렇게 두 가지 일을 하느라, 우리에게 생명력을 불어넣던 영적 리듬을 유지하기가 무척 힘들었다. 부름받은 사역에 최선을 다하고 싶었지만 온전히 효과적으로 헌신하지 못하고 있다는 느낌이 매일 들다시피 했다. 게다가 예상치 못한 갈등을 겪게 되었고 그 후로 완전히 고갈되고 환멸에 빠져 버렸다. 나는 여러 차례 지나치게 이상적이라는 비판을 받았고, 실제 그말이 맞을 수도 있다고 생각하기 시작했다. 대로변 백화점에서 단순한 일을 하며 사는 삶이 훨씬 더 나아 보였다.

마침내 하나님이 나와 또 우리 단체와 함께하심을 더 이상 확신할 수 없는 지경에 이르렀고, 하나님의 임재 없이는 더 이상 앞으로 나아가고 싶지 않았다. 무엇보다도 나와 우리 단체를 향한 하나님의 선하심을 경험할 필요가 있었고, 모세에게 필요했던 새로운 확신이 내게도 필요하다는 생각이 마음 깊이 사무쳤다. 나는 모세가 했던 것과 비슷한 질문들을 하나님께 드리고 싶었고, 모세 이야기는 내가 잠시 멈추어 하나님께 물을 수 있게 해주었다. "이 모든 일이 우리가 하나님 당신의 은총을 입은 결과인가요? 아니면 단순히 우리 자신의 분투와 고집의 결과일 뿐인가요? 고집과 인내의 차이는 무엇인가요? 어떤 모험적인 시도가 실제로 하나님의 은총을 입은 건지 어떻게 알 수 있나요? 수치상의 문제인가요? 수익이나 재정적 안정과 관련된 문제인가요? 개인의 안락과 편안함의 문제인가요?" 나는 하나님이 축복하지 않는 일을 계속 밀어붙이는 완고하고 고집 센 사람이 되고 싶지 않았다. 하지만 그럼에도 하나님이 여전히 여기에 계시고 앞으로 나아가라고 하신다면 포기하고 싶지 않았다.

많은 것을 알 수는 없었지만 하나님의 임재를 느끼지 못한다면 더 이상 사역을 지속하기는 어렵다는 점만은 분명히 깨닫고 있었고, 일반적인 특성으로서의 하나님의 선하심이 아니라 **나를 향한 하나님의 선하심**을 간절히 확인하고 싶었다. 하나님의 은총과 임재에 대한 확신이 없다면, 참으로 안타까운 일이지만 하고 있던 사역 전체를 기꺼이 내려놓을 수 있었다.

내면을 향한 여정

이런 실존적 외로움을 경험하기 시작하면 진부하거나 피상적인 응답으로는 충분하지 않다. 한 번 더 무엇을 성취하거나, 성공을 거두거나, 이름 다음에 붙는 존칭 및 학위를 받는 것으로는 결핍이 충족되지 않는다. 모두 이런 경험을 한 번쯤은 해 봐서 알 것이다. 지금은 무엇인가 아주 중요한 것이 결핍된 상태다. 그것은 우리가 시작할 때는 강렬하게 느꼈지만 이제는 먼 기억이 되어 버린 하나님 임재의 경험이다.

이런 외로움은 우리를 다른 무엇보다도 하나님께로 이끌어야 한다. 세상의 어떤 것도, 어느 누구도 이러한 마음속 외침에 답해 줄 수 없기 때문이다. 이런 차원의 홀로됨을 있는 그대로 이해하고 받아들일 때, 우리의 불안함이 행위, 성공, 혹평, 인간적 관계망 같은 '외부적인 것'을 통해 해소될 수 있다는 믿음에 빠지지 않는다. 이것은 그 자체로 작지 않은 문제다. 자신이 궁극적으로 혼자라는 사실을 직면할 때, 모세처럼 **'내면을 향한 여정'**[1]에 올라 자신을 만나고, 우리 존재에 내주하시는 하나님의 무한한 사랑과 풍성함을 체험할 수 있다. 그제서야 하나님의 임재가 우리의 인간적 공허함을 가득 메워 외로움은 생산적인 고독으로 변화한다.

모세가 그랬듯, 외로움을 직면하고 하나님께 필요한 것을 구하고 그분의 응답을 기다리는 것은 용기를 필요로 한다. 하나님은 결국 가장 필요한 자리에서 모세를 만나 주셨고 그에게 말씀하셨다. "여호와께서 모세에게 이르시되 네가 말하는 이 일도 내가 하리니 너는 내 목전에 은총을 입었고 내가 이름으로도 너를 앎이니라"(출 33:17). 이에 모세는 자신에게 필요하다고 생각한 것을 하나님께 요청했다. 그는 하나님의 영광을 보여 달라고 했지만 하나님은 그에게 필요한 것을 더 잘 아셨다. 하나님은 그가 꼭 봐야 할 것과 장기적으로 리더십을 수행하기 위해 그를 지탱시키는 것은 하나님의 선함과 자비를 잠시라도 맛보는 것임을 아셨다. "여호와께서 이르시되 내가 내 모든 선한 것을 네 앞으로 지나가게 하고 여호와의 이름을 네 앞에 선포하리라 나는 은혜 베풀 자에게 은혜를 베풀고 긍휼히 여길 자에게 긍휼을 베푸느니라"(출 33:19).

하나님의 선하심이야말로 그분의 가장 위대한 영광이고 우리에게 가장 필요한 것이다. 다시 한 번 새로운 방식으로, 하나님은 그분의 선하심과 은혜의 수혜자로 모세를 택하셨음을 알게 하셨다. 하나님과 모세가 맺었던 특별한 관계에도 불구하고 '하나님의 모든 선하심'은 인간에 불과한 자가 (모세조차도) 감당하기에는 너무나 위대했을 것이다. 그래서 하나님은 모세에게 말씀하셨다. "너는 나의 옆에 있는 한 곳, 그 바위 위에 서 있어라. 나의 영광이 지나갈 때에, 내가 너를 바위 틈에 집어 넣고, 내가 다 지나갈 때까지 너를 나의 손바닥으로 가리워 주겠다"(출 33:21-22, 새번역).

이 순간에 모세가 무엇을 경험했는지 정확히 이해하기는 어렵다. 남편과 아내 사이에서 오가는 친밀함, 즉 그 관계의 성스러움이 침해되지 않고는 알려질 수 없는 친밀함 같은 것이 오간 것 같다. 하지만 우리는 모세가 이 순간을 거치며 다시금 리더십의 중책을 맡고 끝까지 경주할 수 있는 사람으로 거듭났다는 것을 안다. 고독은 먼저 모세 스스로가 하나님께 인격적인 예배를 드리고, 이어서 하나님의 성품과 임재를 이스라엘 사람들과 매개하는 능력을 회복하는 하나님과의 만남의 자리가 되었다.

모세가 기꺼이 고독 속으로 들어가 홀로 있음을 받아들였을 때 모세만

혜택을 입은 게 아니다. 모세 자신과 그가 이끄는 사람들 모두에게 유익했다. 하나님은 상실한 것(십계명이 새겨진 두 돌판)을 회복시키셨고 모세가 잊지 못할 방식으로 그분의 선함과 변치 않는 사랑을 보이셨으며, 모세와 이스라엘 사람들과 언약을 맺으셨다. 모세는 소명에 충성을 다하기 위해 알아야 했던 것을 깨달은 채 고독에서 돌아왔고, 이것을 깨달은 그의 얼굴에는 광채가 났다.

모세의 이야기에서 확신을 얻은 나는 출애굽기 33장을 오랫동안 계속 묵상했다. 실제 우리 단체의 모든 리더들은 1년 동안 그 구절을 반복해서 묵상했다. 우리 단체의 사역 활동 예산이 크게 삭감되었기에, 하나님이 이 일에 함께하시며 우리가 계속하기를 원하신다는 것을 명백한 방식으로 보여 주시기를 간구했다. 하나님이 우리에게 계속 나아가라고 말씀하시는지를 결정할 이사회 날짜를 정했다. 이 시기는 불확실함 때문에 우리에게 매우 힘든 시간이었지만, 신기하게도 큰 자유를 누렸던 때이기도 했다. 진심으로 기꺼이 내려놓고 하나님의 뜻에 완전히 맡기는 자유를 맛보았다. 하나님이 그분의 은총을 나타내신다면 계속 나아가겠지만, 그렇지 못한다면 기꺼이 멈추려고 했다. 이것은 사실상 자기 정화의 효과를 내는 일종의 포기였다.

마침내 하나님은 무척 구체적인 방식으로 그분의 선하심을 보이셨다. 과거에 우리를 지원했던 한 재단이 우리 사역이 원활히 돌아가기 위해 꼭 필요한 행정 직원들을 고용할 수 있도록 기부금을 냈다. 이 재정적 지원이 안정적인 사역을 위해 꼭 필요했던 부분을 충족시켰기에, 즉시 이것을 우리를 향한 하나님의 선하심의 표현으로 받아들였다. 게다가 그 재단은 장기적으로도 우리에게 도움이 되는 기부 체계를 세우도록 지원하는 보조금도 주었다. 당시는 우리 단체가 잘 돌아가던 때가 아니었다는 점을 고려하면 이렇게 후한 제안은 예상 밖이었다. 이것은 분명히 우리가 묻던 질문에 대한 응답으로 하나님이 우리에게 주신 선물이었다. 그 단체의 대표는 기부금 소식을 나에게 알려 오며 말했다. "우리는 당신들이 하고 있는 일이 중요하다고 믿습니다. 당신들의 단체가 유지되기를 희망합니다." 나는 이 말을 주님의 말씀으로 받아들였고, 우리는 하나님의 선하심에 의지하여 다음 단계로 나아갔다.

이후로 나는 하나님이 우리와 함께하시는지, 우리가 계속 이 일을 하기 원하시는지 다시는 의문을 품지 않았다. 이 경험은 나에게 이 사역을 판단하는 시금석이 되었고, 그 후로도 하나님의 은총에 대한 의심이 들 때마다 그분을 기다리며 부르짖던 이 순간을 떠올릴 수 있었다. 커다란 물음의 자리에서 하나님이 어떻게 우리를 만나 주셨는지 돌아보면 다시금 내 안 깊은 곳에 무엇인가가 자리를 잡는다.

내적 강건

깊은 외로움을 참지 못하는 리더는 오랫동안 지속하기 힘들다. 외로움은 보편적 인간 경험으로 지극히 개인적 차원에서 느껴진다. 우리는 이것을 피해 갈 수 없다. 에드윈 프리드먼은 그의 책 「담력 상실: 신속 처방 시대의 리더십」(A Failure of Nerve: Leadership in the Age of the Quick Fix)에서 정말 참신한 것을 추구하는 리더들 모두에게 꼭 필요한 성품이 무엇인지 말한다. 그 중 하나가 홀로 있는 두려움을 피하지 않고 받아들이려는 적극성이다. 프리드먼은 다음과 같이 말한다.

> 상상력의 열매를 맺지 못하게 하는 주요 장애 중 하나는 앞에 서는 것에 대한 두려움이다. 이것은 비판에 대한 두려움 그 이상이다. 이것은 홀로 있는 것에 대한 염려, 즉 다른 사람들을 거의 의지할 수 없는 위치, 자신의 재능이 시험대에 오르는 위치, 자신의 반응에 대해 전적으로 혼자 책임져야 하는 위치에 서는 것에 대한 염려다. 리더들은 그 위치를 두려워하지 않아야 할 뿐만 아니라 사랑하기까지 해야 한다.[2]

이런 종류의 외로움, 즉 자신에 대해, 그리고 다른 사람들이 무슨 일을 하든 하나님이 요청하시는 일에 대해 전적으로 책임져야 하는 위치에 서는 외로움은 리더십에게 절대적인 진리이며, 누구도 피해 갈 수 없다. 주위의 사람들이 뭐라 하든 그들이 얼마나 돌아가기를 바라든, 우리가 본 비전이 너무 참되어 이전으로 돌아가 옛날처럼 살 수는 없다는 것을 깨닫는 그때, 진정한 난관에 봉착한다. 애굽에서 너무 멀리 떠나와서, 즉 속박에 매였던 삶에서 너무 멀리 벗어나서 설령 돌아가기를 원한다 해도 그렇게 할 수 없는 지점까지 왔다. 약속의 땅은 아직도 멀지만, 그 땅의 꿈을 충분히 맛보았기에, 돌아가는 것은 계속 앞으로 나아가는 것보다 더 끔찍한 것임을 알게 되었다. 또 설령 돌아간다 해도 환영받기는 어려울 것이라는 점도!

> 한 집단에 속하는 것이 하나님께 속하는 것보다 훨씬 더 쉽다.
> 리처드 로어, 「명상 기도의 선물」

홀로 있는 것을 좋아하거나 적어도 이에 친숙해질 수 있는 길은 모세처럼 홀로 있는 시간에 하나님을 발견하는 것이다. 이것은 리더의 삶에서 결정적 순간이다. 마틴 루터 킹은 자신이 체험한 '출애굽기 33장'의 순간을 "우리 하나님은 능하시도다"라는 제목의 설교에서 이야기한다.

몽고메리 버스 저항 운동이 있은 후 우리는 협박 전화와 편지를 받기 시작했습니다.…처음에는 대수롭지 않게 생각했습니다.…하지만 몇 주가 지나며 많은 협박들이 단순한 위협이 아니라 진짜임을 알게 되었습니다. 저는 점점 더 두려워졌습니다.

한번은 유난히 고된 하루를 마친 어느 늦은 밤 잠자리에 들었을 때 전화벨이 울렸습니다. 화난 목소리가 들려왔습니다. "잘 들어, 이 깜둥이 놈아. 우리가 원하는 모든 걸 너에게서 빼앗아 주마. 넌 한 주도 못 되어 몽고메리에 온 걸 후회하게 될 거야."…저는 잠을 이룰 수가 없었습니다. 순간적으로 모든 공포가 저를 향해 몰려드는 것 같았습니다.…

저는 금방이라도 포기할 것만 같았습니다.…이렇게 지친 상태에서 용기가 바닥을 드러냈을 때, 제 문제를 하나님께 가져가기로 결심했습니다.…저는 허리를 굽혔습니다.…그러고는 부르짖으며 기도했습니다.…"제가 옳다고 믿는 일을 하기 위해 여기에 왔습니다. 그러나 지금은 두렵습니다. 사람들은 저의 리더십을 기대하며 저를 바라보고 있습니다. 제가 그들 앞에 힘과 용기를 내어 서지 않으면 그들은 흔들릴 것입니다. 저는 제 능력의 한계에 와 있습니다.…저는 혼자서는 대면할 수 없는 지점까지 왔습니다."

바로 그 순간 제가 이전에 경험해 보지 못한 하나님의 임재를 경험했습니다. 마치 내면의 목소리를 듣는 것 같았습니다. "의를 위해 일어서라, 진리를 위해 일어서라. 하나님이 영원히 네 옆에 계실 것이다." 그 즉시 공포는 저에게서 떠나기 시작했습니다.…외부의 상황은 그대로였지만 하나님은 저에게 내면의 평안을 주셨습니다.

    3일 후, 우리 집은 폭탄 공격을 받았습니다. 하지만 이상하게도 저는 그 소식을 담담하게 받아들였습니다. **하나님과 함께한 경험** 덕분에 저에게는 새로운 힘과 믿음이 생겼기 때문입니다. 그때 저는 하나님이 우리에게 삶의 폭풍을 대면할 내적 능력을 주신다는 것을 깨달았습니다.[3]

    당신 인생에도 이런 순간이 있는가? 하나님의 선하심을 확신할 수 있는 분명한 체험 없이는 리더 자신에게 닥친 도전을 홀로 계속해서 대면할 수 없다는 것을 깨달은 순간이 있는가? 지난 성공이나 업적, 하나님에 대한 경험 등 이전의 모든 것이 아무 의미가 없어져 버리는 순간이 있는가? 외로움과 환멸이 너무 깊어 장래의 어떤 보상도 지금의 희생만큼 가치를 지니지 못한다고 느껴지는 순간이 있는가? 역할, 명예, 성취, 미래에 대한 비전 등 리더십에 걸려 있는 모든 것이 당신의 내적 공허함을 어루만지지 못하는 순간, 하나님이 당신과 함께하신다는 것을 확실히 깨닫지 못한다면 당장에라도 그만두고 싶은 그런 순간이 있는가? 혹시 지금이 그런 순간은 아닌가?

    이 물음에 대한 당신의 답이 '네'라면, 하나님께 감사하라. 아마도 이 순간은 가장 위대한 자유의 순간, 미래의 가능성에 대한 비전에 사로잡혀 지금 여기서 하나님을 온전히 구하지 못하는 상태에서 벗어나는 자유의 순간이기 때문이다. 이에 대해 하나님께 감사하라. 이 순간은 당신 존재의 깊은 곳에서 하나님과의 친밀함이야말로 궁극적 행복이며 그것 없이는 앞으로 나아가지 않을 것임을 분명히 **깨닫는** 순간이기 때문이다. 하나님께 감사하라. 당신은 이제 더 이상 세상의 어느 것도, 꿈꿔 왔던 약속의 땅조차도 하나님과의 친밀함을 희생시키면서까지 추구하지 않으리라는 것을 알게 되었다. 그분께 감사하라. 인간의 모든 공허감을 채우시는 하나님의 선하심이 곧 당신 곁을 지나가시기 때문이다.

| 실습

리더십을 수행하며 겪는 외로움을 놓고 하나님과 함께하는 시간을 가지라. 어떤 종류의 외로움이 지금 가장 두드러지는가? 비판과 방해로 인한 외로움, 의미 있는 인간관계에서 소외되고 멀어지는 외로움, 하나님과 단절되거나 하나님께 버림받았다고 느끼는 외로움, 홀로 너무 많은 부담을 진 외로움. 다음 기도를 통해(기도가 적절하다고 느껴진다면) 하나님께 외로움을 고백하고 그 자리에서 하나님이 당신을 만나 주시게 하라. 그렇게 할 수 있다면 당신은 외로움 덕분에 끊임없이 하나님을 구하게 되어 오히려 그분께 감사하게 될지도 모른다.

각 사람에게 외로움의 방패를 주시어
당신을 잊지 않도록 해주신
당신은 참으로 복되십니다.
당신은 외로움의 진리이시며
당신의 이름만이 외로움을 해결할 수 있습니다.

당신의 이름 안에서 치유될 수 있도록

제 외로움을 굳건케 하소서.

지상의 어떤 위로도

제 외로움을 고칠 수 없습니다.

오직 당신의 이름 안에서만

저는 시간의 쇄도에 맞설 수 있습니다.

오직 이 외로움이 당신의 것이 될 때에야

당신의 자비를 향해 저의 죄를 올려드릴 수 있습니다.

레너드 코언(Leonard Cohen), 「**자비의 서**」(Book of Mercy)[4]

11. 고립에서 리더십 공동체로

―――

저 혼자서는 도저히 이 모든 백성을 짊어질 수 없습니다.
저에게는 너무 무겁습니다.
민수기 11:14

―――

모세처럼 하나님의 임재 안에서 외로움과 씨름하기란 결코 쉽지 않다. 외로움은 더 깊은 믿음의 자리로 들어가라고 요청한다. 하나님의 임재는 우리의 텅 빈 마음을 온전히 채우시고 참되고 변하지 않는 것 위에 우리의 기초를 세우신다. 하지만 우리를 괴롭히는 다른 차원의 외로움이 있다. 홀로 너무 많은 짐을 진 채 영혼을 위한 안전한 자리를 확보하지 못하는 데서 오는 고립이 그것이다. 민수기 11장에서 모세는 이런 외로움에 직면했다. 이스라엘 사람들은 다시 불평했고, 그들 가운데 일부 무리가 사람들을 선동해 불평이 터져 나왔다. 일의 부담을 나누어 조정하고 모세와 하나님이 깊이 친밀했음에도, 그는 다시 한 번 자신의 한계에 도달했다. 하지만 이번에는 문제를 지적해 줄 사람이 필요 없었다. 모세 스스로 상황을 파악했다.

계속 혼자 부담을 떠안고 있던 모세는 큰 타격을 입게 되었다. 그는 매우 오랫동안 이스라엘 사람들을 인도해 왔고, 일은 전보다 훨씬 더 늘었다. 사람들의 숫자는 이제 60만 명에 이르렀다. 누가 이끌더라도 이 숫자는 엄청난 규모다. 이스라엘 사람들은 여정의 혹독함에 다시 불평하기 시작했다. 하나님이 날마다 만나를 내려주셨지만, 한 무리의 불평분자들은 고기에 대한 참을 수 없는 욕망으로 불만을 터뜨리며 민심을 들끓게 했다. 모든 가족들이 장막 어귀에 서서 울었다. 하나님은 사람들에게 진노하셨고 모세는 하나님께 화가 났다. 리더십의 부담이 너무 커서 모세는 늘 하던 대로 하나님의 임재 속으로 나아가 이런 식으로는 더 이상 갈 수 없다고 아뢰었다.

모세는 화가 나 소리를 지르며, 하나님이 그가 질 수 있는 그 이상을 맡겼다고 비난했다. 큰 소리로 냉소적으로 따지기까지 했다. "이 모든 백성을 제가 잉태하기라도 했습니까? 제가 그들을 낳기라도 했습니까? 어찌하여 저더러,…마치 유모가 젖먹이를 품듯이, 그들을 품에 품고 가라고 하십니까?"

(민 11:12, 새번역) 하지만 냉소와 분노는 슬픔과 절망, 외로움 같은 더 섬세한 감정의 껍데기에 불과했다. 마침내 모세는 좌절하고 절망하는 마음으로 이 일을 그만두겠다고 말한다. "저 혼자서는 도저히 이 모든 백성을 짊어질 수 없습니다. 저에게는 너무 무겁습니다. 주님께서 저에게 정말로 이렇게 하셔야 하겠다면, 그리고 제가 주님의 눈 밖에 나지 않았다면, 제발 저를 죽이셔서, 제가 이 곤경을 당하지 않게 해주십시오"(민 11:14-15, 새번역).

이 말은 분명히 과격하게 들리지만, 꾸밈없는 정직과 진실함으로 가득 차 있다. 적어도 이 점은 모세를 칭찬할 만하며, 이 말은 분명 대화를 올바른 방향으로 이끌었다. 외로움에 대해 정직했던 모세는 자기 의존을 내려놓고 하나님이 일하시도록 더 많은 자리를 내어 드릴 수 있었다.

리더십의 역설

리더의 영혼은 종종 리더로서 섬기는 공동체 안에서는 단련되지 않는 경우가 있다. 사실 공동체 안에서의 삶은 영혼을 힘들게 하고 때로 약하게 만든다. 모세 이야기는 이 점을 여실히 보여 준다. 이스라엘 사람들의 비난과 불평은 끝이 없는 듯했고, 이런 것들이 계속 쌓여가자 모세의 영혼은 참 고달팠다. 모세는 이 사람들의 투사와 불만족, 분노에 냉담한 태도를 유지함으로써 자신을 보호하고자 했을 수도 있다.

모세는 리더십의 가장 큰 역설을 경험하고 있었다. 사람들에 둘러싸여 좋은 일을 하느라 아주 분주하지만, 홀로 짐을 지고 있다는 느낌이 들 수도 있다. 시간이 갈수록 결정을 내리고, 다른 사람들의 복지를 책임지고, 충분한 자원을 확보해 주고, 불가능해 보이는 소명에도 충성을 다해야 하는 외로움이 리더를 소모시킨다. 아이러니하게도 이제 우리는 공동체라는 이상에 대해 유창하게 말하고, 비전을 제시하고, 다른 이들이 공동체를 경험하려면 어떻게 도와야 할지 알게 되었지만 정작 스스로는 공동체를 잃어버렸다.

종종 성공을 거둔 만큼 고립이 늘어나기도 한다. 여기에는 많은 이유가 있는데, 타인들로 인한 이유도 있고, 자신과 관련된 이유도 있다. 우리가 리더는 마땅히 모든 상황을 파악하고 통제하고 있어야 한다고 생각한다면, 다른 사람을 필요로 하는 것은 리더에 부합하지 않는 약함의 표현이라고 느낄 수 있다. 중요한 일일수록, 일을 제대로 하려면 직접 해야 한다는 자세로 일을 해 나간다. 더 이상 다른 사람을 신뢰하지 않을 정도로 인간관계에서 심한 어려움을 많이 겪었을지도 모른다. 엎친 데 덮친 격으로 정서적으로 고갈되어 다른 리더들과 함께 공동체를 형성하는 것을 꺼려할 수도 있다. 왜냐하면 그것은 단순히 직업상 관계를 유지하는 것보다 더 많은 에너지가 필요하기에, 그냥 직업상의 관계만을 지켜가는 것이 훨씬 덜 위험하기 때문이다.

이유가 무엇이든지 간에 리더에게 이런 종류의 고립은 위험하다. 어느 날 잠에서 깨어 내적으로 너무 공허해 그냥 죽고 싶거나 적어도 일을 그만두고 싶다는 생각이 들 수도 있다. 헨리 나우웬은 그의 경험을 다음과 같이 이야기한다.

25년간 사제로 섬기고 있던 어느 날, 저는 기도를 대충하고, 타인들로부터 고립되어 지내고, 긴급한 문제에 정신이 팔려 있음을 깨달았습니다. 모두들 제가 잘하고 있다고 말했지만 마음속에서 무엇인가가 계속 나에게 말했습니다. 내 성공이 내 영혼을 위험에 빠뜨리고 있다고.…어느 날엔가 잠에서 깨어 보니, 내가 암흑 가운데 살고 있음을 깨달았습니다. 또한 '소진'이라는 편리한 심리적 용어가 실제로는 영적인 죽음을 뜻한다는 것을 깨달았습니다.[1]

리더의 삶에서 이런 순간은 분명 위기다. 모세의 경우, 하나님은 계획을 갖고 빠르게 대처하셨다. 하나님은 모세에게 가장 존경받는 이스라엘의 장로들을 모으라고 명령했다. 그들은 모세가 약해졌을 때 그와 함께 있을 정도로 신뢰할 만한 사람들이었기에, 함께 모세의 상황에 관해 이야기를 나누었다. 모세의 심각한 소진과 그를 쇠약하게 만드는 고립에 대한 해답은 하나님이 모세의 영 일부를 취해서 신뢰받는 다른 리더들에게 부어 주어 그들이 함께 짐을 지도록 하는 것이었다.

이스라엘 장로들 가운데서, 네가 백성의 장로들 또는 그 지도자라고 알고 있는 사람들 일흔 명을 나에게로 불러 오너라. 너는 그들을 데리고 회막으로 와서 그들과 함께 서라. 내가 내려가 거기에서 너와 말하겠다. 그리고 너에게 내려 준 영을 그들에게도 나누어 주어서, 백성 돌보는 짐을, 그들이 너와 함께 지게 하겠다. 그러면 너 혼자서 애쓰지 않아도 될 것이다. (민 11:16-17, 새번역)

이전에 행했던 변화는 주로 조직 차원의 개혁이었던 것 같다. 하지만 이제 하나님은 모세가 경험하고 있던 영혼의 극심한 고립을 언급하신다. 하나님은 영적 리더 공동체에 이스라엘 사람들을 이끄는 감정적·영적 부담을 질 수 있는 능력을 부여하여 모세의 내적·정신적 외로움을 경감시키고자 하셨다. 여기서도 선발된 사람들의 자질이 매우 중요하다. 이 리더들은 여정에 헌신을 다해 왔고 온전히 비전을 부여받은 사람들이어야 했다. 그들은 이미 영적 리더십을 발휘하고 있었고, 모세와 함께 주님이 나타나실 때까지 기꺼이 기다릴 수 있었다. 또한 한 단계 더 성장한 리더십이 되고자 했고 실제로 모세에게 임한 영을 기꺼이 받고자 했다.

영을 나누다

하나님이 문자 그대로 모세의 영을 취해 회막 주위에 모인 사람들 위에 두었던 장면은 모세와 그 사람들에게는 분명히 감동적인 순간이었을 것이다. 이 일이 실제임을 그들이 깨닫게 된 근거 중 하나는 모두 예언을 했다는 점이다. 이런 일이 이전에는 없었기에 '영을 나누는' 이 사건은 단순한 언어적인 표현 그 이상임을 뜻하는 증거다. 이제 그들도 이 여정에서 이스라엘 사람들을 인도하는 일에 열정과 책임감을 지니게 되었다. 하나님의 은혜로 모세는 더 이상 짐을 혼자 잔뜩 짊어지지 않아도 되었고, 다른 사람들도 이제 더 깊은 차원에서 모세가 짊어진 일을 나누는 특권을 누리게 되었다. 이 일은 참으로 영혼을 건강하게 하는 경험이었음이 틀림없다.

    모세가 그랬듯, 외로움이 파괴적일 정도가 되면 대개 문제가 너무 깊어서 스스로는 벗어날 길을 찾을 수 없다. 진부한 해법이나 피상적 대응으로는 안 된다. 단순히 조직을 조금 수정하는 것으로는 이런 차원의 고립에 대처하기 힘들다. 외로움을 누그러뜨리거나 여러 방법으로 거기서 빠져 나오려고도 해 보았을 것이다. 하지만 결국 하나님의 임재 속에 외로움을 쏟아내고 우리의 가장 인간적인 자아를 하나님의 자비에 맡기는 것 외에는 다른 방법이 없다.

> 우리가 적극적이고 성숙한 방식으로 타인에게 의존하고 성숙한 방식으로
> 삶과 능력을 서로 마음껏 나눌 때에야 비로소 내적 권위를 얻을 수 있다.
> 리처드 로어, "공동 생활의 창시자들"

이 시기에 명심해야 할 점은 우리와 함께 여정을 걸을 수 있는 영을 지녔는지 불확실한 사람들에게 매달리고 이들을 붙잡으려는 지혜롭지 못한 충동을 견뎌내야 한다는 것이다. 이것은 범하기 쉬운 심각한 실수 중 하나로, 자칫 그랬다가는 위험에 빠지게 된다. 하지만 우리가 외로움을 고독의 자리로 가져간다면 우리의 외침을 들으시고 돌보시는 하나님의 임재를 만나게 된다. 그리고 마음을 열어 하나님이 함께 짐을 지라고 보내 주시는 사람들을 맞아들이게 된다. 우리가 기다려 왔던 하나님이 주신 선물인 사람들을 맞이하여 생명을 주시는 하나님의 영에 함께 마음을 열 수 있다.

팀워크를 넘어서

하나님이 동역자들을 주실 때 그들과 무슨 일을 할지에 대해 생각할 필요가 있다. 이것은 우승팀의 한 부분으로 초대받는 것 이상으로써, 리더십 차원의 영적 공동체로 초대받는 것이다.

1970년대와 1980년대에 직장생활을 하던 사람들은 팀워크라는 개념과 지혜에 매료되었다. 나처럼 전성기의 시카고 불스 같은 챔피언 팀을 낳은 지역에 사는 특권을 누렸다면, 효과적인 팀워크가 얼마나 큰 즐거움을 주

고 위업을 이루어내는지 알 것이다. 하지만 교회나 영적인 목적을 지닌 조직을 이끌기 위해 모인 영성 있는 사람들은 만족할 만한 팀워크를 넘어, 더 깊은 차원인 소명을 지니고 있다. 우리는 팀워크를 넘어 영적 공동체를 이루어야 하고, 우리의 리더십이 거기에서 나오게 해야 한다.

팀은 과업을 중심으로 모이며, 과업을 끝내면 팀은 해산되지만, 영적 공동체는 한 인격을 중심으로 모이기 때문에 훨씬 더 지속적이다. 모세 시대에 공동체는 구름과 불 가운데 하나님의 임재를 경험하며 그분의 임재를 중심으로 모였다. 우리는 신약 성경의 신자들처럼 그리스도를 중심으로 모이며, 그리스도는 성령을 통해 우리에게 임하신다.

예수님이 하나님의 뜻에 따라 이 땅에 계실 동안, 하나님의 일을 성취하기 위해 성능이 우수한 팀을 창조하거나, 영향력이 큰 이사회나 복잡한 조직을 구성하지 않았다. 인간의 관점에서 책략이 뛰어난 개인들을 고르신 것도 아니었다. 성경에 따르면(막 3:13), 자신이 원하는 몇몇 개인을 택하셨다. 무엇보다 이들이 자신과 함께 있게 하고, 자신과의 관계에 힘입어 서로 함께 있게 하기 위해 이들을 택하셨다. 딱히 전략은 없지만 이 함께함으로부터 그들은 세상을 변화시켰다.

영적 공동체는 우리가 스스로 창조하는 것이 아니다. 디트리히 본회퍼는 고전이 된 「신도의 공동생활」(Life Together, 대한기독교서회)에서 이 점을 지적했다. "기독교 공동체는 오직 예수 그리스도 위에 세워지며, 실제 그리스도 안에 이미 존재합니다. 기독교 공동체는 우리가 실현해야 할 이상이 아니라 그리스도 안에서 하나님이 창조한, **우리가 참여할 수 있는 현실입니다.** 이 공동체는 성령에 의해 창조되었다는 점에서 영적인 실체이지 정신적 실체가 아닙니다."[2]

모세가 한계에 부딪쳤을 때 하나님의 영이 창조한 리더 공동체는 모세가 만든 것이 아니며, 우리의 리더 공동체도 마찬가지다. 우리가 이 점을 혼동하여, 공동체를 창조하는 것이 우리의 책임이라고 생각한다면, 그 부담은 분명 우리가 감당할 수 없는 정도일 것이다. 하지만 우리가 영적 공동체라 부르는 이 위대한 현실에 참여하라(즉 이 현실에 들어와 사는 길을 찾으라)는 초대를 받은 것이라고 이해한다면 공동체의 기초가 되는 가치를 품을 수 있다. 우리를 변화시키는 훈련들을 공동체 안에 확립하겠다고 결심할 수 있다. 이때 영적인 리더십 공동체는 하나님의 뜻을 분별하고 실천하는 장이 되며, 이 점이 영적 리더십의 핵심이다.

공동체의 기초 가치

공동체에 관해 말하고 또 타인을 위한 공동체를 만들고자 하기는 쉬워도 리더십 공동체의 삶을 실제로 살기는 어렵다. 영적인 리더십 공동체를 경험하는 것은 리더십의 측면에서는 매우 풍요롭고 만족스러운 일이지만, 무척 힘든 일이기도 하다. 사실, 어떤 단체나 활동을 이끌고자 모인 리더들도 공동체를 길러 내는 일에는 능숙하지 않으며, 리더 일을 맡게 되면 가식적으로 행동하고, 책략을 쓰고, 시스템을 이용하려 하는 경향이 있다. 리더들 사이에서 신경이 거슬리는 일이 생겼을 때 서로 화합할 수 있는 길을 찾지 못하면, 서로를 구분 짓고, 상대를 몰아내거나, 스스로 물러나곤 한다. 때로는 심지어 서로 소송을 제기하여 영적 공동체를 그리스도인 공동체의 가치와 헌신에 대한 이해가 거의 없는 세상의 법정 시스템 아래 세우기도

한다. 이것은 신약 성경에서 명백히 금지되어 있지만 우리는 그런 식으로 대응하는 것을 배워 왔다.

분명 영적인 리더십 공동체는 우연히 생기는 것이 아니고, 그냥 내버려 두면 유지되고 자라는 것도 아니다. 영적 공동체는 공동체로 부름을 받았다고 확신하고, 공동체의 기초를 이루는 가치들에 헌신하며, 구성원들이 구체적인 방법을 통해 이 가치들을 따르며 살도록 인도하고자 하는 리더들이 이끈다. 영적인 리더십 공동체를 경험하기 위해 리더 그룹은 공동 생활을 형성할 가치들을 삶 가운데 몸소 먼저 경험하고, 그 가치들을 따를 수 있도록 조율하는 법을 배워야 한다.

리더십의 기초를 세우는 단계에서 종종 범하는 실수 하나는 어떻게 공동체에 접근해야 하고 공동체가 각자에게 무엇을 의미하는지에 관한 전제를 너무 많이 다는 것이다. 모두가 공동체에 관해 똑같은 생각을 품어야 한다고 가정하면 모두가 동의하는 서약이나 일련의 명료한 규약들을 만들어 내지 못할 수도 있다. 그런 경우 어려움이나 의견 충돌이 생겼을 때, 문제를 해결해 나갈 과정을 일러 줄 지도 원리들이 없게 된다.

어떤 교회 및 기독교 단체에나 적용되는 매우 일반적이고 적절한 가치들도 있고, 특정 공동체의 특별한 소명에 한정되는 가치들도 있을 것이다. 워싱턴 D.C. 중심에 있는 세이비어 교회를 설립한 고든 코스비 목사는 서약을 만드는 과정에 관해 이렇게 말한다. "문서화된 서약은 공동 생활에서 나온다. 삶이 먼저이고, 그 뒤에 문서화된 서약이 기록된다. 공동의 삶을 충분히 음미하지 않은 채 형식적인 서약을 만드는 것은 알맹이를 버리고 껍데기를 취해 스스로를 조롱하는 것이다. 오직 헌신적인 참여 안에서만 진정한 소속감이 생기는 것이다."3)

물론, 모든 기독교 공동체들의 기초를 이루는 가치들도 있지만, 궁극적으로 리더십 그룹은 성경적으로 확고하고, 관계에 있어 건강하며, 영적 활기를 불어넣고, 단체의 상황에 부합하는 자신만의 가치들을 발견하고 만들어 내야 한다. 일례로, 지난 수년 동안 내가 속한 공동체에서 우리의 삶을 형성하는 데 기초가 된 가치들은 다음과 같다.

• **공동체** 우리는 본질상 그리스도의 임재를 중심으로 모인 영적 공동체임을 분명히 밝히는 바다. **우리가 하는 일은 그리스도 안에 있는 우리의 인격**에서 나온다. 그리스도와 제자들의 관계를 본받아 우리의 관계를 형성해 가면서, 함께 연합을 이루고 유지하는 법을 배우는 것이 가장 우선적이고 지속적인 임무다. 예수님은 자신의 제자들을 끝까지 사랑하셨다(요 13:1; 요 15, 17장). 공동체를 타협하는 것은 우리의 본질을 타협하는 것이고, 결과적으로 다른 사람들에게 나누어 줄 귀한 것을 잃어버리는 셈이다.

• **영적 변화** 우리는 각자 자신의 영적 변화를 지원하고 촉진시킬 개별 영성 훈련과 공동체 영성 훈련에 헌신적으로 참여한다. 개인으로든 그룹으로든 함께 나누는 시간을 가지며 정기적으로 우리의 영적 리듬을 서로 점검한다. 정기적으로 우리 삶의 속도에 대해, 즉 현재 상태로 건강을 유지할 수 있는지 아니면 소진될 위험이 있는 수준에 다다른 것은 아닌지 이야기를 나눈다. 정기적으로 이러한 자각과 대화에 기초하여 일정을 결정한다.

• **생생한 경험** 우리는 이론이나 희망사항을 가르치지 않는 것에 동의한다. 어느 정도 스스로 경험한 것만을 가르칠 것이다. "우리는 아는 것을 말하고, 본 것을 증언"한다(요 3:11). 즉, 어떤 주제들은 아주 좋은 소재임에도 가르치지 않는다. 우리가 아직 실제로 살아 보지 않았기 때문이다.

• **분별** 우리는 분별의 습관을 들이기 위해 노력한다. 날마다 우리 안에서 행하시는 하나님의 행하심에 주의를 기울이고 경계를 늦추지 않으며, 그분의 행하심을 밝히고 충실히 반응하려고 한다. 또한 분별 훈련에도 성실히 참여한다. 어떤 결정을 내려야 할 때는, 하나님의 인도하심을 적극적으로 추구한다. 분별은 단순히 결정을 내리는 것보다 시간이 더 걸리고 다른 차원의 주의를 기울여야 하기 때문에 이 가치를 실천하는 것은 훈련을 필요로 한다. [이 점에 관해서는 12장에서 상세히 다룰 것이다.]

• **진리를 말하는 것** 모든 진리는 아무리 미묘하고 고통스럽고 별로 중요하지 않아 보여도 분별의 과정에 도움이 된다고 믿는다. 하나님은 우리가 존재의 깊은 곳에 진리를 품기 원하신다. 진리는 자유, 영적 변화, 깊은 수준의 분별로 나아가게 하기 때문이다. 우리에게 주신 성령은 진리로 우리를 인도하시기 때문에, 진리를 감추거나 왜곡하기보다는 사랑과 온유함으로 그것을 제시하고자 한다. 이런 차원의 정직함에 이르지 못하면, 사도행전 5장의 아나니아와 삽비라 이야기에서 보는 바와 같이 공동체가 위험에 빠지게 된다. 진리를 말하는 것이 그

만큼 깊이 간직해야 할 가치임을 알기 때문에, 이 가치는 우리를 인도하고 나아가 말하기 어려운 것을 말하도록 용기를 주며 서로를 지지하게 한다.

- **찬양** 우리는 찬양이 감사와 관련된 영적 훈련이라고 믿는다. 그러므로 우리에게 임하시고 우리들 사이에 활동하시는 하나님을 찬양하는 기회를 최대한 가지려고 한다. 피정 때는 언제나 하루저녁을 찬양 시간으로 준비해 둔다.

- **친절함** 친절함은 성숙한 영성의 기본적 자질임에도 그리스도인 공동체는 친절하지 않을 때가 많다. 함께 영적 공동체를 시작하려면 서로 간에 친절함과 상냥함이 필요하다. 많은 사람들, 특히 목사들은 교회와 기독 단체에서 몹시 부당한 대우를 받은 경험이 있어서 자신을 비롯해 사람들이 참된 친절과 온유를 오랫동안 경험할 수 있는 곳이 얼마나 될지 의문을 품곤 한다. 이런 공동체를 만드는 것이 우리가 할 수 있는 전부라 하더라도 그것은 대단한 일일 것이다.

- **연약함** 우리는 영적 삶과 참된 영적 공동체를 펼쳐가는 데 연약함이 엄청난 역할을 한다는 점을 인정하고 존중한다. 연약함을 직면하고 기도 가운데 그것을 함께 나누면서 공동체의 선물을 볼 수 있고, 서로 간에, 우리 안에서, 또 우리 너머에서 하나님의 권능이 나타나심을 믿는다(고후 12:7-10).

- **두려움과 저항에 귀 기울이기** 우리는 모두 두려움을 경험한다. 특히, 공동체와 소명 안으로 더 깊이 들어갈 때 그러하다. 두려움 때문에 사람들은 자기보호, 조작, 호전성 등 비정상적이거나 바람직하지 않은 행동을 보인다. 두려움을 인정하지 않으면, 하나님이 앞으로 나아오라고 부르신다고 해도 뒤로 움츠러들게 된다. 하지만 두려움은 정말 위험한 상황에 대해 경고할 수도 있다. 리더십 공동체 안에서 이런 두려움을 표현하는 것이 안전할 때, 우리는 (1) 지혜를 발휘해서 "여기 진짜 위험이 있는가?"라고 물을 수 있고, (2) 용기를 내라는 하나님의 요청을 들을 수 있고, (3) 신뢰하지 못하고 있고 강해져야 하는 부분에 주의를 기울일 수 있다.

- **갈등의 전환** 두세 명이 함께 모인 곳에는 갈등이 있다고들 한다. 공동체 서약의 가장 중요한 측면 하나는 리더들 사이에서 심한 의견 충돌이 생기거나 누군가가 하나님의 새로운 부름을 분별하기 시작할 때 어떻게 할 것인가에 관한 구체적인 서약들이란 점이다. 어떻게 우리는 갈등과 의견 충돌과 격한 감정을 하나님을 영화롭게 하는 방식으로 헤쳐 나갈 것인가? 힘든 때를 만났을 때 개인과 그룹을 다시 이 서약 앞으로 불러내기 위해 그룹은 어떤 역할을 해야 하는가? 또 우리가 지키기로 동의하는 성경적이고 영적인 절차는 무엇인가? 리더십 공동체를 유지해 가기란 쉽지 않기 때문에, 어떻게 갈등을 다루어야 할지에 대한 서약들을 만들고 하나님의 임재 안에서 서로를 품어 주는 과정이 무엇보다 중요하다.

리더 공동체가 한창 잘 될 때

우리가 세운 가치들을 삶에서 구체적으로 실천하여 행동에 옮기지 않는다면, 이 가치들은 단지 미사여구에 불과하다. 우리가 아무리 공동체로 **존재**하고 우리의 **행동**이 존재로부터 흘러나오도록 노력을 기울여도, 사역의 요구들은 늘 우리가 (리더십의 근원이기를 소망하는) 공동체를 기르는 데 들여야 할 시간을 빼앗아 간다. 우리는 구체적인 방식으로 가치들을 삶 속에서 실천하도록 돕는 영적 훈련이 필요하다. 그렇지 않으면 사역 현장의 난전 가운데 이 가치들을 지켜 내기란 쉽지 않다.

리더 개인뿐만 아니라 리더십 공동체로서 영적 훈련에 참여할 때 우리는 그리스도인 공동체에 대한 갈망과 필요를 느끼며 살게 되고, 하나님 나라의 역사가 우리의 가장 참된 모습과 함께 드러나는 것을 보게 된다. 우리는 단지 일을 하나 더 하는 것 이상을 원한다. 타인에게 요청하는 그런 차원의 변화를 우리 안에서 보고 싶어 하며, 외적으로 측정되는 성공 그 이상을 원한다. 의미 있고 만족스럽고 신뢰할 수 있는 공동체적 삶의 방식을 갈망한다. 우리를 지속적으로 훈련에 충실하게 하고, 공동체적 삶의 기본으로 돌아가게 하는 것은 바로 이런 갈망이다. 우리의 리더십이 지속적인 변화를 위해 그리스도의 임재를 중심으로 모이는 공동체가 되게 하려는 헌신에서 나올 때, 사역은 자신과 타인 모두를 위해 더 깊고 풍성해지며 더 나은 효과를 보게 된다. 기본적 훈련들을 실천할 때 영적인 리더십 공동체는 최상의 모습을 보인다.

리더십 공동체가 최상의 모습을 보일 때, 우리는 우리 가운데 계시는 그리스도의 임재에 마음을 여는 방법들을 찾는다. 가장 중요한 한 가지는 하루에 일정한 간격을 두고 기도하는 리듬을 따르는 것이다. 기독교 전통에서 이것은 '시간 기도' 또는 '성무 일과'라는 이름으로 알려져 있다. 이 기도는 우리가 하루 중 어느 때에 있더라도 적절한 방식으로 마음을 하나님께로 이끈다. 함께 일할 때 우리는 찬양으로 아침을 시작하며 우리를 향한 하나님의 사랑을 확인하고 그날의 일을 하나님께 맡긴다. 한낮에 업무가 밀려오고 인간의 노력이 절정에 다다를 때 우리는 하나님의 임재에 대한 자각을 새롭게 하고 하나님 안에서 쉬고 하나님의 평화와 인도를 구하기 위해 잠시 멈추고 기도한다. 저녁 때는 그날의 걱정을 하나님의 손에 맡기고 우리 자신과 타인을 위한 중보 기도를 드린다. 함께 피정을 간 경우에는 그날 우리와 함께하신 하나님을 송축하고 쉬는 동안 함께 해주시기를 구하는 밤 기도로 하루를 마감한다.

기도 시간에는 해설 없이 성경 본문만을 읽으며 하나님이 성경 말씀을 통해 우리에게 직접 말하시도록 한다.[4] 특히 복음서를 읽는 것은 우리의 삶과 일의 모범인 그리스도의 인격과 지속적으로 연결되어 있게 한다. 이런 식으로 그리스도의 영은 하루 내내 우리에게 다가와 인간적인 편법을 넘어서는 통찰력과 확신과 인도를 선사한다.

리더십 공동체가 최상의 모습을 보일 때, 우리는 관계에 주의를 기울인다. 함께 있든지 떨어져 있든지, 서로에게 귀를 기울이고, 말과 가벼운 스킨십을 통해 서로를 돌보고, 서로를 위해 기도한다. 함께 일할 때는 서로를 향해 사랑하고 다른 이의 은사를 발견해 주며 서로가 공동의 작업에 얼마나 독특하게 기여하고 있는지를 표현한다. 사람들 사이에 오해나 상처가 있거나, 어떤 지침에 대해 주저하거나 저항할 때, 이 문제에 주의를 기울일 시간과 장소를 마련하기 위해 최선을 다한다. 우리가 할 수 있는 가장 중요한 것은 서로를 온전히 사랑하는 것이라고 믿기 때문이다. 예수님이 이 땅에서 지내시며 거둔 최고의 성과 중 하나는 그분의 끝없는 사랑이다(요 13:1). 서로를 온전히 사랑하기 위해서는 많은 시간과 관심이 필요하다. 하지만 이 일에 실패한다면 예수님이 우리에게서, 또 우리를 위해서 가장 기대하시는 한 가지를 놓치게 된다.

리더십 공동체가 최상의 모습을 보일 때, 우리는 쉼을 누리고 피정을 간다. 리더 공동체가 피정을 갈 시간을 마련하는 일은 쉽지 않지만 공동체적 삶의 가장 중요한 측면 중 하나다. 피정은 단순히 일상의 장소를 벗어나 사무실에 있을 때보다 더 오래 일하며 계획을 짜는 회합이 아니다. 또한 프로그램 계획, 요란한 활동과 많은 정보로 꽉 찬 컨퍼런스 같은 행사도 아니다. 영적 피정은 우리가 더 천천히 움직이고, 쉼을 위한 시간을 갖고, 고독과 침묵과 듣기를 위한 시간을 좀더 가지며, 우리의 여정과 중요한 깨달음을 나누며, 함께 먹고, 서로 함께하는 것을 누리기 위해 따로 마련한 시간이다. 우리 경험으로는 리더 피정을 일 년에 두세 번 가는 것이 이상적이었다. 바쁜 사람들에게 이것은 큰 부담이었으며 우리도 늘 지키지는 못했다. 하지만 이 횟수를 타협하면 우리는 지치게 되고 자신과, 서로 간, 그리고 하나님과의 결속을 잃게 된다는 것을 깨달았다. 그렇다면 우리의 가장 큰 가치들을 잃게 되는 셈이다.

리더십 공동체가 최상의 모습을 보일 때, 우리는 한계 안에 산다. 우리 삶의 한계와 리더인 우리에게 하나님이 정해 주신 일의 경계를 지키는 것은 무척 영적인 일이다. 자아도취적인 리더들은 언제나 실제 주어진 분량을 훨씬 벗어나 아주 거창한 비전을 품고 그들의 영향권 밖을 바라본다. 한계 안에서 사는 것은 개인으로서 또 공동체로서 진정한 자신의 한계 안에서 사는 것을 의미한다. 시간과 공간의 한계, 신체적·감정적·관계적·영적 능력의 한계, 조직과 또 조직을 이루는 개인으로서 삶의 시절마다 겪는 한계, 하나님이 주신 소명의 한계, 그 안에 사는 것을 뜻한다. 한계 안의 삶은 이것은 하고 다른 것은 하지 않는 것이다. 이것을 열심히 하되 무리하게 하지 않는 것이다.

한계 안에 사는 삶을 거부하는 것은(나는 이런 유혹을 강하게 받는다) 자기 자신과 다른 리더들을 모두 탈진시키며, 하나님과 관계 또 주변 사람들과의 관계의 질을 떨어뜨리게 된다. 우리가 부름받은 일을 잘하는 효과도 내지 못한다. 한계 안에서 사는 것은 창조주가 아니라 피조물로서 겸손히 사는 것이다. 오직 하나님만이 무한하시다. 우리는 주어진 순간에 해야 할 것을 매우 명확히 하고 다른 것은 거절할 필요가 있다.

리더십 공동체가 최상의 모습을 보일 때, 우리는 분별에 근거하여 일을 진행한다. 영적 공동체의 결정적 특징 중 하나는 인간적 계획과 전략적 술수보다는 분별에 기초하여 움직이려는 공유된 소망과 의지다. 계획을 세우지 말자는 것이 아니다. 사실 계획을 세우는 것은 아주 중요한 두 번째 단계다. 다만 하나님의 지시에 귀를 기울이는 분별이 우리의 계획보다 선행해야 한다고 생각하는 것이다. 전략적 계획 세우기에 익숙해 있고 어떤 경우에는 그 방식에 마음이 끌리기도 하지만, 분별 과정 없이 순전히 전략적 사고에 의해 결정을 내리는 경우 언제나 혼자서 앞서 나가게 되고 실수를 저지른다. 우리 단체의 일정을 짤 때 이것을 아주 분명하게 경험했다. 전략적 차원에서 일을 생각하면 더 많은 행사를 일정에 넣는 편이 나아 보이지만, 그러면 대개 감당할 수 없는 지경에 빠지게 된다. 하지만 하나님이 우리 존재의 더 깊은 곳에서 말씀하시는 것에 귀를 기울일 때, 대개는 적은 편이 더 낫다는 것을 깨달으며 그에 따라 계획을 짤 수 있다. 이것은 우리를 겸손하게 만드는 교훈이기도 하지만, 이 교훈을 제대로 배운다면 향후 계획을 짤 때 중요한 영향을 미칠 수 있다.

 결정 과정에 분별의 시간이 있으면, 단지 할 일만 생각할 때 생기는 다급함의 희생양이 되지 않고, 소명을 향해 분명한 한 걸음을 확신 있게 내디딜 수 있다. 하나님의 뜻을 함께 분별하는 법을 배우는 것은 리더십의 영혼의 핵심적 측면이며, 다음 장에서 깊이 다룰 것이다.

잘 되리라는 보장은 없다

공동체 내의 삶에 충분한 주의를 기울여도, 그리스도인 리더들 사이의 관계가 허물어지는 때가 있다. 이런 순간을 대비하지 않는 것은 순진한 생각이다. 관계의 붕괴와 배신은 모세에게도 일어났고(고라의 사건), 바울과 바나바에게도 발생했으며(요한 마가를 두고), 예수님에게도 일어났다(유다의 배신). 이때는 어느 리더의 삶에서나 가슴 아픈 순간이다. 지나치게 단순하게 들릴 수 있지만, 그런 일이 생기면 예수님 가까이에 머무는 것이 가장 큰 도움이 된다. 여기서 "예수님 가까이에 머문다"는 말은 예수님의 생애 이야기 안으로 들어가서 그분의 이야기가 우리의 반응을 인도하게 한다는 뜻이다.

 한번은 관계로 인해 아픔을 경험하고 있을 때, 성무 일과를 따르는 훈련이 전혀 예상치 못한 방식으로 그리스도의 삶으로 나를 이끌었다. 5월의 어느 날, 유다의 배신 이야기였는데, 그 당시에 내가 읽으려고 했던 이야기는 아니었다. 먼저, 나는 내 상황을 유다의 배신과 동격으로 둘 정도로 건방지지는 않았다. 다음으로, 관계 때문에 생긴 어려움을 겪고 있을 때 유다와 예수님의 이야기는 그리 위로가 되지 않는다. 고난 주간도 아니었고(그랬더라면 나는 이 이야기를 읽게 될 것이라고 예상했으리라), 복음서도 아닌(복음서에는 이런 이야기가 간혹 나온다), 십자가와 부활 사건 이후의 이야기가 나오는 사도행전 1장이었다. 나는 이 이야기를 읽게 될 줄은 전혀 예상 못했기 때문에 놀라서 자세를 고쳐 앉고 주의를 기울였다. 나의 상처와 고통 한가운데서 그 이야기를 읽으며, 이것이 내게 꼭 필요한 말씀임을 깨달았다.

이 말씀에서 화자인 베드로는 예수님의 죽음과 부활 이후에 남겨져 그리스도를 따르며 흔들리고 있던 적은 무리가 얼마 전까지 겪은 모든 일들에 대한 이해를 도우려고 한다. 그들이 이해해야 할 경험 하나는 유다의 배신이었다. 그들의 질문은 당시 나와 똑같았다. "도대체 무슨 일이 일어난 거지? 어떻게 우리가 그렇게 미덥지 않은 사람을 믿었지? 왜 예수님은 그렇게 위험한 사람인줄 알면서도 그렇게 오래 우리 주위에 있도록 그냥 놔두신 거지? 우리 중 또 누군가가 그런 배신을 저지를 수도 있지 않을까?"

함께 기도하며 하나님이 다음 일을 알려 주시기를 기다리던 사람들에게 베드로는 정직하게 말했다. 베드로는 유다가 공동체의 중요한 부분이었으며 사역에서 한몫을 담당해 왔다는 점을 인정했다. 일어났던 사건을 사실 그대로 전달했고 성경에 대한 이해에 근거해 의견을 제시했다. 심지어 베드로는 이 배신이 다윗의 예언을 이루기 위해서 일어나야 했다고까지 했다. 상황을 미화하지 않았고, 그럴싸하게 들리도록 설명하지도 않았지만, 공동체가 이것에 담긴 의미를 찾도록 도왔다. 분명히 커다란 슬픔이 사건에 감돌았고 어쩌면 우는 사람도 있었을 방 안에서 베드로의 연설은 그 자체로 치유의 효과가 있었다.

이어서 베드로는 치유의 다음 단계로 제자들을 부드럽게 이끌었다. 누가 유다의 자리를 대신할지 분별하는 일이었다. "모든 사람의 마음을 다 아시는 주님, 주님이 이 두 사람 가운데서 누구를 뽑아서, 이 섬기는 일과 사도직의 직분을 맡게 하실지를, 우리에게 보여 주십시오. 유다는 이 직분을 버리고 제 갈 곳으로 갔습니다"(행 1:24-25, 새번역). 공동체가 약해진 시기임을 감안할 때 참으로 부드러우면서도 지혜롭고 진실한 기도였다.

우리가 유다 이야기에서 배우는 뼈아픈 교훈 하나는 우리는 타인과 그들의 선택을 통제할 수 없다는 것이다. 유다는 다른 제자들과 마찬가지로 사도 직분과 사역을 받았지만, 그의 선택은 직분을 버리고 자기 갈 길로 가는 것이었다. 아마도 예수님은 마지막 순간까지 유다가 다른 길을 선택하기를 바랐기 때문에 유다가 근처에 머무르도록 하신 것 같다. 하지만 유다는 마음을 바꾸지 않았다. 이런 일이 벌어졌을 때 우리가 할 수 있는 일이란 그가 가도록 내버려 두는 것이다. 예수님이 우리의 자유의지를 존중하시듯이, 우리도 타인들의 자유의지를 존중해야 한다.

실제 일어난 일을 받아들이는 법을 배우는 것이 나에게는 쉽지 않았기에 하나님은 여러 방식으로 가르치셔야 했을 것이다. 어느 누군가의 개인적 선택이 반드시 리더인 나, 혹은 공동체의 실패를 의미하지는 않는다는 것을 배워야 했다. 자신이 책임져야 하는 일과 자신의 책임이 아닌 일을 구분하는 능력은 개인적 자기 성찰과 신뢰할 만한 공동체를 통해 하나님과 함께 사색하고 대화하며 얻어야 하는 능력이다. 그리스도를 따르는 성경의 이 적은 무리에게서 볼 수 있듯이, 우리가 어떤 선택을 내리든 이미 일어난 사건으로 인한 손실로 공동체는 변화와 결정의 시간으로 들어간다. 베드로

> 그러므로 지금까지 다른 그리스도인들과 함께 공동의 신앙생활을 해 온 특권을 누렸으니 마음 깊은 곳에서 우러나온 진심으로 하나님의 은혜를 찬양합시다. 무릎을 꿇고 하나님께 감사드리며 선포합시다. "우리가 그리스도인 형제들과 함께 공동 생활을 누릴 수 있는 것은 정말 은혜입니다" 라고 선포합시다.
>
> 디트리히 본회퍼, 「신도의 공동생활」

의 명쾌한 말, 정직, 자기 정화의 과정에서 나온 내적 권위는 그들을 결속시켰고 계속 앞으로 나아갈 수 있도록 도왔다.

예수님 가까이에 머문다면 우리는 또한 유다의 배신과 십자가 사건—예수님의 공생애에서 가장 힘들었을 두 경험—사이에 예수님이 그분을 따르는 자들의 하나됨을 위해 기도했음을 발견할 수 있다. 예수님은 이미 배신을 당했고 또 다시 배신당할 상황임에도 불구하고 그분을 따르는 자들이 하나가 될 가능성을 믿었다. 죽음이 가까이 다가온 시간에 예수님이 하나님께 드린 진심 어린 외침은 "그들을 지켜주셔서,…그들도 하나가 되게 하여 주십시오"였다(요 17:11, 새번역). 그들을 지켜주셔서 그들이 복음을 전하거나 나라를 세우거나 사탄을 무찌르게 해 달라는 기도가 아니었다. 물론 모두 필요하고 가치 있는 기도이지만, 예수님의 기도는 그들을 지켜주셔서 하나가 되게 해 달라는 것이었다. 그리스도 안에서 우리의 하나됨이 하나님의 나라이며, 복음을 전하는 것이며, 사탄을 무찌르는 방법이기 때문이다.

그리스도인들에게 하나됨은 단지 여러 좋은 가치들 가운데 하나가 아니다. 하나됨은 다른 모든 것이 무너지고 죽음을 맞이하는 순간에 예수님이 원하셨던 전부였던 것 같다. 그리스도의 나라에서 리더인 우리에게 하나됨을 진심으로 추구하는 것보다 더 중요한 일은 없다. 우리는 이것을 이루지 못한 때에도, 모든 것들이 이미 그리스도를 통해 화해가 이루어졌음을 믿으며 모든 사람들과 화평하기 위해서는 우리가 해야 하는 어떤 일이라도 하게 된다.

고립을 넘어

영적 리더십 공동체를 시작한지 얼마 못 되어, 우리 리더 공동체는 어느 베네딕트 수도원에서 피정을 하며 이 신앙 공동체에서 50년째 수도사로 지내 온 한 형제로부터 그의 인생 이야기를 들었다. 우리는 이 형제들이 그렇게 오랫동안 함께 공동체에 머무는 것이 어떻게 가능했는지 또 우리도 어떻게 해야 그와 같이 될 수 있는지 물었다. 그가 첫 번째로 이야기한 것 중 하나는 지속성이었다. 마음속을 꿰뚫어 보는 듯한 눈과 결연한 말투로 명확한 어휘를 써서 우리에게 말했다. "공동체를 하나 선택해서 계속 함께하십시오. 길을 하나 잡아서 계속 따라가십시오."

　나는 그의 말을 결코 잊을 수가 없다. 내 리더십 인생을 형성해 온 방식과 너무나 달랐기 때문이다. 우리 개신교 그리스도인들에게는 이런 지속성에 충실할 만한 환경이 없다. 우리는 새 집이나 새 차를 쇼핑하는 식으로 공동체를 쇼핑한다. "공동체를 하나 선택해서 계속 함께하는" 태도는 우리의 소비자 지향적 사고방식과 완전히 대조를 이룬다. 목회자들에게 교회는 직장이며, 교회를 긴 기간에 걸쳐 헌신하는 공동체로 경험하기란 무척 어려운 일이다. 교회나 교파의 정치 체제 형태에 의존하기 때문에 우리에게는 이런 선택을 내릴 여지도 없을 수 있다. 하지만 모세 이야기와 다른 신앙 공동체들의 예를 본다면, 적어도 우리는 문화적으로 굳어진 고립, 일시성, 독립성의 패턴을 넘어 우리가 이끄는 사람들에게 지속적으로 영적 안내를 베풀 강력하고 지속적인 리더십 공동체의 풍요로움과 상호의존의 단계로 나아가야 한다.

하나님의 임재 안에서 우리의 외로움을 보여 드릴 때 결국 어떤 사람들, 어떤 가치들, 어떤 여정에 헌신하기로 약속하게 되며, 이 약속을 계속 지켜 가라는 요청을 받는다. 고립에서 오는 외로움을 치유하기 위해,

> 우리는 신앙 공동체 내부에 고요한 자리를 찾아야 한다. 쉴 곳을 찾아야 한다.…결국 쉴 곳을 찾는 것은 건물이나 도시, 나라, 우리가 소속감을 느낄 수 있는 장소를 찾는 것과는 다른 문제다. 좀더 깊이 말해, 쉴 곳을 찾는다는 것은 하나됨과 안전함, 따뜻함, 편안함을 느낄 수 있고, 나 자신이 될 수 있으며, 신앙과 애정을 표현할 수 있는 안정성을 느끼는 사람이나 그런 사람들의 공동체를 찾는 문제다.…외로움에 대한 답이 하나 있다. 그것은 신앙 공동체 안의 새로운 쉴 곳이다.[5]

실습

시간을 내어 조용한 장소에서 숨을 깊이 쉬라. 모세가 민수기 11장에서 표출한 외로움을 지금 당신도 겪고 있다면, 외로움을 품은 채 앉아 하나님께

하고 싶은 이야기를 드리라. 모세처럼 재앙의 목전에 처해 있다면 그점에 관해서도 하나님께 아뢰라. 다음 기도가 당신의 상황에 적절하다면 이 기도의 도움을 받아 지금 하나님께 하고 싶은 기도를 드리고 당신에게 가능한 일이나 사람을 볼 수 있게 해 달라고 구하라.

주님, 어서 제 이야기를 들어 주세요.
제 마음은 금세 다른 것들로 달아나 버립니다.
 당신과 함께 있는 것보다도
  더 친숙하고
   더 걱정하는 것들로 달아나 버립니다.

주님, 말로는 충분하지 못합니다.
제 눈물에 귀를 기울여 주세요
 이미 많은 것을 잃었는데
  더 많은 것을 잃을까 두렵습니다.
제 땀에 귀를 기울여 주세요
 어두움과 이상한 꿈에 압도되어
  한밤에 깨어납니다.
제 한숨에 귀를 기울여 주세요
 제 갈망이 바닷물처럼 차오릅니다.
 갈망은 급박하고 난해합니다.
 손짓하며 신호를 보냅니다.

제 울렁거리는 배에 귀를 기울여 주세요
　먹을 양식과 친밀함을 갈구합니다.
제 저주에 귀를 기울여 주세요
　때로는 세상이 나를 위압적으로 대하고
　　때로는 내가 세상을 위압적으로 대하는
　　　그런 방식에 화가 치밉니다.
제 우드득하는 손마디에 귀를 기울여 주세요
　저 자신을 너무 꽉 붙들고 있고
　　저를 타인의 기대에 맞추고
　　　타인을 저의 기대에 맞추려고 초조하게 애씁니다.
　　또 당신을 향해 주먹을 부르르 떱니다.
　　　당신이 저를 실망시켰습니다.

제 발걸음에 귀를 기울여 주세요
　실족하여 좋은 기회를 누군가에게 넘겨주었습니다.
제 신음에 귀를 기울여 주세요
　정말 치유 받고 싶습니다.
제 근심에 쩌든 모습에 귀를 기울여 주세요
　제겐 제 일이 너무나 중요하고
　도움이 필요합니다.
제 긴장에 귀를 기울여 주세요
　저는 정말 저 자신의 본 모습을 받아들이고
　　제가 될 수 없는 모습을 내려놓고 싶습니다.

제 굽은 등에 귀를 기울여 주세요
  때로는 세상의 필요와 요구를
    더 이상 견뎌낼 수 없어
      그저 내려놓고 싶고
        당신께 되돌려 드리고 싶습니다.

제 웃음에 귀를 기울여 주세요
  친구들이 있고
    자비가 있습니다
      무엇 때문인지 제게서 감사가 솟아납니다.

제 허밍에 귀를 기울여 주세요
  저는 때로는 다른 사람들은 모르는
    창조의 리듬을 느낍니다
그러면 말이 아닌 음악이
      제 안에서 솟아나 반가이 맞습니다
      즐거이 뛰노는 아이들의 즐거움과
      춤추는 천사들의 기쁨이 솟아납니다.

제 깜박이는 눈에 귀를 기울여 주세요
  어떤 순간에는
    태양빛이 딱 알맞게 내리쬐고
    별빛이 딱 맞게 어둠을 밝히고
    구름이 뭉게뭉게 떠다니고

눈이 세상을 덮어 고요합니다.
갑자기 모든 것이 투명해지고
내 안의 무엇인가가 순수해져
　　잠시나마
당신의 나라를 흘깃 보고,
감격해 숨이 막힌 채 당신을 찬양합니다.
　　급히 일어났다가
　　　　이내 사라지지만
　　　　　　그래도 충분합니다.

주님, 어서 제 얘기를 들어주세요.

테드 로더, 「은혜의 게릴라」[6)]

12. 하나님의 뜻 함께 구하기

구름이 성막 위로 걷혀 올라갈 때면, 이스라엘 자손은
그것을 보고 난 다음에 길을 떠났고,
구름이 내려와 머물면, 이스라엘 자손은 바로 그 자리에 진을 쳤다.
이스라엘 자손은 이렇게 주님의 지시에 따라 길을 떠났고, 또한 주님의 지시에 따라
진을 쳤다. 구름이 성막 위에 머물러 있는 날 동안에는, 진에 머물렀다.

민수기 9:17-18

한번은 한 대형교회 목사와 이야기를 나눌 기회가 있었다. 나는 그동안 내가 그리스도인 리더들과 나눠 온 것과 비슷한 내용의 대화를 했다. 그의 교회는 성장을 이루고 있었고 리더들은 당면하고 있는 커다란 변화에 부응하려고 노력했다. 교회가 수용 가능한 기존의 규모 이상으로 성장하자(너무나 좋은 문제이리라), 문제가 생겼다. "기존 건물을 증축할 것인가? 아니면 교회를 또 하나 개척할 것인가?"

하지만 그것은 빙산의 일각에 불과했고, 외관상으로 드러난 문제 아래에는 더 큰 질문들이 잠복해 있었다. 우리는 이제 어디에 역점을 둘 것인가? 현재 우리의 선교는 부름받은 것을 담아내고 있는가? 우리의 리더십 구조는 지금 일어나는 일들을 다루는 데 효과적인가? 새로운 건물을 짓고 사람들과 더 많은 활동을 하는 경우, 기존의 방식을 유지한 채 사역을 해나갈 수 있겠는가? 혹은 지치지 않을까?

나는 그의 책임이 막중하다는 것을 이해하고 더 심도 있는 질문을 던졌다. "이런 문제들을 어떻게 해결하시나요? 목사님 교회에는 리더들이 이런 문제를 놓고 하나님의 뜻을 분별하는 절차가 있는지요?"

그의 어리둥절한 표정에서 그렇지 않다는 것을 알 수 있었다. 그는 곧 마음을 가다듬고 말했다. "하지만 우리는 회의를 시작할 때 항상 기도를 드립니다."

영적 리더십의 핵심

많은 이들이 희미하게나마 그리스도인 리더십은—특히 교회나 영적인 목적을 가진 조직을 이끈다면—일반 리더십과 달라야 한다고 생각한다. 하지만 그 차이는 보통 회의를 시작할 때 하는 형식적인 기도에 그칠 때가 많고, 분주하면 그나마 그것도 생략한다. 그렇다면 영적 리더십과 다른 리더십을 구별하는 것은 무엇이겠는가? 또 영적 여정과 다른 여정을 구별하는 것은 무엇인가?

영적 리더십과 영적 여정의 중심에는 분별이 있다. 분별은 개인으로든 공동체로든 하나님의 임재와 활동을 인식하고 이에 반응하는 능력이다. 이스라엘의 여정은 계속되는 분별의 이야기다. 하나님의 임재를 인식하는 법을 배웠고 그때마다 이를 따랐던 사람들의 이야기다. 리더인 모세는 규칙적이고 정기적으로 하나님의 임재 안에 들어가 무엇을 해야 할지 여쭙고, 거기서 들은 대로 이스라엘 사람들을 이끌어야 했다. 하나님을 신뢰하고 그분의 지시에 귀 기울이고 순종하는 능력은 이스라엘 사람들의 생존에 너무도 중요한 것이어서, 모세가 한 번 하나님의 지시를 온전히 따르지 못했을 때(모세가 사람들에게 물을 주기 위해 하나님의 지시대로 바위에 명령하지 않고 바위를 쳤을 때) 아주 끔찍한 결과가 발생했다(민 20:10-13).

공동체 전체는 여정 중에 낮에는 구름 기둥, 밤에는 불 기둥 가운데 하나님의 임재를 경험하였고 계속 이에 반응하며 나아갔다. 하나님의 임재가 이동하면 그들도 따라갔고, 임재가 멈추면 따라서 멈추었다(민 9장). 그토록 단순했다. 모세는 훗날 이스라엘 백성의 여정을 돌아보며 전체 운영에 분별이 얼마나 중요한지 강조했다. 모세는 하나님이 모세 밑에서 재판하는 자로 섬길 리더들을 뽑으라고 명령하셨던 때를 상기시키며 영적 리더십의 핵심 기준이 지혜와 분별의 능력임을 다시 강조했다(신 1:13).

이어서 모세는 이스라엘 민족의 결정적 특징으로 지혜와 분별을 꼽았는데, 이 특징은 다른 나라들도 인식하고 경외하게 될 것이었다. 모세는 분별이 하나님과의 친밀함과 관련이 깊음을 지적했다. 다른 나라들은 그들의 신과 이런 친밀함을 맺지 못하기에 놀랄 수밖에 없는 친밀함이었다. "그러면 여러 민족이, 당신들이 지혜롭고 슬기롭다는 것을 알게 될 것입니다. 그들이…이스라엘은 정말 위대한 백성이요 지혜롭고 슬기로운 민족이라고 말할 것입니다. 주 우리의 하나님은 우리가 기도할 때마다 우리 가까이에 계시는 분이십니다. 이와 같은 하나님을 모신 위대한 민족이 어디에 또 있겠습니까?"(신 4:6-7, 새번역)• 하나님과 친밀하고 그분의 길을 분별할 수 있는 놀라운 능력은 이스라엘 정체성의 핵심이자, 다른 나라들과 이스라엘을 구별하는 주요 부분 중 하나였다.

분별의 문화

오늘날 세상에서 우리는 분별을 말하기는 쉬워도 실제로 실천하기는 힘들다. 우리에게는 낮의 구름 기둥과 밤의 불 기둥 같은 것이 없고, 하나님과 얼굴을 맞대고 이야기하거나 호렙 산 정상에서 우레가 치는 가운데 울려 퍼지던 그분의 목소리를 들을 수도 없다. 대신 이전보다 더 미묘한 역동, 즉 참된 것에 관하여 인간의 영과 함께 증언하시는 성령의 역동에 의존한다(롬 8:16). 현대 서구 문화에서 분별은 특별한 도전이 되고 있다. 분별은 인식과 지적인 노력에 의지하는 수준을 넘어서 우리 마음속과 우리 안에 계

• 이 성경 구절의 '슬기롭다'에 해당하는 NRSV 성경의 영어 표현은 'discernment'와 'discerning'으로 하나님의 뜻을 분별해 내는 "분별의 능력이 있음"을 뜻한다.

신 하나님의 영에 귀를 기울이고 반응하는 자리로 옮겨 가라고 요청하기 때문이다. 개인적인 삶과 관련된 분별은 때로 주관적인 접근이라고 느껴지는 방식에 의존하기도 하지만, 우리의 결정이 큰 규모의 예산, 외부의 재정적 투자, 다수의 직원, 영향력이 큰 이사회에 보고하는 일, 기대가 큰 회중이나 고객층을 섬기는 일 등을 수반할 때는 분별의 위험 부담이 훨씬 크다. 우리가 내리는 결정들의 중요성에 비례하여 하나님을 적극적으로 구하는 신뢰할 만한 과정이 있는가?

영적 리더는 공동체를 향한 하나님의 바람을 함께 파악하고 이에 기초하여 전진하도록 분별 과정을 인도하는 일에 재능이 있고 헌신을 다하는 사람이다. 기독교의 다른 훈련같이 리더 그룹의 분별은 삶 속에서 하나님이 활동하실 공간을 창조하는 한 가지 방법이다. 우리가 스스로 할 수 없는 것을 하나님이 하실 수 있도록 자신을 하나님이 사용하시기에 적합하게 만들어 가는 것이다. 우리는 공동체 내의 분별을 통해, 인간의 지혜를 초월하지만 우리가 구할 때 얻을 수 있는 하나님의 지혜에 자신을 내 드린다.

분별 과정은 외부와 교류 없이 순수하게 개인 차원에서 이루어지지 않으며, 또 우연히 일어나지도 않는다. 분별이 이루어지는 맥락은 영적 공동체이므로, 분별하는 리더십의 중요한 필수 조건은 리더 그룹을 분별의 공동체로 세우는 것이다. 이것은 리더들의 공동 생활이 기도 및 여러 영적 훈련에 기초를 둔다는 것을 의미한다. 성경, 침묵, 하나님과 타인에게 귀 기울이기, 예배와 중보, 자기 성찰, 고백 같은 영적 훈련들을 분별 과정의 장(場)으로 엄격하게 준수하고, 이런 영적 훈련을 생략하고 싶은 유혹을 강하게 받는 날에도 이것을 지켜야 한다.

로마서 12장 2절은 하나님의 뜻을 분별하는 능력이 공동체 내 영적 변화의 자연스러운 부산물임을 나타낸다. "여러분은 이 시대의 풍조를 본받지 말고, 마음을 새롭게 함으로 변화를 받아서, 하나님의 선하시고 기뻐하시고 완전하신 뜻이 무엇인지를 분별하도록 하십시오"(롬 12:2, 새번역). 이 구절에서 바울은 영적 변화의 여정과 하나님의 뜻을 개인적으로나 공동체적으로 분별하는 능력 사이에 **인과적**(우연한 관계가 아니라) 관계가 있음을 보여 준다. 무엇을 해야 할지 분별하는 능력은 삶을 변화시키는 방식인 공동 생활에 대한 헌신에서 나온다. 반대로, 공동체에서 영적 훈련에 정성을 다하지 않을 때 분별의 날은 둔해진다. 그때 우리는 우리를 향한 하나님의 바람을 분명히 인식한 상태에서 행동하지 못하고 자신의 계획에 사로잡히며, 하나님의 평화를 누리지 못하고 안달하기 쉽다. 명확함을 얻지 못하고 내적·외적 혼란에 휩쓸리게 된다.

분별의 역동

하나님의 뜻을 분별하려는(깨닫고 행하려는) 충동은 인간의 완고함에 반하는 영적 역동이다. 개인이나 리더 그룹, 회중이 분별하는 안목을 기르고 싶어 하는 것 자체가 하나님이 일하신다는 증거다. 그리스도인이 하나님의 뜻을 따르고 싶어 하는 것은 자연스러운 일이지만, 리더들이 결정을 하기 위해 모였을 때 이 욕구가 언제나 의식 전면에 부각된다고 가정할 수는 없다. 이 갈망이 두드러지게 나타나거나 이 갈망을 분명히 표출하기 시작할 때, 우리는 하나님께 감사를 드리며 그것을 돋우어 타오르게 하고 그에 대한 헌신을 구체화하도록 지도하여 구체적인 과정으로 나아가게 해야 한다.

우리가 영적 공동체로 자라가면, 분별을 향한 갈망과 능력도 자연스럽게 자라고 우리 내면에서와 우리 사이에서 하나님의 영을 인지하고 반응하는 경험이 풍부해진다. 이것은 성숙한 그리스도인의 한 지표다. 기독교적 분별은 성령과 관련된 것이기 때문에, 본질적으로 영적인 훈련이다. 성령은 삼위일체의 셋째 인격이며 듣고 응답할 수 있는 하나님의 영이시다. 분별은 언제나 성령이 영적인 사람들에게 주시는 선물이다. "자연에 속한 사람[영적이지 못한 사람]은 하나님의 영에 속한 일들을 받아들이지 아니합니다. 그런 사람에게는 이런 일들이 어리석은 일이며, 그는 이런 일들을 이해할 수 없습니다. 이런 일들은 영적으로만 분별되기 때문입니다"(고전 2:14).•

분별은 무엇보다 하나의 습관이자 보는 방식이며, 이를 통해 하나님의 역사가 우리 삶 속에 드러나는 것을 보게 된다. 분별은 존재의 방식으로 우리는 그 안에 깊이 젖어 들어 성령께 귀 기울이고 반응한다.

분별의 훈련이 아무리 중요하더라도 그것이 분별의 습관보다 앞서는 것은 적절하지 않다. 성령이 분별하는 사람의 삶 속에 받아들여지지 않는다면 사실 분별의 훈련은 공허하고 무능력하다. 분별의 습관은 존재의 방식을 구성하고, 그에 따라 우리는 삶의 방식으로서의 영성 안에 깊이 젖어 들어간다. 영성은 우리가 호흡하는 공기만큼 필수적인 것이 된다. 영성의 습관은 분별의 훈련보다 우선이다.[1)]

분별의 습관은 우리가 결정 내려야 하는 때와 의도적이고 적극적으로

• "자연에 속한 사람"은 저자가 사용하는 NRSV 성경에서 "영적이지 못한 사람"(those who are unspiritual)으로 번역되어 있다.

> 어떤 상황에서도 하나님의 뜻은 우리에게 일어날 수 있는 최상이다.
> 대니 모리스, 찰스 올슨, 「하나님의 뜻을 함께 분별하기」

하나님의 뜻을 구하도록 부름받는 때를 대비하기 위한 중요한 준비다. 그런 순간이 오면 영적 리더는 실제 분별을 하기 위해 사람들을 불러 모은다. 분별은 하나님이 선하시며 우리를 향한 하나님의 의도가 언제나 선하고 그분은 그것을 행할 능력을 가지고 계신다는 믿음에 근거한다. 이러한 근본적인 확신이 없다면 우리 자신을 자유롭고 온전하게 분별의 과정에 맡기는 것은 불가능하지는 않더라도 무척 어려울 것이다. 깊은 내면에서 선하다고 신뢰하지 않는 누군가에게 자신을 완전히 내어 드리는 것은 무척 어려운 일이다.

분별은 또한 하나님과 타인을 사랑하라는 요청이 그리스도인의 궁극적 소명이라는 믿음에 기초한다. 이 소명을 일상의 선택을 할 때 접하든 관리자가 되어 더 규모가 큰 선택을 할 때 접하든 우리는 모든 결정의 과정에서 "사랑은 우리에게 무엇을 하라고 요청하는가?"라고 누군가 물어봐 주기를 원하고 있을 것이다.

리더 그룹의 분별 과정

리더십 차원에서의 분별은 기계적이지 않고 항상 단선적이지도 않다. 분별 과정에 더 편안해질수록 우리는 이를 단계적 절차로 경험하기보다 다음

의 역동적 요소들이 창조적으로 통합되는 것을 경험한다. 분별 과정의 처음 몇몇 요소들은 차례대로 일어나겠지만(그 이유는 곧 밝혀질 것이다), 공동체의 분별은 시간을 두고 진행됨에 따라 분별의 요소들이 독특한 때에 독특한 방식으로 자연스럽게 나타날 것이다.

공동체의 분별 준비 분별 과정에 진입하는 첫 단계는 분별해야 할 문제를 명확히 하는 것이다. 모든 문제가 분별 과정 전체를 필요로 하지는 않는다. 컴퓨터 시스템을 고르는 것 같이, 몇몇 문제는 사실에 입각한 논의를 15분 동안 하고 나면 답을 찾을 수도 있다. 하지만 리더 그룹 전체가 주의를 기울이고 기도해야 할 문제도 있다. 가령 우리의 정체성, 정책, 가치를 형성하는 문제들이 그러하고, 커다란 영향력을 행사하는 중요한 자리에 직원을 고용하는 것도 그런 분별을 요한다.

문제가 무엇인지 안다고 생각할 때조차 더 큰 문제, 곧 우리에게 더 큰 의미가 있는 문제가 잠재하고 있을 수 있다. 새로운 건물 프로젝트의 문제가 사명과 가치에 관한 질문으로 심화될 수도 있다. 새로운 건물은 사명이나 가치에 충실할 수도, 그렇지 못할 수도 있다. 전략을 세우기 위해 시작한 회의가 자신의 의사를 밀어붙이는 것인지, 아니면 하나님이 실제로 새로운 기회를 주시는 것인지 더 심도 있는 질문으로 이어질 수도 있다. 행사 스케줄 문제로 시작했다가 우리 삶의 속도에 관해, 인간 한계를 존중하고 하나님과 타인들을 사랑할 삶의 공간을 창조하는 방식으로 함께 일하며 살고 있는지에 관해 질문이 제기될 수도 있다. 그래서 분별은 문제를 분명히 하고 더 심도 있는 질문에 귀 기울이는 것에서 시작한다.

알맞은 사람들을 분별에 참여시켜야 한다는 점도 중요하다. 공동체 분별을 위한 필수 전제는 참여한 사람들이 헌신적으로 개인적인 변화의 과정을 밟고 있어야 한다는 점이다. 참여자들은 스스로 결정을 내릴 때 습관으로든 훈련으로든 개인적인 분별의 경험이 풍부한 사람들이어야 한다. 리더십에서 매우 흔한 실수 중 하나는 분별력이 없는 개인들을 모아 놓은 뒤 이들이 리더십 환경에서 두각을 나타내고 갑자기 분별력이 생기기를 바라는 것이다. 이사회와 연장자 그룹은 많은 경우, 사업에서 성공한 사람들로 이루어 있지만 영적 분별에서는 경험이 별로 없고 준비가 되지 않았을 수도 있다. 이런 경우에는 리더 그룹의 구성을 서서히 바꾸거나 실제 분별 과정을 시작하기 전에 이들을 교육하고 훈련시켜야 할 것이다. [개인적 분별의 습관과 연습에 대한 상세한 논의는 내가 쓴 「영적 성장을 위한 발돋움」 6장을 참조하라.]

알맞은 사람들이 분별에 참여하게 하기 위해 고려해야 할 또 다른 측면은 고정관념에서 벗어나 분별 과정에 참여할 사람을 찾는 것이다. 우리는 조직이라는 구분에 너무 매몰되어 분별 과정에 중요한 기여를 할 수도 있는 사람들을 간과하곤 한다. 이사회, 스태프, 운영팀의 일원인 사람이 아닌 사람들을 고려할 수도 있다. 우리가 소중히 여기는 지혜와 분별의 재능을 지닌 사람, 우리를 도울 수 있는 정보와 경험을 지닌 사람, 분별 과정의 결과가 나왔을 때 이를 리더 그룹 외부의 사람들에게 잘 얘기하며 소통을 도울 수 있는 사람 등을 들 수 있다.

분별 참여 수준을 몇 가지로 나누어 생각할 수 있다. 먼저, 분별 그룹으로, 투표 등의 방법을 통해 어떻게 해야 할지에 대한 최종 결정을 내리는 책임을 맡은 사람들이다. 이들은 전체 분별 과정에 충분히 참여해야 한다. 다음으로, 분별 그룹이 결정을 내리는 데 필요한 정보를 충분히 전달받기 위해 들어야 할 목소리가 있다. 이러한 사람들로는, 결정으로 인해 영향을 입게 될 사람, 당면 문제와 관련된 경험이 있는 사람, 관련 분야에 대한 전문 지식이 있거나 연구를 한 사람, 내린 결정을 절차에 따라 실행해야 하는 사람(주요 스태프나 자원자, 행정이나 운영 요원 등)이 있다. 이들이 모든 분별 과정이나 투표에 참여할 필요는 없지만, 이들의 전문 지식에 귀 기울인다면 분별 그룹은 보다 현명하고 현실적인 결정을 내리게 될 것이다.

우리가 고려해야 할 또 다른 참여자들은 분별의 방법이나 실천을 훈련 받은 사람들이다. 이들은 영적 지도자들일 수 있고, 어떤 분별 결과에 따르는 이익과 무관한 사람들일 수 있다. 이들은 기도 가운데 듣고, 필요하다면 침묵을 요청하고, 분별 과정을 이끌고, 분별 그룹이 들은 것이나 성령이 분별 그룹을 어떻게 이끌고 있는가에 대하여 지적할 수 있는 사람들이다.

또한 우리는 **분별 과정의 길잡이가 되는 가치와 원리**를 세워야 한다. 리더십 차원에서 분별이 이루어지기 위해서는 서로 함께 있을 때 확실한 안전이 확보되어야 하며, 분별 과정을 지배하는 가치도 명확해야 한다. 어떤 경우에도, 어기는 것이 도움이 될 것 같은 경우에도 꼭 지키자고 서로 합의하는 가치들이 있다. 그중 하나가 공동체 내의 신뢰할 만한 관계를 위한 헌신이다. 우리는 분별 과정 중 어느 시점에서, 제자들에 대한 그리스도의 헌신을 본받아 관계의 패턴을 형성하며 함께 하나가 되는 법을 배우는 것이야말로 가장 첫째이자, 지속되어야 할 과업이라는 사실을 진지하게 재확인할 필요가 있다. 이런 가치들은 그냥 가정할 수는 없고, 이것들에 대해 이야기하며 열정과 관심을 갖고 삶 가운데 실천해야만 한다. 우리의 심의를 관리할 가치와 분별한 것을 실행할 것에 관한 서약을 문서로 제정하는 것이 도움이 될 수 있다.

공동체의 서약이 완성되더라도 분별 과정의 초기에는(특히, 의견 충돌이 있거나 특권이 얽혀 있는 경우라면), 서약을 반복적으로 검토하며 분별을 위해 모인 그룹이 다른 무엇보다 상대방을 위해, 또 관계의 온전함을 위해 헌신을 다할 것을 다짐하는 것이 좋다. 어떤 이유에서든 핵심 가치를 타협하는 것은 우리의 본질을 타협하는 것이며, 곧 타인에게 제공할 가치의 상당 부분을 상실하는 것이라는 점에 기본적으로 동의할 필요가 있다.

공동체가 분별을 위해 모였을 때 리더들은 일반적인 리더십 상황에서 종종 일어나는 책략과 가식을 넘어서기 위해 힘써야 한다. 우리 그리스도인들은 하나님이 전적으로 진리를 통해 역사하셔서 분별의 은혜를 주신다고 믿는다. 비록 진리가 속도를 늦추거나 문제를 복잡하게 하거나 미처 경험해 보지 못한 지경으로 이끌고 가는 것처럼 보이는 경우에도 그렇다. 어떤 진리는 받아들이기 힘들더라도, 우리는 고통을 무릅쓰고라도 하나님이 주시는 진리를 분별의 과정으로 가져오기 위해 용기를 낸다. 우리는 어떤 방향이나 결정에 대해 누군가가 보류하거나 저항한다면 이를 존중하기 위해 헌신적으로 노력할 것이며, 더 깊은 차원의 이해와 연합을 기다릴 것이다. 나는 리더 그룹이 이런 식으로 서로를 존중하기로 한 결정을 후회해 본 적이 없다. 사실 내가 몸담아 왔던 리더 그룹에서 하나님은 우리를 자아에서 해방시키기 위해 종종 이 원리를 사용하셨다.

분별을 준비하는 단계를 힘들게 밟아 갈 때에, 하나님이 이스라엘 백성 공동체 안에서 그들의 삶을 인도하실 때 얼마나 힘들고 때로 지겹기까지 하셨을지 떠올려 보는 것이 좋다. 나는 성경을 읽을 때 십계명 이야기를 읽고 나서 다음 흥미진진한 부분이 나올 때까지 중간을 읽지 않고 건너뛰기도 했다. 레위기의 상세하고 지겨운 내용을 힘들게 따라가기에는 인내력이 부족했기 때문이다. 하지만 이제는 인내심이 생겼다. 레위기의 지침이 없었더라면 이스라엘의 전 여정은 사라져 버렸을 것이다. 무리는 광야에서 뿔뿔이 나뉘어졌을 것이고, 서로가 상대방 없이 생존하기는 힘들었을 것이다. 하나님과 모세의 인도 아래 그들을 붙들어 주는 구체적인 지침과 실천, 훈련 없이 스트레스와 압박을 도저히 견디기 어려웠을 것이며, 약속의 땅으로 들어갈 수도 없었을 것이다.

분별 과정에 들어가기 참된 분별 과정은 지속적으로 기도하고자 노력하는 데서 시작한다. 이것은 모임을 시작할 때 드리는 형식적인 기도 그 이상을 말하며, 여러 종류의 기도를 포함한다. 분별해야 할 질문이 분명해지고 분별의 공동체가 구성되고 지도 원리들이 확립되면, 우리는 시편 131편에 나오는 것과 같은 고요한 신뢰의 기도를 시작할 수 있다. 시편 131편의 기자는 "너무나 크고 놀라운 일"을 직면하여 하나님에 대한 전적인 의지를 표명한다. 이런 자세로 결정을 내릴 때, 다른 종류의 영이 우리에게 임한다. 분별 과정이 통제하기 힘들어지거나 인간적인 역동 때문에 산만해져서, 진짜 문제에서 멀어지고 분별 작업이 정체되거나 결정해야 할 안건을 놓고 인간의 노력 이상을 드리지 못하는 경우, 리더가 분별 그룹을 고요하게 신뢰의 기도를 하라고 돌려 보내는 것은 큰 도움이 된다. 그러면 순전히 인간의 분투에 의존하기보다는 신뢰의 위치로 되돌아갈 기회를 얻게 된다.

또한 우리는 **무심**(無心, indifference)을 위해 기도해야 한다. 이것은 냉담에 가까운 무심과 다르다. 이것은 하나님의 뜻 외에는 다른 어떤 것에도 무심한 기도를 말한다. 분별 과정의 무심이란 내 자아나 명성, 조직 내의 정치, 개인적 이익과 안락, 선호, 스스로 애착을 갖는 프로젝트와 관련된 문제에 대해 무심한 것을 뜻한다. 대니 모리스(Danny Morris)와 찰스 올슨(Charles

Olsen)이 말한 대로 "하나님의 뜻이다. 그 이상도 이하도 다른 어떤 것도 아니다."[2)]

무심을 이루기 위한 기도는 매우 힘들 수 있다. 대부분 강한 견해와 적지 않은 자기 이익을 염두에 두고 결정에 임하기 때문이다. 하나님의 뜻이 우리 삶에서 구체화되는 것을 보기 위해서는 시간이 필요하고 또 자아가 죽어야 한다. 여기서 우리는 스스로에게 묻게 된다. **하나님의 뜻이 우리 가운데 드러나기 위해서 내 안의 무엇이 죽어야 하는가?** 분별의 과정에서 각 사람은 이 질문을 중심으로 자신만의 영적인 시간을 가져야 하며, 분별하는 사람들이 모인 그룹은 이 질문에 정직해져야 한다. 그룹 내의 신뢰 수준을 고려하여 "얼마나 많은 사람이 무심의 경지에 있는가?"라고 묻고, 각 사람이 이 질문에 대해 자신은 어디쯤에 와 있는지 이야기해 보게 하는 것이 좋을 수도 있다. 하나님의 은혜로 무심에 도달했다고 하는 사람도 있을 수 있고, 왠지 모르게 어떤 결과에 집착하고 있기는 하지만 하나님이 그분의 뜻이 아닌 다른 것에 대해 무심의 경지로 올려 주시기를 계속 기도하고 있다고 하는 사람도 있을 수 있다.

예수님의 어머니 마리아는 무심이 무엇을 뜻하는지 보여 주는 한 전형이다. 그녀는 "보십시오, 나는 주님의 여종입니다. 당신의 말씀대로 나에게 이루어지기를 바랍니다"(눅 1:38)라고 기도했다. 이 기도는 여기서 이야기하는 무심에 딱 맞는 표현이다. 분별의 과정에서 집착을 버리고 무심의 경지에 이르고자 노력하는 우리에게 그녀의 이야기가 도움이 될 수 있다.

분별 과정에서 이 부분은 아주 힘들기는 하지만, 여기에 드는 시간과 에너지는 전혀 아깝지 않다. 우리가 무심에 이르지 못하거나 적어도 무심하지 않다는 사실에 대해 정직해지지 못한다면, 분별의 절차는 부정 선거나 다름없다! 무심과 관련해 우리가 어디쯤에 도달해 있는지를 타인과 나누는 과정은 우리가 자신의 의제에 대한 집착을 누그러뜨리고 분별 그룹의 지혜에 자신을 열 수 있게 한다.

우리가 무심에 도달하면 드디어 **지혜를 위해 기도**할 준비가 된 것이다. 하나님은 우리가 구하면 아낌없이 지혜를 주시겠다고 약속하신다(약 1:5). 무심은 지혜를 위한 기도에 꼭 필요한 전제다. 하나님의 지혜는 종종 이 세상의 어리석음이기 때문이다. 특히, 우리 자신의 자아와 관련된 문제에 대해 무심할 때, 지혜의 은사를 받을 준비가 되기 때문이다.

이어서 참된 분별 과정에는 다양한 관점에 귀 기울이기 위한 노력이 필요하다. 이것이 분별 과정의 핵심이며 아마도 가장 오래 걸리는 부분일 것이다. 무엇보다 우리는 지금 질문을 제기하게 하는 경험에 간절히 귀 기울여야 한다. 신약 성경의 신자들이 "이방인들이 구원을 받기 위해서 할례를 받아야 하는가?"(행 15장)라는 질문에 직면했을 때 그들은 간절히 귀 기울이는 시간을 가졌다. 이방인들의 회심 경험, 그들과 함께 있는 사람들의 관점, 바리새파의 질문과 주장, 이방인들을 향한 베드로의 개인적 소명감, 바울과 바나바의 표적과 기사에 관한 언급, 이 경험을 구약 예언서의 글들과 관련짓는 야고보의 성경 해설(야고보는 그들의 이야기를 더 넓은 관점인 하나님의 구속 이야기 안에서 바라보았다)에 귀 기울였다.

마침내 모든 것을 다 듣고 나서 야고보는 하나님이 이 모든 것 안에서 말씀하신다고 느끼는 것을 표명했다. 교회는 신앙을 위해 필수적인 것들을 제외하고는 더 이상의 부담을 이방인 개종자들에게 부과하지 않기로 했다. 귀 기울이는 과정이 너무 철저하여 야고보가 이를 간명하게 요약했을 때, 하나님의 지혜가 주어졌다는 점을 누구도 의심하지 않았다(행 15:13-21). 어떤 면에서 야고보는 그룹 안에서 뒤로 물러나 이야기에 귀 기울인 후 하나님이 말하시는 바를 듣고 밝혀 주는 영적 스승의 역할을 했다.

이 이야기는 분별 과정이 사랑의 마음으로 귀 기울이는 것과 우리의 경험, 타인 속 깊은 곳에 계신 성령의 내적 설득, 성경과 기독교 전통, 분별할 내용과 관련된 사실과 정보, 우리의 결정으로 가장 영향을 많이 받을 사람들, 하나님의 영이 가장 진실한 것에 대해 우리의 영과 함께 증거하시는 내면의 자리에 집중하는 것 등을 다 아우르고 있음을 보여 준다. 특별히 괴로움과 혼란과 적막감에 주의를 기울일 필요가 있고, 심지어 더 힘든 감정도 존중되어야 한다.

또한 분별 과정이 자기주장이 강하거나 말을 많이 하는 사람들의 의견에 좌우되지는 않는지 주의해야 한다. 들어야 할 의견들을 모두 들었는지 확인하는 한 가지 방법은 의장이나 주최자가 그것을 확인하는 것이다. 몇몇 사람이 한 번 이상 발언한 후에는 "지금까지 이야기하지 않은 분 가운데, 아직 언급되지 않은 것을 말하실 분이 있나요?"라고 묻는다. 의견을 말하도록 권유받아야 말을 하는 과묵한 사람이 우리가 들어야 할 가장 중요한 내용이나, 논의의 방향을 전환하거나 막힌 상황을 타개해 주는 관점을 내놓기도 한다.

귀 기울이는 과정의 하나로, 인간적인 역동을 통제하는 것이 어렵거나 너무 많은 말이 오가서 더 이상 분별에 도움이 되지 않고 분별 과정이 진퇴양난에 빠졌을 때 기꺼이 침묵으로 되돌아가 내면에 귀 기울이는 자발성이 있다. 분별은 자신과 타인에 대한 인식을 필요로 하는데 침묵은 이를 위한 공간을 마련해 준다. 침묵 가운데 우리는 자신의 감정, 사고, 경험, 죄, 유혹, 무심이나 무심의 결핍을 깨달을 수 있고, 그 결과 이것들이 우리의 분별 활동에 어떤 영향을 미치고 있는지 깨닫고 자신에 대해 책임질 수 있다. 약간 거리를 둘 때 우리는 또한 그룹 내의 역동을 발견하고, 유익하고 더 나은 분별의 가능성을 여는 방식으로 그것을 밝혀낼 수 있다. 무엇보다 타인들과 그들이 동질성과 다양성 안에 존재하는 은혜를 인식하는 자리로 되돌아온다. 침묵 속에서 우리는 상대방과 복잡한 상황을 존중하는 자리로 되돌아온다.

침묵은 우리가 분투를 멈추고 하나님 안에서 안식하도록 돕고, 우리가 느낄 수 있는 무질서를 가라앉히고, 자신의 내적 역동을 다룰 공간을 부여한다. 그때 침묵은 가장 필요한 존재인 하나님께 귀 기울이도록 돕는다. 그런 침묵을 뒤따라오는 말은 이전의 말보다 더 깊은 지혜와 더 참된 통찰을 특징으로 한다.

분별 과정을 완결 짓기 귀 기울이는 일을 모두 마치고 나면 하나님이 우리 안에 지속적으로 행하고 계신 것을 하나 고른다. 분별이 사도행전 15장에 나오는 장로들처럼 늘 분명하지는 않다. 분명하지 않은 경우 한두 개의 방안을 취해 그 방안들이 가능한 가장 좋아지도록 개선해 나간다. 이후 그 중에 어느 것이 하나님이 우리에게 행하고 계신 일과 가장 일치하는지 확인할 수 있도록 방안들을 놓고 심사숙고한다. 퀘이커교도들은 각각의 "선택을 마음에 놓고" 어느 것이 안도감이나 적막감을 일으키는지 확인할 것을 권한다. 하나님의 영은 어느 선택에 머무는 것 같은가? 각 방안들을 마음에 놓아 본 결과는 무엇인가? 각 방안들을 평가하는 데 도움이 될 다른 질문들도 몇 가지 있다. 우리가 대면하고 있는 문제와 관련하여 하나님이 마음속에 떠오르게 하시는 성경 구절이 있는가? 하나님이 자연스럽고 평안을 느끼게 해주시는 선택은 무엇인가? 쉽지 않은 일인데도 불구하고 부드럽고 평화로운 느낌을 일으키는 선택은 무엇인가? 우리가 해야 할 일을 하게 하는 방안이 있는가?

이 단계의 분별에는 높은 수준의 성숙이 필요하다. 우리가 안도감과 적막감의 문제를 언급할 때, 그것은 표면적인 감정 이상의 것이기 때문이다. 우리를 하나님께로 향하게 하고 그분의 뜻에 따라 엄청난 포기를 하게 하고, 또 하나님과 신앙생활에서 멀어지게도 하는 미묘한 내적 역동에 주의를 기울이게 한다. 단도직입적으로 말해,

이러한 방식의 분별은 우리의 영적·심리적 성숙에 크게 의존한다. 혼란스러운 감정과 신경과민에 의해 우리가 양면적 감정을 보이고 자아가 나뉜다면 우리의 정서적 상태는 긍정적인 안내를 제시하지 못할 것이다. 우리의 과업은 우리의 상태를 이해하고 정서 생활에 질서와 훈련을 도입하는 것이다. 하지만 이 훈련을 할수록, 우리의 자아가 죽고 우리의 삶이 하나님 안에서 그리스도와 함께 감추어진 삶으로 나아가는 만큼 분별은 더욱 효과를 발휘할 것이다.[3]

분별 그룹이 한두 가지 방안을 추려 내면 참여자 개인에게 **내적 확증을 구할** 시간을 주는 것이 중요하다. 때로는 회의 때의 감정에 따라 그 순간에 일어나는 일에 휩쓸릴 수도 있다. 그러므로 그룹과 떨어져 하나님의 임재 안에서 침묵하고 기도하며 방안들을 살피고, 자신이 내린 결정에 대해 마음이 편안한지 확인할 필요가 있다. (몇 분이든, 한 시간이든, 하루든, 한 주든) 잠시 쉬었다가 다시 모여, 각자가 침묵 가운데 귀 기울일 때 하나님이 말씀하신 것을 서로 확인하는 것이 좋다. 사람들이 어느 한 선택에 깊은

내적 평화를 느낀다면 그 선택을 함께 긍정할 수 있다. 만약 누군가가 아직 의구심이나 의문 혹은 저항감이 든다면, 그들을 존중하여 경험한 것에 귀 기울이고 하나님이 그 안에서 당신에게 말씀하시고자 하는 바를 이해하도록 하라. 아마도 어떤 선택은 부분적으로 약간의 수정이 필요할 수도 있고 어쩌면 대대적인 변경이 필요할 수도 있다. 우리가 하는 선택이 가장 좋고 지혜로운 것이 되도록 그 사람의 주저함을 통해 일하고 계시는 하나님을 신뢰하라.

함께 동의하기 리더 그룹이 각각의 방안들을 하나하나 검토하고 제기된 질문과 반대를 다루었다면, 바라건대 하나님의 지혜와 진리의 은혜를 입어 여러 방안들 중 하나 또는 그것들의 조합이 뚜렷이 떠올랐을 것이다. 퀘이커 전통에서 결정 자체보다 더 중요한 것은 공동 생활의 질이며 그룹에게 가장 좋은 결정을 찾았다는 느낌이다. 출간되지 않은 어느 자료에서 한 퀘이커 목사는 말한다. "일치는 하나님의 방향이 분별되었다는 근본적 표지이다."

분별의 은혜가 임하면 분별에 참여한 리더들은 서로를 보고 말한다. "우리 능력이 미치는 한에서, 이 길이 우리를 향한 하나님의 뜻이라고 동의합니다." 그러면 우리는 우리에게 주신 하나님의 임재와 분별의 은혜에 감사드리며 하나님 안에서 안식한다. 이제 우리는 나이키의 예전 광고 문구처럼 "저스트 두 잇"(Just do it!)이라고 할 수 있는(일을 시작할 수 있는) 단계가 되었다.

하지만 분별이 최종 단계는 아니다. 최종 단계는 하나님의 뜻을 이해한 대로 **실천하는** 것이다. 이제 필요에 따라 전략 기획자들과 자문 위원들을 불러들일 때가 되었다. 이제 "여러분을 부르시는 분은 신실하시니, 이 일을 또한 이루실 것입니다"(살전 5:24)라는 확신을 갖고 앞으로 나아갈 때가 되었다.

리더십의 영혼에 대한 이 책의 모든 강조에도 불구하고 독자들은 아마도 어떻게 일을 해 나가는지 궁금했을 것이다. 함께 하나님의 뜻을 발견하고 실천함으로써 일을 해 나가는 것이다. 이것이 영적 공동체와 영적 리더십의 정수다.

실습

오늘 고독 시간에는 당신의 영적 리더십의 핵심인 분별을 정직하게 돌아보라. 당신 자신과 또 함께 리더 일을 하는 사람들에게 분별은 삶의 방식인가? 당신에게 분별이 절실할 때, 생각을 많이 하고 책략을 많이 짜내도 필요한 지혜를 얻지 못할 때 결정을 내려야 하는 경우가 있는가? 몇 분 동안 하나님의 임재 안에서 쉬면서 그 문제에 관하여 하나님이 인도하시는 방향에 대한 당신의 갈망을 경험하라. 당신이 하나님의 뜻을 제외한 어떤 것에도 '무심'한지 아니면 특정 결과에 애착을 갖는지 주목하라. 당신의 리더 그룹이 분별하는 공동체가 되어 분별을 삶 가운데 온전히 실천하는 모습을 마음에 그려 보라. 그룹이 분별 과정 전체를 도입할 준비가 안 되었다고 생각한다면, 부분적으로라도 먼저 시도할 수 있는 부분은 있는가?

다음은 우리 리더 공동체가, 하나님의 인도하심이 절실하게 필요했던 크고 작은 문제들을 만날 때 반복해서 함께 기도해 온 기도문이다. 당신이 함께 결정해야 하는 상황에 처할 때, 홀로 또는 동역하는 리더들과 같이 이 기도를 드리라. 이 기도가 스스로 결정을 내리는 리더 공동체에서 분별하는 리더 공동체로 성장하도록 돕는 기도가 되게 하라.

오 하나님, 우리의 판단을 인도하시고
어둠 속에서 우리를 위해 빛을 높이 드시는 분이여,
우리의 모든 의심과 불확실 가운데서도
우리가 할 일이 무엇인지 묻는 은혜를 허락하소서.
당신의 지혜의 영이 모든 잘못된 선택으로부터 우리를 구하실 수 있도록,
또 당신의 곧은 길을 가며 우리가 걸려 넘어지지 않도록.
우리 주 예수 그리스도의 이름으로, 아멘.

「성공회 일반 기도서」

13. 새롭게 꿈꾸는 약속의 땅

그리고 주님께서 그에게 말씀하셨다. "이것은 내가 아브라함과 이삭과
야곱에게 맹세하여 그들의 자손에게 주겠다고 약속한 땅이다.
내가 너에게 이 땅을 보여 주기는 하지만, 네가 그리로 들어가지는 못한다."
주님의 종 모세는, 주님의 말씀대로 모압 땅에서 죽어서….

신명기 34:4-5

리더십의 영성 훈련은 목회의 역경 가운데 시종일관 끊임없이 하나님을 구하는 삶으로 우리를 초대한다. 또한 자신의 영혼과 지속적으로 연결되고 영혼의 자리를 근거로 일하는 리더의 삶으로 우리를 부른다. 영혼은 하나님의 영과 나의 영이 연합하여 함께 거하는 매우 개인적인 자리다. 영혼의 자리를 근거로 일하겠다는 선택은 상처 입기 쉬운 리더십 전략인데, 영혼은 마음이나 자아보다 더 예민하기 때문이다. 영혼은 우리가 모든 해답을 구할 수 있는 자리는 아니다. 적어도 사람들이 해결책을 원한다고 해서 반드시 다 구할 수 있는 자리도 아니다. 우리는 할 수 없고 오직 하나님이 제어하실 수 있는 자리다. 영혼의 자리에서는 가장 빠른 방법이 늘 가장 좋은 것도 아니다. 우리 안에서 일어나는 변화는 우리가 가야 할 곳에 도달하는 것보다 더 중요하기 때문이다.

하나님이 거하시는 우리 존재의 중심으로 들어가는 여정에 충실할수록, 우리는 타인의 기대와 자신의 내적 충동의 구속에서 자유로워지고, 사람들의 목소리에 점점 덜 휘둘리며, 타인의 기대에 쉽게 조종당하지 않고, 하나님께 자신을 더 많이 맡기게 된다. 하나님과의 만남 가운데 우리는 타인의 기대뿐만 아니라 자신에 대해서도 둔감해진다. 무엇을 성취하고 싶은 욕구, 완벽해지고 싶거나 그렇게 보이고 싶은 열망, 우리에게 적당한 것보다 더 높은 지위를 바라는 욕망이 희미해진다.

하나님이 진심으로 우리를 사랑하신다는 것을 경험하고 있기 때문에 우리가 가능하다고 생각했던 것 너머에 있는 내적 자유를 깨닫기 시작한다. 우리는 엄청난 성공이나 실패를 맛보면서도 자신의 정체성을 지켜 갈 수 있다. 애착을 품었던 것들, 가령 돈이나 성공같이 우리 자신이나 관계, 목회를 이해해 온 방식에 대한 집착을 버리고 그것들을 선물로 이해하게 된다. 그것들이 더 이상 우리의 참된 정체성과 상관없기 때문이다. 우리는 자신의 어두운 면과 밝은 면을 대면했기 때문에 진심으로 또 무조건적으로 타인을 사랑할 수 있다는 것과 하나님이 우리를 무조건적으로 사랑하신다는 것을 깨달았다. 우리는 궁극적으로 잃을 것이 없기 때문에 마음껏 자유롭게 사랑하고 리더로 일할 수 있다.

이 모든 것은 이 시대의 문화와 완전히 반대되지만, 우리가 기꺼이 이 자리에서 리더로 일하고자 하면, 궁극적으로 주위 사람들이 구하는 것에 실제로 부합하는 참된 것을 줄 수 있음을 알게 된다. 그리고 우리 리더십의 성격은 **질적으로** 달라질 것이다.

나는 거짓된 자아의 무의식적인 패턴을 따르며 리더 일을 하기보다는 고독과 침묵 속에서 하나님을 만나 변화되어 가는 자아로 리더 일을 수행한다.

정신없이 분주하게 리더 일을 하기보다는 정연한 속도를 유지하며 리더 일을 한다.

과도한 자극과 고갈 가운데 리더 일을 하기보다는 하나님이 우리의 행복을 위해 우주 안에 창조하신, 일과 휴식, 침묵과 말, 멈춤과 행동 사이의 리듬을 발견해 간다.

다른 사람의 기대와 나의 내적 충동에 종속되기보다는 내 인생에 대한 하나님의 부르심을 깊이 느끼는 데서부터 일을 해 나간다.

영적인 삶을 지극히 단순하게 이해하며 리더 일을 하기보다는 나 자신의 영적 여정에 충실해 온 덕에 영적 여정의 모습을 안팎으로 훤히 알고 있다.

나의 리더십에 대한 모든 비판과 도전에 대해 방어하려고 논쟁하고 다투고 애쓰기보다는 규칙적이고 정기적으로 하나님의 임재 속으로 가 내가 이끄는 사람들을 위해 중보한다.

리더십의 부담을 혼자 짊어지다가 고립 속에서 좌절하기보다는 하나님께, 또 함께 건강한 상호의존을 길러 온 사람들에게 나의 외로움을 털어놓는다.

지적인 분투와 인간적인 책략으로 리더 일을 해 나가기보다는 함께 하나님의 뜻을 따르기 위해 분별의 선물에 마음을 여는 방법을 몇몇 사람들과 함께 깨달아 간다.

손에서 놓아야 할 때

하지만 리더에게는 단계가 하나 더 남아 있다. 상황이 변화하기 시작하는 것을 느끼고 아마 우리의 꿈이 이루어지는 것을 모두 보지는 못하리라는 것을 깨닫는 시간이다. 우리가 바랐던 것들 중 이루어진 것도 있지만 많은 것은 그러지 못했다. 하나님은 미묘하거나 분명한 방식으로 변화가 오고 있으며 하나님이 더 완전하게 우리를 이끌고 있다는 사실을 말씀하시기 시작한다. 하나님의 임재가 점점 더 실제처럼 느껴지면서 옛 찬송가의 한 구절처럼 "땅의 것들은 이상하리만치 희미해진다."

이 시기는 아마도 우리가 모세처럼 지난날들을 돌아보는 때일 것이다. 모세는 신명기에서 그때까지 배운 교훈과 싸웠던 전투를 요약하며 사람들에게 고무적인 이야기를 해주고 오랜 리더십 경험에서 나온 지혜와 가르침을 전한다. 이 시기는 우리 없이 앞으로 계속 나아가야 할 사람들을 축복하고 리더로 섬길 사람들에게 용기를 불어넣고 권한을 위임해야 하는 때다. 이 모든 일이 리더십의 중요한 부분임을 알기에 가진 능력을 모두 발휘해 이 일을 한다. 하지만 동시에 우리와 하나님 사이에는 매우 친밀한 무엇이 있다. 거쳐 가야 할 또 다른 순간, 즉 한 번 더 손에서 놓아야 할 것이 있다.

하나님의 임재 속으로 들어가는 모세의 궁극적인 포기는 느보 산 정상에서 일어났다. 하나님은 그곳으로 모세를 인도하셔서 마지막으로 약속의 땅을 바라보게 하셨다. 모세는 120세였지만 기력이 쇠하지 않았다고 성경은 말한다. 그는 아직도 산을 오를 수 있었다.

주일학교 시절 이후로 나는 모세 이야기의 마지막 부분을 잘 알고 있다. 모세는 약속의 땅을 볼 수는 있지만 들어갈 수는 없었다. 나는 모세가 므리바에서 하나님의 지시대로 바위에 대고 그저 명령을 내리지 않고 바위를 쳤기 때문에 그에게 내린 벌이라고 이해했다. 그때는 이것을 모세의 죄에 대한 결과로 받아들이며 조금은 가혹한 것 같다는 느낌이 희미하게 드는 정도였지만, 최근에는 이 벌이 지나치게 심했다는 생각이 들었다. 들어갈 수도 있었던 땅을 바라보는 모세에게 하나님은 말씀하셨다. "너는 내가 이스라엘 자손에게 주는 저 땅을 눈으로 바라보기만 하고, 그리로 들어가지는 못할 것이다"(신 32:52). 이 말씀은 그토록 충직했던 사람에게는 너무 무정하고 가혹한 형벌이며 야속하다. 그리고 모세에게 느보 산 정상으로 올라가 죽기 전에 그 땅을 바라보라는 하나님의 지시는 모세에게 달갑지 않은 기억을 생각나게 하시는 것처럼 보였다.

내가 모세 이야기의 이 부분을 움츠림 없이 응시하기까지 오랜 시간이 걸렸다. 이런 일이 나에게도 일어날 수 있다는 고통스러운 가능성을 부각시키기 때문이다. 나 역시 어떤 목표와 꿈을 향해 안간힘을 쓰며 열심히 일하고 오랜 세월 섬기지만 어느 날 하나님이 말씀하실 수도 있다. "너는 볼 수는 있지만 들어갈 수는 없다. 일의 성취를 열망할 수는 있지만 너 말고 다른 사람이 이 일의 결승점을 통과할 것이다. 너는 비전을 본 사람일 수는 있어도 다른 사람이 남은 여정을 걸어가 마무리 지을 것이다." 꿈을 꾸고 비전을 본 사람에게 이런 가능성은 감당하기 힘든 고통이다.

모세 이야기의 이 부분은 영적인 삶을 선택하면 위험 부담도 그만큼 늘어난다는 것을 뜻한다. 작년에는 괜찮았던 행동과 태도가 올해에는 그렇지 않을 수도 있다. 어떤 수준의 영적 리더십에는 괜찮을 만큼의 온전함이, 리더가 되어 더 큰 책임을 맡게 되는 경우에는 타인과 자신을 실망시킬 수도 있다. 이 길에는 평화와 깊은 보상이 있지만, 참된 삶을 살아야 하고 자신을 은혜에 내주어야 하는 엄청난 요청이 있다. 목적지가 영적일수록 우리의 성품과 여정에 있어 하나님에 대한 온전한 반응은 더욱더 중요해진다. 리더십을 위해서는 치러야 할 대가가 있는데, 모세는 그것을 알고 받아들였던 것 같다.

그럼에도 불구하고 나는 내적 투쟁의 증거, 즉 모세가 산의 한편에서 하나님과 한 번 더 씨름했음을 보여 주는 암시를 찾기 위해 신명기를 읽고 또 읽었다. 우리가 확실히 알 수 있는 것 한 가지는 모세가 씨름하고 싶었다면 아마도 그렇게 했으리라는 점이다. 하지만 모세는 그러지 않은 것 같다. 그때까지 겪어 온 모든 경험 덕분에 모세는 이 순간을 맞이할 준비가 되어 있었다. 바로의 왕궁을 떠나 광야에서 하나님과 자신을 찾기 위해 포기하는 모든 경험을 통해 모세는 이 마지막 포기를 받아들일 준비가 되었다. 미디안 광야의 우물곁에 편안히 자리를 잡고 하나님의 임재 안에 있는 영혼이 되는 것에 만족하는 경험을 통해, 모세는 다시 한 번 하나님이 임재하시는 영혼이 되는 것에 만족하며 이 산의 한편에 앉을 준비가 되었다. 모세를 규정할 더 이상의 역할이나 책임, 과업은 필요하지 않았다.

하나님의 부르심을 받은 경험, 하나님과 끝까지 씨름했던 경험, 그분의 임재 약속과 반대되는 모든 것에 대해 답을 얻어내는 경험을 하면서 모세는 앞에 놓여 있는 소명에 더 수월하게 '네'라고 답할 준비가 되어 있었다. 하나님의 뜻을 분별하고 실천하는 모든 경험 덕분에 모세는 어떤 상황 속에서도 하나님의 뜻이야말로 일어날 수 있는 최고의 것임을 진정으로 깨달았다.

모세는 분명히 육체적 죽음은 순수한 임재 속으로 이행하는 최종 과정이기에 그의 삶 전체를 오갔던 끔찍한 외로움이 마침내 완전히 사라질 것임을 알고 있었다. 마침내 모세와 그의 영혼을 사랑하는 분 사이를 가로막을 어떤 것도 존재하지 않을 것이다. 이것이 내가 모세의 삶에서 가장 분명히 깨달은 점이다. **모세에게는 하나님의 임재가 약속의 땅이었다.** 그 외에 다른 모든 것은 별로 중요하지 않았다.

> 내 인생의 모든 것이 나를 여기로 이끌었습니다.
> 라이너 마리아 릴케

안전한 곳으로

모세의 삶의 이 부분을 이해하려고 애쓴 뒤에야, 나는 모세가 느보 산의 한쪽 편에서 하나님께 드린 대답의 특징인 화평은 평생 그가 밟아 온 만남의 여정에 근거한다는 점을 확신하게 되었다. 친밀함의 절정은 출애굽기 33장과 34장에 나오는 모세의 하나님 체험이었다. 여기서 모세는 자신의 리더 인생에서 근본적이고도 무척 깊은 차원의 변화를 겪었다. 그곳은 장대한 비전과 위대함의 유혹이 이전에 발휘했던 매력을 잃는 곳이었다. 하나님의 임재가 궁극이 되고 다른 것들은 중요성을 잃는 곳이었다.

분명히 모세에게 특별한 일이 일어났다. 모세는 이 여정 동안 엄청나게 변화해 자신과, 하나님과 온전히 평화로운 관계를 유지할 수 있었으며, 이 세상의 어떤 것도 그를 지배하지 못했다. 이제 모세와 하나님은 아주 오랫동안 사랑하고 다투며 살아온 한 쌍의 노부부 같아서 깊은 이해의 수준에 도달했다. 그들은 아주 많은 것을 함께 지나왔기에 이제 인생이라는 집 앞의 흔들의자에 편히 앉아 있는 것만으로 충분했고, 상대가 거기 있는 것만으로 족했다. 그것만으로도 인생이 풍요로웠다.

그래서 나는 약속의 땅은 우리가 생각하는 것보다 더 인격적인 것이 아닐까 하는 생각이 들었다. 약속의 땅은 물리적 목적지나 외적인 무엇이기보다는 우리가 하나님을 온전히 예배하고 사랑할 수 있도록 해주는 삶과 존재의 방식이 아닐까? 젖과 꿀이 흐르는 땅이란 풍요롭고 만족스러우며, 하나님이 우리를 위해 준비하신 것에 근거하여 하나님과 함께 지내는 삶에 대한 은유가 아닐까? 우리가 지금 이 땅에서 무엇을 목표로 추구하더라도 이미 가장 간절히 원하는 것을 얻었다고 생각할 정도로 풍요로운 하나님과 만나는 것이 가능하지 않을까? (우리는 가장 간절히 원하는 것인 하나님의 임재를 이미 얻었으며 어떤 것도 이것을 우리에게서 앗아 갈 수 없을 것이다.) 육체적 죽음이 우리가 추구하는 친밀함과 연합을 향해 한 걸음 더 내딛는 것에 불과할 정도로 하나님께 전적으로 의탁하는 수준에 도달하는 것이 가능하지 않을까?

신앙의 위대한 영웅들은 모두 이 질문들에 대해 분명히 '네'라고 단언한다. 바울은 그의 삶이 타인에게 도움이 되는 한에서 이 땅에 머물고자 했으며, 번창하는 목회와 세속적인 비전의 성취는 더 이상 마음을 강하게 끌지 못했다. 그는 빌립보 교인들에게 보내는 편지에서 말한다. "나에게는, 사는 것이 그리스도이시니, 죽는 것도 유익합니다"(빌 1:21). 바울은 필요하다면 충성을 다하며 지상에 머물고자 했지만 그리스도와의 연합이라는 위치에 도달했기에 다른 모든 것은 그 의미가 희미해졌다. "그러나 육신을 입고 살아가는 것이 나에게 보람된 일이면, 내가 어느 쪽을 택해야 할지 모르겠습니다. 나는 이 둘 사이에 끼여 있습니다. 내가 원하는 것은, 세상을 떠나서 그리스도와 함께 있는 것입니다. 그것이 훨씬 더 나으나, 내가 육신으로 남아 있는 것이 여러분에게는 더 필요할 것입니다"(빌 1:22-24, 새번역).

마틴 루터 킹 목사도 테네시 주 멤피스에서 했던 연설에서 비슷한 확신을 표명했다. 그는 뉴욕에서 목숨을 잃을 뻔했던 자상을 입고 나서 한 소녀로부터 편지를 받은 일을 이야기했다. 엑스레이로 보니, 칼날이 대동맥에 너무 가까이 박혀 있었기에 그가 재채기를 했더라도 죽었을 정도였다. 킹 목사는 전 세계에서 위로와 격려의 편지를 받았는데, 이 어린 백인 소녀가 보낸 편지가 특히 마음에 깊이 와 닿았다. "친애하는 킹 박사님. 별로 중요하지는 않겠지만 제가 백인 소녀임을 밝힙니다. 목사님의 사고와 고난 소식을 신문에서 읽었어요. 목사님이 재채기를 했더라면 죽었을 거라는 내용도요. 재채기를 하지 않으셔서 정말 다행이라는 말을 꼭 전하고 싶어서 편지를 씁니다."

이후에 킹 목사는 왜 재채기를 하지 않아서 좋았는지 여러 이유를 댔다. 그는 재채기를 하지 않았기 때문에 자신이 승리의 한 부분이 될 수 있었던 사건들에 대해 장황하게 설명했다. "[제가 재채기를 했었더라면] 조지아 주 올버니의 흑인들이 마음을 굳게 먹기로 결심했을 때 저는 그 자리에 있지 못했을 겁니다.…또 앨러배마 주 버밍엄의 흑인들이 이 나라의 양심을 불러 일으키고 시민 권리 법안을 태생시켰을 때, 저는 그 자리에 있지 못했을 것입니다.…또 그해 후반에 제가 꿈꾸는 꿈에 대하여 미국인들에게 말할 기회를 얻지 못했을 것입니다."

"저는 재채기를 하지 않아서 정말 행복합니다." 하지만 킹 목사는 이어서 자신 안에 새로운 일, 그때까지 그가 속해 있던 모든 것과 새로운 관계로 들어가게 한 일이 그에게 일어났다고 말했다. 킹 목사는 산 정상에서 있었던 모세의 경험을 언급했고, (많은 사람들이 불길한 예감이었다고 느꼈던) 연설은 이해하기 힘든 예지력을 보이며 계속 탄력이 붙더니 마침내 최고조에 이르렀다.

그는 있는 힘껏 소리를 높였다. "저는 지금 어떤 일이 생길지 알지 못합니다. 우리에게 힘든 날들이 펼쳐지겠지만 지금 당장은 정말 저에게 중요하지 않습니다. 저는 산꼭대기에 서 봤기 때문입니다.

저에겐 중요하지 않습니다.

여느 사람들처럼 저도 오래 살고 싶습니다. 오래 사는 것은 나름 중요합니다. 하지만 지금은 그 일에 별로 관심 없습니다. 저는 그저 하나님의 뜻을 실천하고 싶습니다. 하나님은 저를 산 위로 데려가시는 것을 허락하셨습니다. 저는 위에서 아래를 둘러보았습니다. 그리고 약속의 땅을 보았습니다. 저는 여러분과 함께 그곳에 가지 못할지도 모릅니다. 하지만 오늘밤 저는 우리가 한 민족으로 약속의 땅에 이르리라는 것을 여러분들이 알기 바랍니다.

그래서 저는 오늘밤 행복합니다. 아무것도 염려하지 않습니다. 아무도 두렵지 않습니다. 제 눈은 주님이 오시는 영광을 보았습니다!"[1]

산 정상까지의 여정은 우리의 허세에 대한 궁극적 해독제가 된다. 우리가 허락한다면, 이 여정은 우리가 자신과 자신의 역할을 바라보며 지나치게 우쭐해지지 않도록, 전체 구조 속에서 자신의 위치를 발견하도록 도와준다. 정상까지의 여정은 모든 것을 전체적인 조망 안에서 볼 수 있게 해준다. 우리에게는 이러한 전체적 조망이 필요하다. 빈곤층을 아낌없이 옹호하다가 순교 당한 산 살바도르의 오스카 로메로 대주교를 기념하여 쓴 기도문은 이 논조를 따른다. "가끔은 한 걸음 물러나 멀리서 바라보는 게 도움이 된다. 하나님의 왕국은 우리의 노력뿐 아니라, 우리의 시야 너머에 있다. 우리는 평생 하나님의 일이라는 장대한 기업의 작은 부분만을 성취한다. 우리가 모든 일을 할 수는 없는데, 이것을 깨달을 때 해방감을 얻는다. 그 덕분에 우리는 어떤 일을 할 수 있고, 또 아주 잘할 수 있다. 미완일 수 있지만, 시작이요, 길 위의 한 걸음이요, 주님의 은혜가 들어와 일을 마무리 지을 기회다. 우리는 결코 마지막 결과를 알지 못하지만 그건 건축가와 일꾼의 차이다. 우리는 일꾼이지 건축가가 아니며, 사역자이지 메시아가 아니다. 우리는 자신의 것이 아닌 미래를 예언하는 사람이다."[2]

리더인 당신은 약속의 땅을 보며 안다. 다른 사람들은 아직 그 땅을 보지 못하고 그런 것은 불가능하고 비현실적이며 이상적이라고 말할 때에도, 그 땅을 당신에게서 앗아 갈 수 없는 것이다. 약속의 땅은 모든 실패의 잿더미에서 계속 날아오르는 불사조다. 그것은 결코 죽지 않는다. 하지만 역설적이게도 리더가 이 약속의 땅에 다다를 무렵이면, 약속의 땅은 대개 외피를 벗고 벌거벗은 본질이 되며, 당신이 그곳에 닿을 때가 되면 (모세와 마틴 루터 킹 목사처럼) 여전히 그것을 볼 수는 있지만, 그리 중요하지 않게 된다. 중요한 것은 거기 산허리에 당신과 함께 있는 하나님의 임재요, 당신이 아무 것에도 매달리거나 붙잡혀 있지 않아서 아주 깊은 곳에서 하나님께 '네'라고 답할 수 있는 힘이다. 당신 안에서 일어난 일은 당신을 진정으로 자유로운 리더가 되게 한다. 당신을 영혼의 힘을 갖춘 리더가 되게 한다.

멀리서 보기

하나님이 모세에게 그의 인생 여정이 끝났고 때로 너무 버거웠던 짐을 마침내 내려놓을 수 있다고 말씀하셨을 때, 나는 모세가 안도감을 느끼지 않았을까 상상해 왔다.

하나님은 이미 모세에게 이스라엘 사람들이 자신들을 이방신들에게 넘기고, 그분과 맺은 언약을 깨는 패턴이 반복될 것이라고 말씀하셨다. 모세는 산전수전 다 겪어 봤기에 그런 혼란 속에서 리더가 되는 것이 그리 좋지 않다는 것을 알고 있었다.

하나님이 주시는 안식이 있다(히 4:1-11). 하나님은 여정 가운데 때로 여러 방식을 통해 이것을 말씀하셨다. 사실 안식일을 지키는 습관은 앞으로 다가올 더 온전한 안식의 전조였으며, 모세는 마침내 이 안식으로 초대받고 있는 셈이다. 나는 모세의 죽음 이후에 아무도 무덤의 위치조차 알지 못했다는 사실, 그곳이 모세와 하나님 둘만의 비밀로 남았다는 사실은 그가 필요했던 안식의 한 부분이 아니었을까 추측해왔다. 이 사실은 하나님의 위대한 종을 위한 보상의 한 부분이었다. 모세의 무덤 위치는 몇몇 위대한 인물의 경우처럼 순례나 상업을 위한 자리가 될 수 없다. 그의 유골은

야곱처럼 파헤쳐져 운반되어서는 안 된다. 모세는 그가 정말 간절히 알고 싶었던 점, 그가 하나님의 친구였다는 점을 기억한 채 은밀함과 익명성의 깊은 평화 안에서 안식하게 될 것이었다.

이후로 이스라엘에 모세와 같은 선지자는 나타나지 않았다. 모세는 주님이 얼굴을 대면하여 아시던 자였다. 모세는 주님의 보내심을 받아 애굽 땅에서 바로와 그의 신하, 전 나라를 상대로 어느 누구도 할 수 없는 수많은 이적과 기사를 행하였다. 그는 모든 이스라엘 사람들이 보는 앞에서 다른 사람들은 할 수 없는 위대한 역사와 놀라운 권능을 보여 주었다(신 34:10-12).

하나님과 모세의 우정은 영원 속으로 이어졌다. 그 후에 모세가 성경 이야기에서 나올 때 그는 예수님이 베드로와 야고보와 요한과 함께 기도하러 간 또 다른 산 위에 있었다. 예수님이 기도하시는 동안 그분의 모습은 변화하여, 그 모든 것 가운데 모세와 엘리야 두 사람을 동반하고 있었다. 성경은 그들이 "영광에 싸여 나타나" 예수님이 이 세상을 떠나는 일에 대해 함께 이야기했다고 전한다. 구름이 내려와 그들을 덮었고 그들이 구름 속에서 예수님과 함께 있을 때 하나님의 목소리가 제자들에게 들려왔다. "이는 내 아들이요, 내가 택한 자. 너희는 그의 말을 들어라"(눅 9:28-36). 다시 한 번 모세는 하나님이 가장 소중한 것을 이야기하는 사람으로 나왔다.

하나님과 모세의 관계에 대하여 읽을 때마다 나는 갈망으로 가득 찬다. 성공을 거두고 싶은 갈망이 아니라 어떤 특별한 사람이 **되고** 싶은 갈망이다. 하나님을 아는 사람, 온갖 악조건에도 충성하며 위축되지 않는 사람, 하나님이 하셔야 할 크고 작은 일들을 그를 통해 하시며 하나님의 임재 안에서 우물곁에 편안히 자리를 잡거나 산허리에서 앉아 있는 것에 그저 만족하는 사람, 하나님과 대화를 나누었기에 얼굴에서 광채가 나는 사람, 모든 움직임이 하나님께 귀 기울이고 그분이 하신 말씀에 따라 실천하는 결과인 사람, 하나님이 "이제 내려놓고 집으로 돌아올 때"라고 말씀하시면 편안하게 내려놓고 그의 전 존재를 다해 사랑하고 신뢰하게 된 그분의 팔 안에서 안식하는 사람.

이런 리더는 완벽하지 않다. 하지만 그는 하나님이 만나 주신 사람이며 **거기에서 그의 권위가 나온다.**

> 대부분의 사람은 사상, 의견, 중요한 자료에서 얻은 인용의 형태로 권위를 모으는 데 만족하는 듯하다. 그들은 어느 정도 창의적인 방식으로 정보를 제어할 수 있을지 모르지만, 권위는 분명히 그들 외부에 있다.…그들 자신은 능력과 힘과 생명의 근원이 아니다. 우리가 필요로 하는 권위는 절대적이어야 한다.…또한 그것은 우리의 영혼에서 나와야 한다.[3]

그것이 영혼의 힘을 갖춘 리더다. 사역의 시련 가운데 하나님을 계속해서 구하고, 바로 그 이유로 삶을 향한 하나님의 부름에 계속 충실할 수 있는 사람이다. 하나님이 집으로 부르실 날까지 그에게 맡겨진 ― 작은 역할을 다하라는 ― 부르심에 충실할 수 있는 사람이다.

실습

조용히 앉아, 모세가 있던 산허리에 하나님과 함께 앉아 당신에게 약속의 땅이었던 것과 이 순간까지 당신을 이끌어 온 모든 것을 바라보고 있다고 상상하라. 당신이 바라보며 계속 걸어온 이 약속의 땅이 오늘의 당신 관점에서 무엇처럼 보이는가? 하나님은 이에 대해 당신에게 무엇을 말씀하고 싶어 하시는가? 당신은 그분께 무엇을 말하고 싶은가? 당신은 이 약속의 땅에 대해서조차 집착하지 않고 하나님이 당신을 어떻게 인도하더라도 '네'라고 순종할 수 있는 지점에 와 있는가?

하나님은 우리를 만드시며 각자에게 말씀하신다.
그러고는 우리와 함께 소리 없이 밤의 밖으로 걸어가신다.

이것이 희미하나마 우리가 들은 말이다.

너희들은 이제 기억할 수 없는 곳으로 보내지니
너희들의 갈망 끝까지 가거라.
나를 구현하거라.

화염처럼 타 올라
내가 옮겨 갈 수 있는 거대한 그림자를 만들어라.

아름다움이든 공포든 모든 일이 네게 일어나게 해라.
그저 계속 나아가라. 어떤 감정도 끝이 아니다.
결코 너는 나를 잊지 마라.

사람들이 삶이라 부르는 나라에 가까이 왔다.

너는 그 진지함으로 인해 그것을 알 수 있을 것이다.

네 손을 다오.

라이너 마리아 릴케, 「릴케의 기도서」[4]

감사의 글

내 인생의 모든 것이 나를 여기로 이끌었습니다.
라이너 마리아 릴케

이 책을 평생 하나님의 부름에 충실히 순종하며 살아오신 나의 부모님께 바친다. 그분들로 인해 나는 다른 삶의 길을 알지 못했고, 그분들이 없었다면 내 사역 인생은 매우 달라 보였을 것이다. 27년 전 내가 대학교 졸업반이었을 때 부모님은 나와 훗날 내가 결혼할 젊은 남자와 가까이 생활하시려고 가족을 데리고 내가 다니던 대학이 있는 도시로 이사하는 결단을 내렸다. 그분들은 그 이후로 쭉 거기서 살았고, 우리도 그렇게 했다. 오래전에 내린, 인생을 결정짓는 이 선택 덕분에 우리는 계속 같은 도시에서 함께 살아왔다. 그분들은 삶의 수많은 요구들 가운데 있던 나와 남편과 아이들에게 지속적인 사랑과 도움의 손길을 주셨다. 내가 그분들께 진 빚과 감사는 무한하다.

남편인 크리스와 우리의 자녀들 채러티(와 카일), 베드니(와 라이언), 헤일리에게도 커다란 고마움을 전한다. 남편과 아이들은 이 책을 쓰는 데 필요한 길고 힘든 시간을 참아 주었다. "당신들의 기도와, 인내와, 발전을 위한 부드러운 질문들에 감사를 전합니다. 당신들의 친절에는 저를 향한 사랑과 돌봄의 마음이 담겨 있었습니다." 특히 이 책을 쓰는 동안 집에서 함께 지낸 막내 헤일리에게 고마움을 전한다. 이 치열했던 시기에도 우리는 온갖 창의적인 방법으로 함께 시간을 보냈고, 참으로 즐거운 시간이었다.

내 형제들 조나단 테일러 헤일리 목사와 윌리엄 R. L. 헤일리에게도 고마움을 전한다. "당신들은 제게 아론과 훌이 되어 제가 너무 지치고 환멸마저 느껴 더 이상 할 수 없다고 느꼈던 순간에 저의 조력자가 되어 기도 가운데 제 팔을 붙들어 주었습니다. 우리는 피와 하나의 영으로 맺어진 사이입니다." 하나님께 감사를 돌립니다.

트랜스포밍 센터에서 나와 함께 섬기고 리더 일을 맡은 이들, 특히 조

셔먼, 허브 힐러브랜드, 조나단 테일러 헤일리, 로리 놀란드, 코올 그리핀, 데이브와 댈린 스트리프 부부께 심심한 고마움을 전한다. "이 사역의 역경 가운데서도 계속 함께 적극적으로 하나님을 구한 데 대해 감사를 드립니다. 이 사랑과 신뢰와 하나님께 내어 드리는 여정에 계속 충성을 다해 주어 고맙습니다. 당신들의 참된 자아를 이 책에 넣도록 해준 영적 아량에 고마움을 표합니다." 특히, 내가 지하에 숨어서 글을 쓰고 있는 동안 말 그대로 내 일을 대신 맡아준 댈린에게 감사를 전한다. 또 오랫동안 헌신적인 친구이자 사역 파트너인 조에게도 고마움을 전한다. 이들의 수고는 결코 작지 않다.

IVP의 친구들에게도 특별한 고마움을 전한다. 주의 깊게 편집 과정을 지도해 준 신디 번치, 개인적으로도 마케팅 담당자로도 내 저서에 참여해 준 제프 크로스비, 저자로서 사역자로서 계속적으로 나에게 정성을 다해 준 밥 프라일링에게 감사를 전한다.

이 책을 쓰면서, 또한 나는 영적 여정에 어떤 식으로든 함께할 수 있게 해준 목회자들과 단체, 기업 리더들에게 감사와 존경의 마음을 깊이 새기게 되었다. "정직하고 용기 있게 당신들의 삶을 기꺼이 나누어 주신 덕분에 저는 가장 개인적인 것은 참으로 가장 보편적이라는 확신을 얻었습니다. 몇 번이고 당신들은 제가 삶에서 하나님을 구할 때 더 정직하고 끈기 있을 수 있도록 저를 감화시켰습니다." 우리 역시 하나님의 친구로 알려지기 바랍니다.

2008년 봄
루스 헤일리 바턴

주

머리말

1) 이 책의 영혼 개념은 윌 헤르난데즈의 견해를 따랐다. 그에 따르면, "'영혼'이라는 용어는 전인적으로 사용되어 '전인적인 한 인간의 본질'을 의미한다. 정신과 의사이기도 했던 영성 지도자 제럴드 메이는 영혼이 '어떤 사람의 가장 깊은 존재, 어떤 사람의 필수적인 영적 본성'이라고 기본적으로 결론을 내렸다. 간단히 말해 '영혼은 사고, 감정, 의지의 움직임을 포괄하는 전 인간을 의미한다.'

　　성경적으로나 신학적으로나, 영혼이라는 실재는 '하나님의 삶 안에서 양육되고 유지되는' 자아를 나타낸다. 영혼과 자아는 모두 형성과 발달 중의 존재론적인 실체이기에, 이 둘은 거의 동의어라고 볼 수 있다.

　　그렇다면 이 책에서 사용되었듯이 영혼의 기본적 정체는 직접적으로 하나님의 형상대로 창조된 전인적 인간을 가리킨다. '소중히 여겨지고, 소중히 여기고, 소중한 존재를 가리킨다'"(Will Hernandez, *Henri Nouwen and Soul Care: A Ministry of Integration* [Mahwah, N.J.: Paulist Press, 2008], pp. 8-10).

2) Gordon Cosby, *Good Is a Timely Word: From the Preaching of Gordon Cosby*, comp. Peter Renner(Nowra, Australia: Moonchpa Publishing, 2001).

3) Ted Loder, *My Heart in My Mouth*(Philadelphia: Innisfree Press, 2004), p. 50.

1. 리더가 영혼을 잃을 때

1) Barbara Brown Taylor, *Leaving Church*(New York: HarperSanFrancisco, 2006), pp. 101-2.
2) Peter Senge, *The Fifth Discipline*(New York: Doubleday, 1990), p. 152. 「제5 경영」(세종서적).
3) Ted Loder, *Guerrillas of Grace*(Philadelphia: Innisfree, 1984), pp. 60-62.

2. 저 아래에 있는 것

1) John Welch, *Spiritual Pilgrims*(New York: Paulist Press, 1982), pp. 61, 65.
2) Gary McIntosh and Samuel Rima, *Overcoming the Dark Side of Leadership* (Grand Rapids: Baker, 1997), p. 22. 「리더십의 그림자」(두란노).
3) 같은 책, pp. 11-12.
4) Ted Loder, *Guerrillas of Grace*(Philadelphia: Innisfree, 1984), p. 86.

3. 회심의 자리

1) Parker Palmer, "Leading from Within: Reflections on Spirituality and Leadership," 인디아나 캠퍼스 사역 연구소 연례 만찬에서 행한 발표, March 1990.
2) Paul M. Fick, *The Dysfunctional President: Inside the Mind of Bill Clinton* (New York: Carol, 1995), p. 42.
3) Alan Jones, *Soul Making*(San Francisco: HarperSan-Francisco, 1985), pp. 169-71.
4) 같은 책, p. 161.
5) Ted Loder, *Guerrillas of Grace*(Philadelphia: Innisfree, 1984), p. 71.

4. 주의를 기울이는 연습

1) Elizabeth Dreyer, *Earth Crammed with Heaven*(New York: Paulist Press, 1994), p. 23.
2) Ted Loder, *Guerrillas of Grace*(Philadelphia: Innisfree, 1984), p. 87.

5. 소명이라는 난제

1) Bill George with Peter Sims, *True North: Discover Your Authentic Leadership* (San Francisco: Jossey-Bass, 2007), p. 8. 「나침반 리더십」(청림출판).
2) 같은 책, p. 4.
3) 같은 책, p. 7.
4) Parker Palmer, *Let Your Life Speak* (San Francisco: Jossey-Bass, 2000), p. 25.
5) Tilden Edwards, 살렘 수도원의 기독교 영적 인도 졸업 프로그램에서 했던 강연, May 27, 1998.
6) Os Guinness, *The Call* (Nashville: Word, 1998), p. 30. 「소명」(IVP).
7) Tilden Edwards, 위 강연에서.
8) Carl Jung, John English, *Spiritual Pilgrims* (New York: Paulist Press, 1982), p. 131에서 인용. 「영혼의 순례자들」(한국기독교연구소).
9) Rainer Maria Rilke, *Rilke's Book of Hours*, trans. Anita Barrows and Joanna Macy (New York: Riverhead Books, 1996), p. 58.

6. 영적 여정으로 인도하기

1) 이스라엘 사람들이 거쳐 간 장소에 관해서는, 나에게 영적 여정에 대한 은유로서의 출애굽기 이야기에 대해 가르친 북침례교 신학교의 엠마 후스티스 박사의 도움을 받았다.
2) Richard Rohr, as quoted in a sermon titled "Living in Liminal Space" by Killian Noe, April 7, 2002.
3) Janet Morley, ed., *Bread of Tomorrow* (Maryknoll, N.Y.: Orbis, 1992), pp. 22, 23.

7. 한계 안에 살기

1) Bryan Robinson, *Chained to the Desk* (New York: New York University Press, 1998), pp. 6-7.
2) Christopher Lasch, *The Culture of Narcissism: American Life in an Age of*

Diminishing Expectations(New York: Warner Books, 1979), p. 91.

3) Donald Capps, *The Depleted Self: Sin in a Narcissistic Age*(Minneapolis: Augsburg Fortress, 1993), p. 9. 「고갈된 자아의 치유」(한국장로교출판사).

4) Ted Loder, *Guerrillas of Grace*(Philadelphia: Innisfree, 1984), p. 26.

8. 리더의 영적 리듬

1) Michael Zigarelli, "Survey: Christians Worldwide Too Busy for God," *Christian Post*, July 30, 2007, e-mail newsletter.

2) 같은 글.

3) Wayne Muller, *Sabbath: Finding Rest, Renewal and Delight in Our Busy Lives*(New York: Bantam, 1999), pp. 5-6.

4) Jim Loehr and Tony Schwartz, *The Power of Full Engagement*(New York: Free Press, 2003), pp. 29-30. 「몸과 영혼의 에너지 발전소」(한언).

5) Dietrich Bonhoeffer, *Life Together*, trans. John W. Doberstein (New York: HarperSanFrancisco, 1954), p. 78. 「신도의 공동생활」(대한기독교서회).

9. 중보의 리더십

1) Edwin Friedman, *A Failure of Nerve*(New York: Seabury, 2007), p. 247.

2) Thomas Merton, *Thoughts in Solitude*(New York: Farrar, Straus, and Giroux, 1956), p. 24. 「고독 속의 명상」(성바오로출판사).

3) Rosemary Dougherty, *Group Spiritual Direction*(New York: Paulist Press, 1995), p. 14. 「그룹 영성지도」(로뎀).

4) Chaim Potok, *The Chosen*(New York: Fawcett Crest, 1967), p. 265.

5) Henri Nouwen, *The Living Reminder*(New York: Seabury Press, 1977; 「예수님을 생각나게 하는 사람」, 두란노), *A Guide to Prayer*, ed. Rueben P. Job and Norman Shawchuck(Nashville: Upper Room, 1983), p. 122에서 인용.

6) *Iona Abbey Worship Book*(Glasgow, U.K.: Wild Goose Publications, 2001), pp. 96-97.

10. 리더십의 고독

1) Ronald Rolheiser, *The Restless Heart: Finding Our Spiritual Home in Times of Loneliness*(New York: Random House/Doubleday, 2004), p. 194. 「내 안에 쉬게 하리라」(성바오로딸수도회).
2) Edwin Friedman, *A Failure of Nerve*(New York: Seabury, 2007), p. 188.
3) Martin Luther King Jr., *Strength to Love*(Philadelphia: Fortress, 1963), pp. 113-14, 저자 강조.
4) Leonard Cohen, *Book of Mercy*(Toronto: McClelland & Stewart, 1984), n.p.

11. 고립에서 리더십 공동체로

1) Henri Nouwen, *In the Name of Jesus: Reflections on Christian Leadership* (New York: Crossroad, 1989), p. 10. 「예수의 이름으로」(두란노).
2) Dietrich Bonhoeffer, *Life Together*, trans. John W. Doberstein(New York: HarperSanFrancisco, 1954), p. 30, 저자 강조.
3) Gordon Cosby, *Good Is a Timely Word: From the Preaching of Gordon Cosby*, comp. Peter Renner(Nowra, Australia: Moonchpa Publishing, 2001), pp. 108-9.
4) '해설 없이 성경 읽기'에 관해서는 트랜스포밍 센터의 예배연구가이자 우리의 기도 리듬과 예배를 개발해 온 조 셔먼에게 감사를 전한다.
5) Ronald Rolheiser, *The Restless Heart: Finding Our Spiritual Home in Times of Loneliness*(New York: Random House/Doubleday, 2004), p. 175.
6) Ted Loder, *Guerrillas of Grace*(Philadelphia: Innisfree, 1984), pp. 18-20.

12. 하나님의 뜻 함께 구하기

공동 분별에 대니 모리스와 찰스 올슨의 책 「하나님의 뜻을 함께 분별하기」에서 많은 도움을 받았다. 다른 어떤 책보다 그들의 공동 분별에 관한 부분이 나의 생각을 형성하는 데 도움이 되었다.

1) Danny Morris and Charles Olsen, *Discerning God's Will Together*(Nashville: Upper Room, 1997), p. 41.

2) 같은 책, p. 115.

3) *Silent Presence*(Denville, N.J.: Dimension Books, 1981), p. 59.

13. 새롭게 꿈꾸는 약속의 땅

1) Martin Luther King Jr.: AmericanRhetoric.com.

2) Oscar Romero: AmericanRhetoric.com.

3) Richard Rohr, "Authors of Life Together: Inner Authority in Community," *Sojourners*, March 1981, p. 24.

4) Rainer Maria Rilke, *Rilke's Book of Hours*, trans. Anita Barrows and Joanna Macy (New York: Riverhead Books, 1996), p. 88.

옮긴이 김의식은 서울대학교 건축학과를 졸업하고 미국 루이빌 신학교(M.A.), 한국 장로회 신학대학교 신학대학원(M.Div., Th.M.)에서 공부한 후 성균관대학교 번역테솔대학원에서 번역학(M.A.)을 전공했다. 한국학중앙연구원 한국학대학원 박사과정을 수료하고 현재 한국학중앙연구원의 연구원, 대한예수교장로회 예본교회 부목사로 일하고 있다. 옮긴 책으로는 「다니고 싶은 회사 만들기」(홍성사, 공역) 등이 있다.

영혼의 리더십

초판 발행 2014년 5월 23일
초판5쇄 2025년 5월 30일

지은이 루스 헤일리 바턴
옮긴이 김의식
펴낸이 정모세

편집 이성민 이혜영 심혜인 설요한 박예찬
디자인 한현아 서린나 | 마케팅 오인표 | 영업·제작 정성운 이은주 조수영
경영지원 이혜선 이은희 | 물류 박세율 정용탁 김대훈

펴낸곳 한국기독학생회출판부 | 등록번호 제2001-000198호.(1978.6.1)
주소 04031 서울시 마포구 동교로 156-10
대표 전화 (02) 337-2257 | 팩스 (02) 337-2258
영업 전화 (02) 338-2282 | 팩스 080-915-1515
홈페이지 http://www.ivp.co.kr | 이메일 ivp@ivp.co.kr
ISBN 978-89-328-1347-9

ⓒ 한국기독학생회출판부 2014

책값은 뒤표지에 있습니다.
무단 전재와 복제를 금합니다.